最初註解

正易原義

정역원의

국립중앙도서관 출판예정도서목록(CIP)

정역원의 / 저자: 이상룡. -- [대전] : 상생출판, 2018
p. ; cm

ISBN 979-11-86122-75-4 03140 : ₩30000

역학(주역)[易學]

141.2-KDC6
181.11-DDC23 CIP2018022974

정역원의

발행일 : 2018년 9월 7일 초판 1쇄
발행처 : 상생출판
발행인 : 안경전
저 자 : 이상룡
편집자 : 상생문화연구소 고문헌연구실
전 화 : 070-8644-3156
팩 스 : 0303-0799-1735
출판등록 : 2005년 3월 11일(제175호)

ISBN 979-11-86122-75-4

最初註解

正易原義
정역원의

• 저자 이상룡

• 상생문화연구소 고문헌연구실

상생출판

목차

이 책을 출간하며

편집자주

『정역원의正易原義』는 김일부 선생이 살아계실 때 이상룡 선생이 집필한 『정역』관련 최초의 주석서이다. 올해는 『정역원의正易原義』가 간행된지 130년, 활자로 인쇄된지 106년이 되는 해이다.

이상룡李象龍(1850~1899) 선생은 충청도 청양 출신으로 휘諱는 곤昆, 자字는 경직景直, 초명은 상룡象龍, 호는 십청十淸이다.

이상룡 선생은 15세에 시詩·서書·역易을 통했다고 한다. 그 후 24세에 다시 역리易理 연구를 십여 년간 하였으나, 원하는 성과를 얻지 못하다가 36세인 1885(乙酉)년에 비로소 김일부 선생의 문하에 입문하여 선후천 변역의 이치(先后天變易之理)를 대각했다고 전해오며, 정역계에 입문한 지 5년째인(40세) 1889(己丑)년에 후학을 위해 『정역원의正易原義』를 지었다.

1899(己亥)년에 위학僞學으로 몰려 옥살이를 하였는데, 선생이 직접 옥중에서 무고를 밝혀 석방이 되었다. 선생은 석방된 그 달에 병으로 돌아가셨는데 선생의 나이 50

세였다.

이상룡 선생의 『정역원의正易原義』를 인용한 사람들 중에는 『정역주의』를 집필한 김정현 선생과 『우주변화의 원리』를 집필한 한동석 선생이 있다.

김정현 선생은 『정역주의』에서 기수奇數와 우수偶數에 대해 〈解字之義는嘗聞於李斯文十淸而其理甚明故로 取而記之니라〉고 하였으며, 한동석 선생은 『우주변화의 원리』에서 간지干支의 주註를 달면서 〈간지를 취상 해설한 것은 60년 전의 十淸 李斯文이거니와 이와 같은 正明은 진실로 신비경에서 왕래한 者의 특출한 明의 所作이라 할 것이다. 여하간 진리는 글자(漢字) 자체 속에 숨어 있다는 사실을 잊지 말아야 할 것이다.〉고 하여 『정역원의正易原義』「역설독법제자굴易說讀法制字窟」편의 내용을 소개하고 있다.

『정역원의正易原義』는 하상역河相易(1859~1916)이 총독부의 승인을 받아 1913년에 두 차례 발간을 하였다. 1차 발행시에는 부록이 없었고, 3개월 후 2차 발행시에는 부록이 추가되어 있다.

『정역원의』 출간 과정

「정역원의서正易原義序」 1889(己丑)년 2월 10일(음)、3월 11일(양) 월요일.

「십청칠기十淸七記」 1889(己丑)년 2월 15일(음)、3월 16일(양) 토요일.

「정역원의正易原義 부附」 1889(己丑)년 3월 3일(음)、4월 2일(양) 화요일.

「십청선생행장十淸先生行狀」 1907(丁未)년 11월 11일(음)、12월 15일(양)

「권미卷尾、황기봉근지黃耆鳳謹識」 1913(癸丑)년 5월

1차 인쇄印刷 大正二年(1913) 5월 30일(양)

1차 발행發行 大正二年(1913) 6월 1일(양)

2차 인쇄印刷 大正二年(1913) 8월 25일(양)

2차 발행發行 大正二年(1913) 8월 29일(양)

일러두기

1. 이 책은 1913년 조선총독부朝鮮總督府 경무총감부警務總監部에서 출판을 허가받아 대종교大宗教에서 발행한 『정역원의正易原義』를 원본으로 삼았다.
2. 『정역원의正易原義』 원문에는 방점이 없으나, 이해를 위해 방점을 추가하였다.
3. 『정역원의正易原義』에 대한 이해를 위하여 독음을 추가하였다.
4. 「설괘전說卦傳」 부분은 원문에는 「계사하전繫辭下傳」 뒷편에 구분없이 실렸으나 독자의 이해를 위해 독립된 장으로 구분을 하였다.
5. 「정역상경正易上經」 「정역하경正易下經」 「계사상전繫辭上傳」 「계사하전繫辭下傳」 「설괘전說卦傳」의 편집은 독자의 이해를 위하여 색 구분을 하였다.

浚恒、泥之子閏、不解變易也。九二、悔亡、克順天命也。九三、不恒其德、鈞君子而蝙蝠也。九四、田无禽、動必獲醜、利无敵也。六五、恒其德、貞。守文之道也。婦人吉、夫子凶。不利剛克也。上六、振恒、凶。逆其通變、凶咎必矣。

䷞ 伊川曰咸有皆義。西溪曰有心未感、非易之道、故去心名卦以咸。愚以爲咸在文從戌從陰。戌、陽。陰、陰也。二卦陰陽、交相感應、婚姻之始、形化之原、天地萬物皆感而構

正易原義 全 一八一

正易原義 全 一八〇

䷟ 恒、月弦偏也、故其爲字、象月麗于天心太陰、易之卦名、周詩所謂月之恆、是也。恒、日輪光也、故象日麗于天心太陽、易之卦名、繫辭所謂日月之道、貞明是也。彖象之義見制字窟。

彖曰恆亨、无咎利貞、陰變陽化、利永正也。利有攸往、基陰而行之也。恒久不已、天地日月度成度、長宗王器不替也。日月得天而能久照、道均十五、乃无薄蝕也。四時變化而能久成、變閏爲正也。

○象曰君子以、立不易方。四九宮中體之、以不易之理也。初六、

이상룡 선생의 설명이 있는 부분은 ■색으로 구분하였다.

주역에 대한 정역의 입장으로 해석 한 부분은 ■색으로 구분하였다.

주역의 원문 부분은 ■색으로 구분하였다.

正易原義序
정역원의서

易、陰陽也。一陰一陽運於无窮、以象閏易正易而已也。夫易之爲
역음양야일음일양운어무궁이상윤역정역이이야부역지위

經也、有有象之易、无極之易。易之无極、化无爲體、而天地有正日
경야유유상지역무극지역역지무극화무위체이천지유정일

月有正神明有正經。所謂易爲正易、易爲易者是耳。易之有象、隨
월유정신명유정경소위역위정역역위역자시이역지유상수

時變易、而九六七八互爲體用、卦爻彖象互變不窮神明萃焉、理
시변역이구육칠팔호위체용괘효단상호변불궁신명체언리

氣囿焉、故曰知易者知天、而聖神首出畫之象之爻之翼之、示人
기유언고왈지역자지천이성신수출획지상지효지익지시인

以天地之大道、陰陽剛柔動靜進退盈虛消長吉凶悔吝存亡之
이천지지대도음양강유동정진퇴영허소장길흉회린존망지

象悉備、苟非以之之君子、玩索不得、故程朱深憂之、傳之義之
상실비구비이지지군자완색부득고정주심우지전지의지

理无餘蘊、較之邃古、可謂瞭然闡幽也。而鹵莽后學、猶不知
리무여온교지수고가위요연천유야이노망후학유부지

易爲何書矣。余生一元之季、由辭而得其意、此正易所以衍
역위하서의여생일원지계유사이득기의차정역소이연

也、原義所以作也。蓋易有太極、先天河圖是也。无極、后天洛
야원의소이작야개역유태극선천하도시야무극후천낙

書是也。而圖爲閏易、用之子會、書爲正易、用之丑會、則乾十坤
서시야이도위윤역용지자회서위정역용지축회즉건십곤

五离九坎四艮八兌三震六巽一、錯綜其數、變以成列、先甲后甲、
오리구감사간팔태삼진육손일착종기수변이성열선갑후갑

先庚后庚、辛丁丁癸也、而金火易位而益明、日月歸極而當朞、
선경후경신정정계야이금화역위이익명일월귀극이당기

若契前聖之旨、而泥於有閏知之者鮮矣。余欲使天下之人、當知
약계전성지지이니어유윤지지자선의여욕사천하지인당지

而知之、當明而明之、不顧是非書之无極而釋之、由釋而達之者、
이지지 당명이명지 불고시비서지무극이석지 유석이달지자

其唯君子、而克有補於先后天之斯文也云爾。
기유군자 이극유보어선후천지사문야운이

戊己日月開闢二年己丑月丁卯日丙戌武城道人李坤景直號十淸序
무기일월개벽이년기축월정묘일병술무성도인이곤경직호십청서

洛書(낙서)

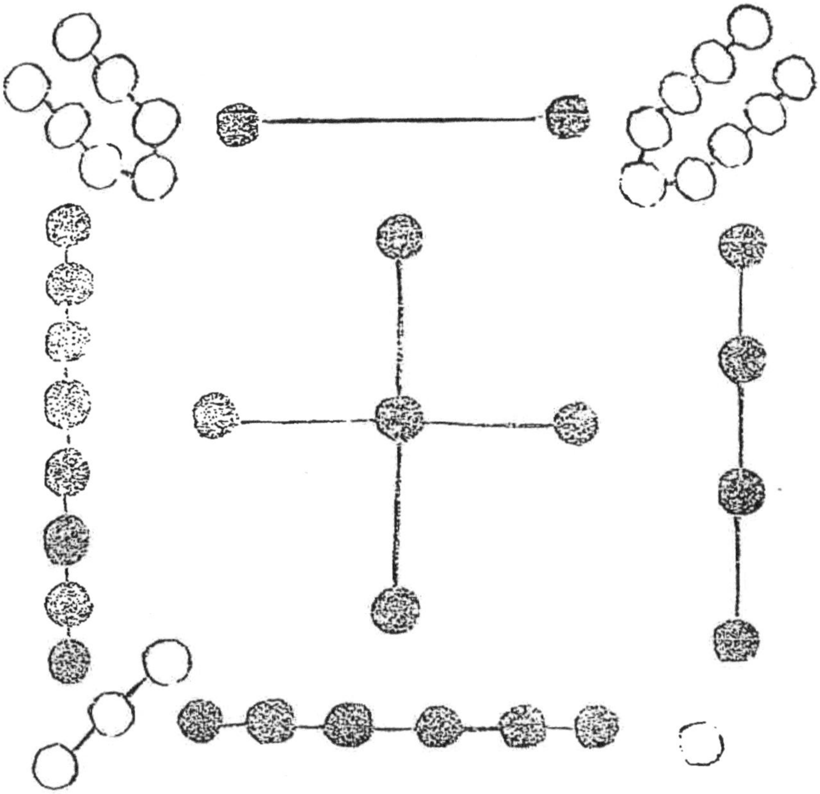

河圖(하도)

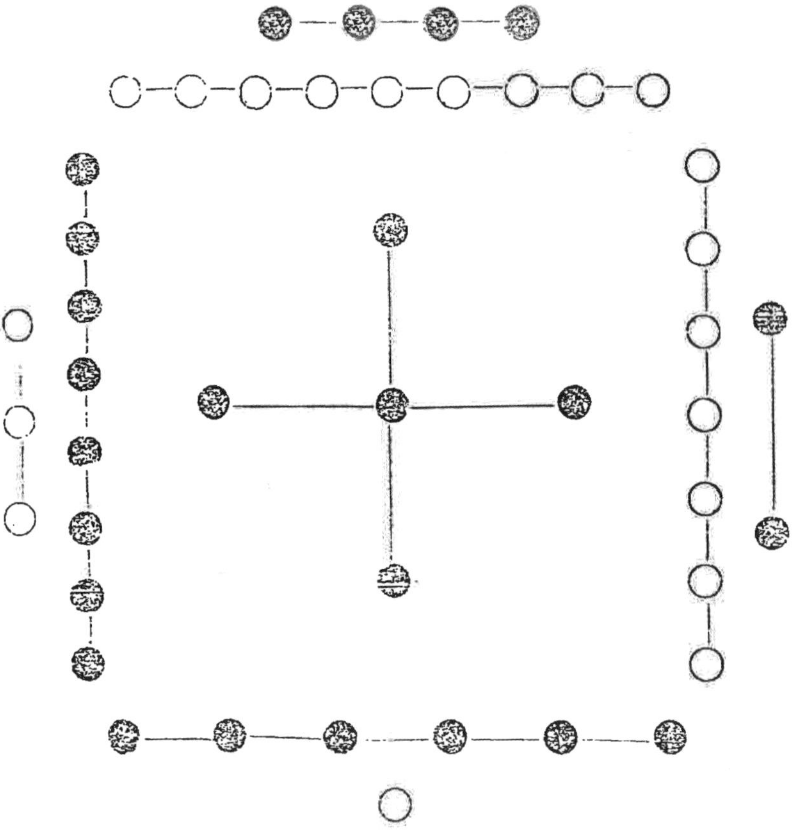

四象洛書
사 상 낙 서

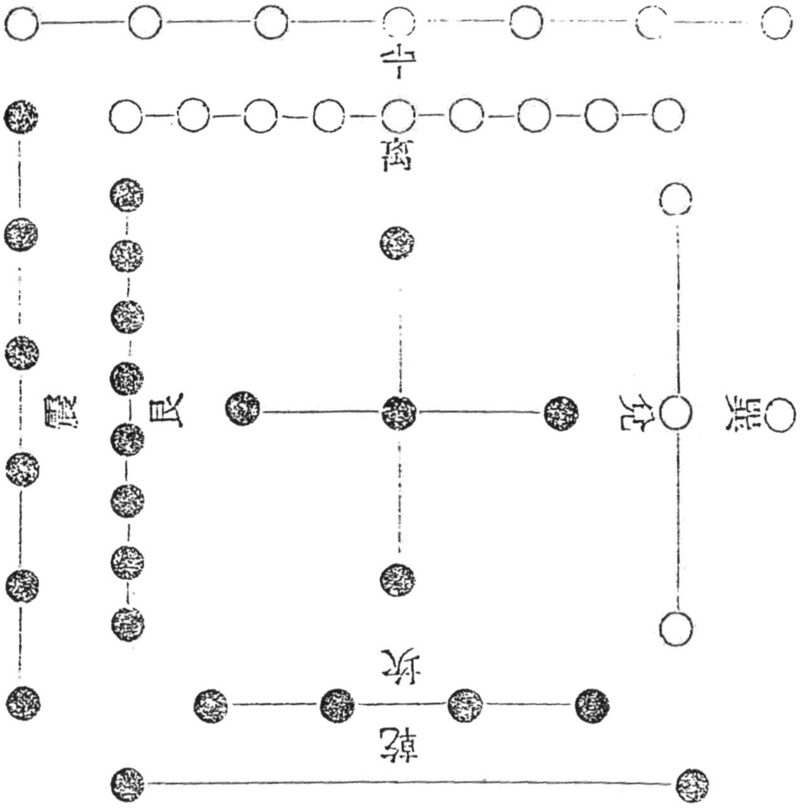

卦괘位위洛낙書서

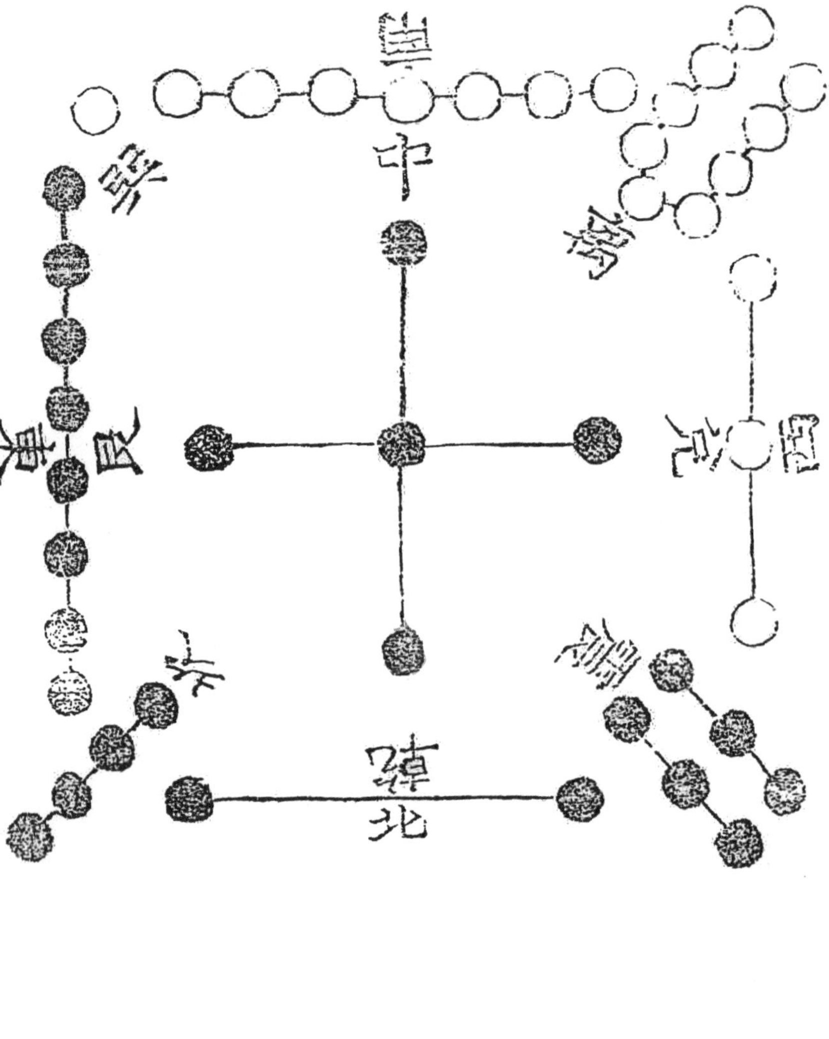

四象河圖
사상하도

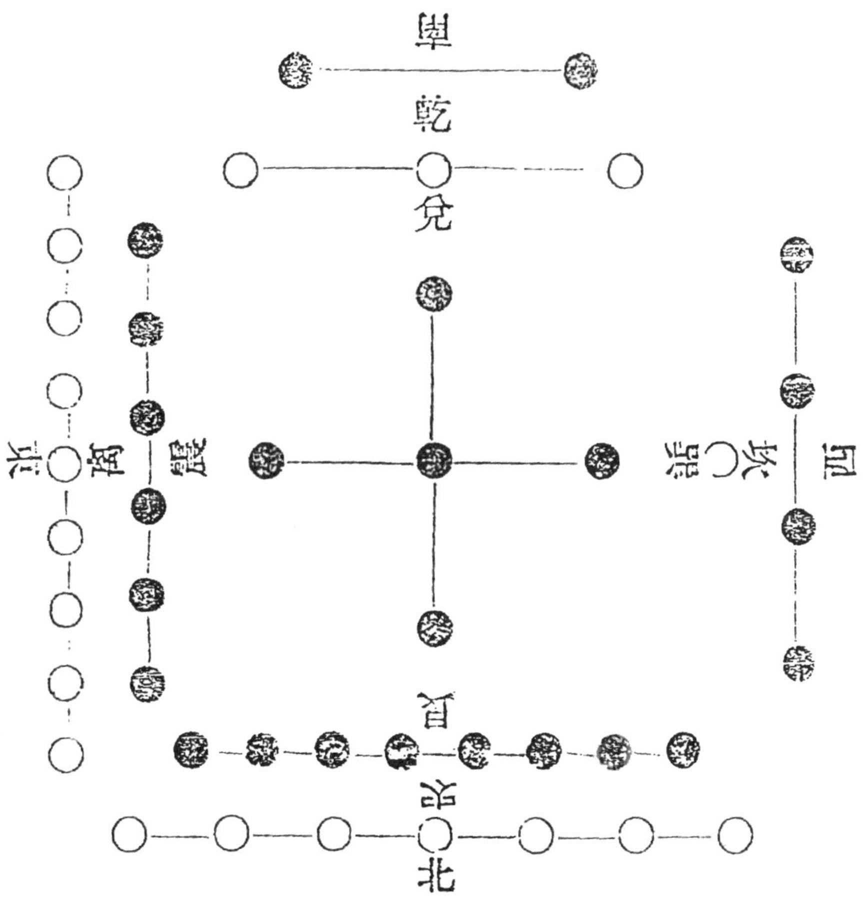

괘위하도
卦位河圖

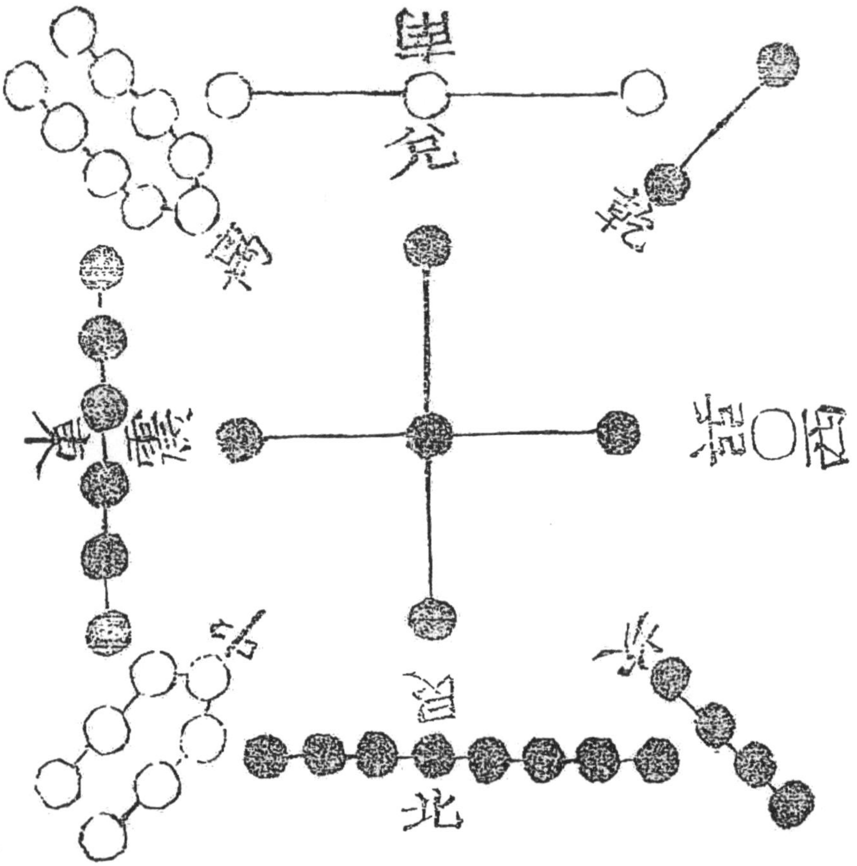

洛書橫圖兩儀四象八卦 낙서횡도양의사상팔괘

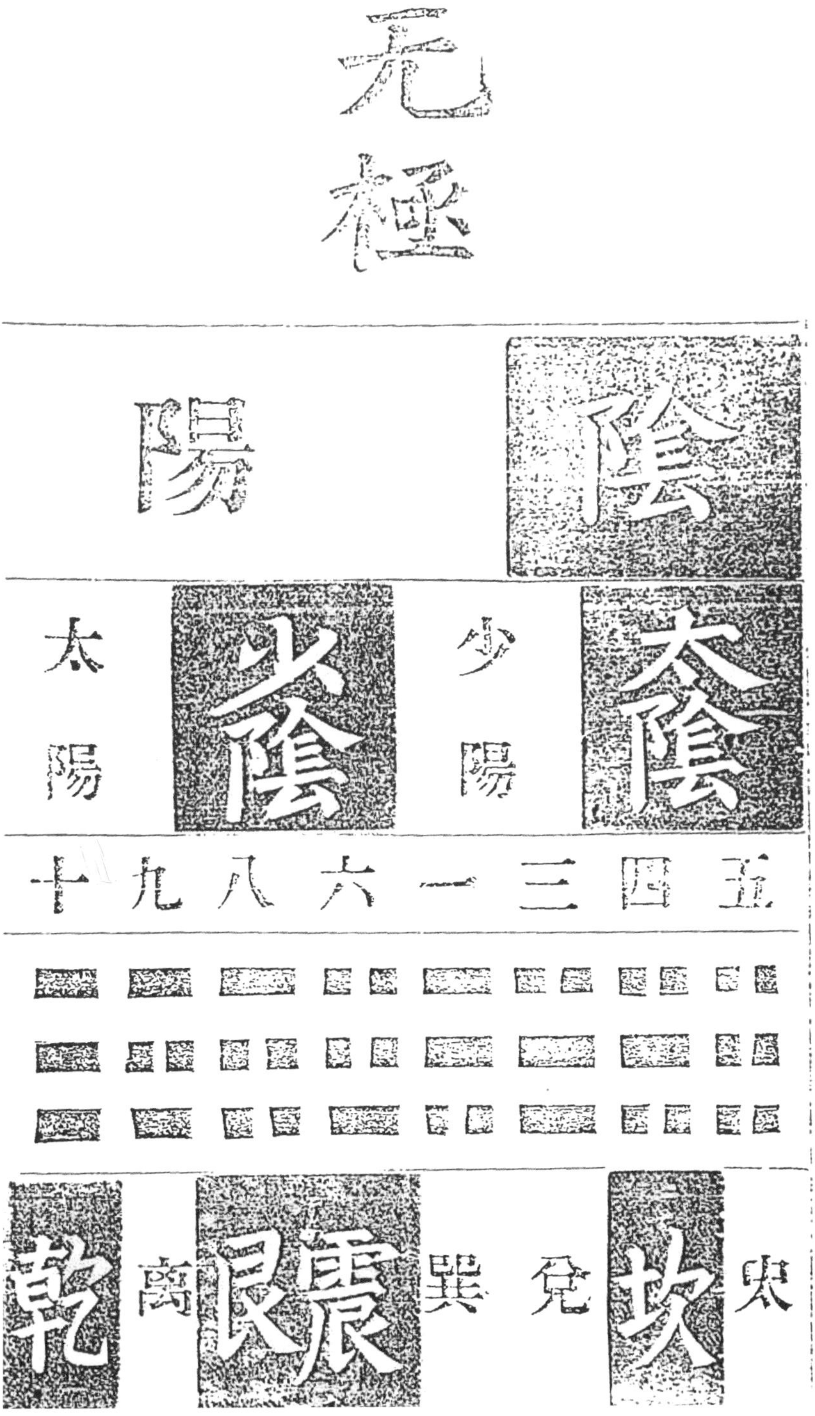

河圖橫圖兩儀四象八卦
(하도횡도양의사상팔괘)

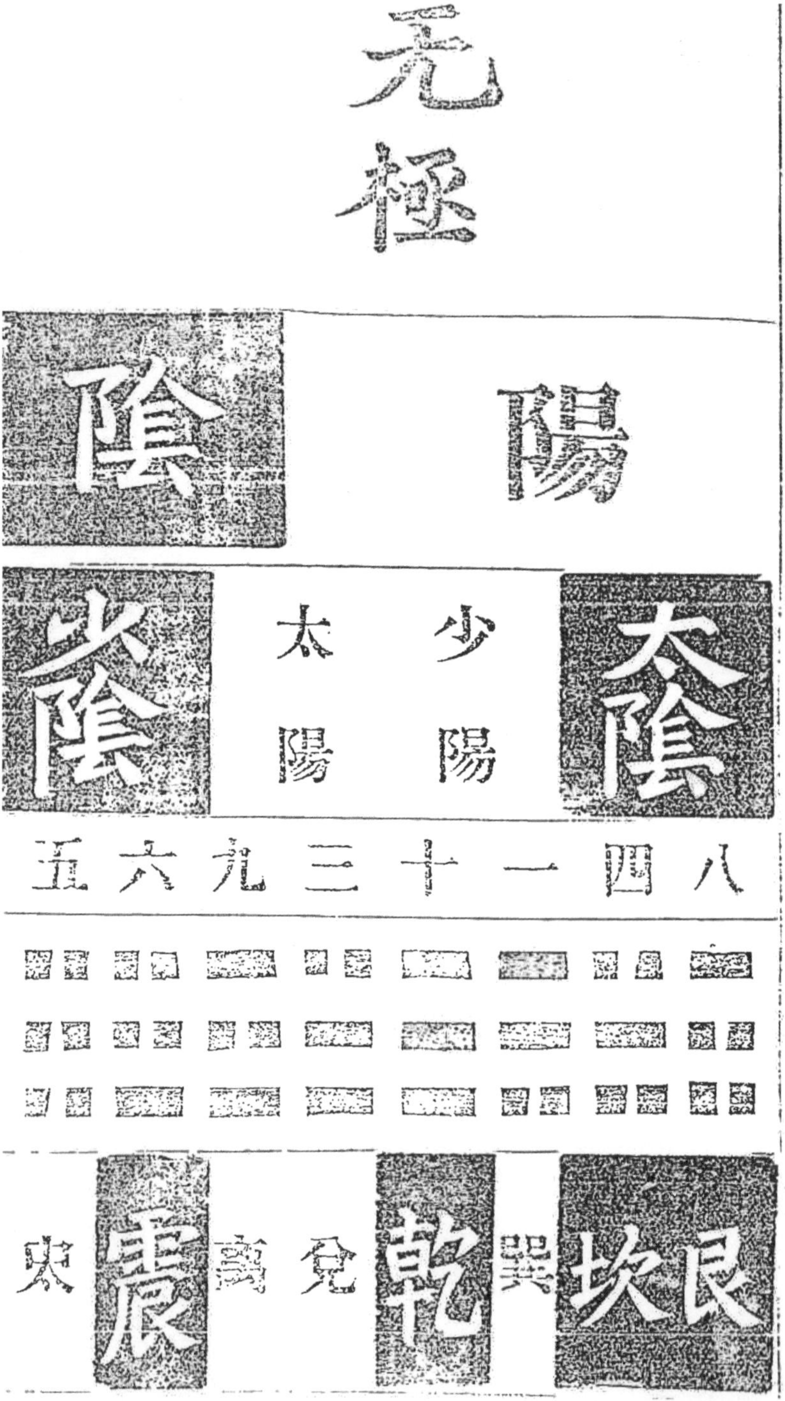

四象洛書

사상낙서

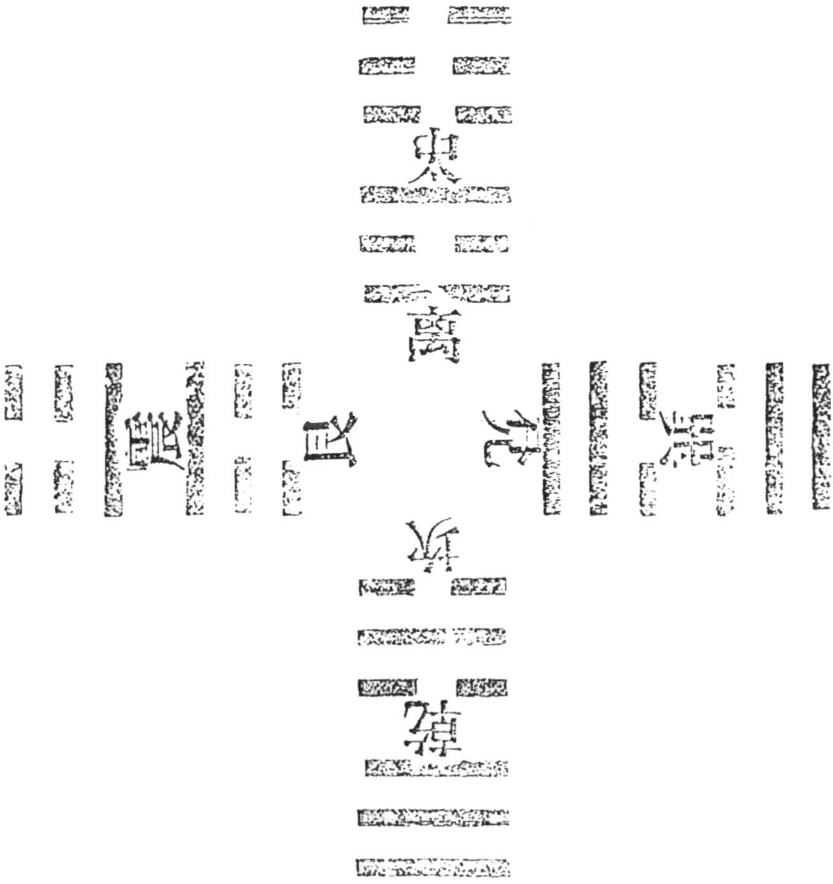

괘 위 낙 서
卦位洛書

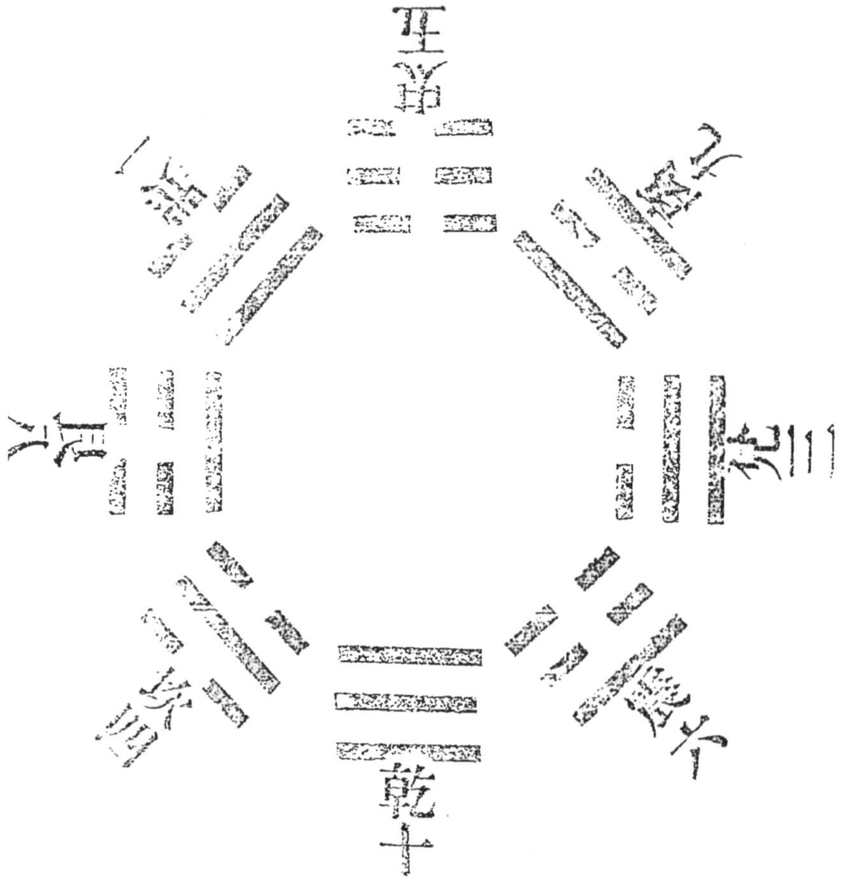

四象河圖 (사상하도)

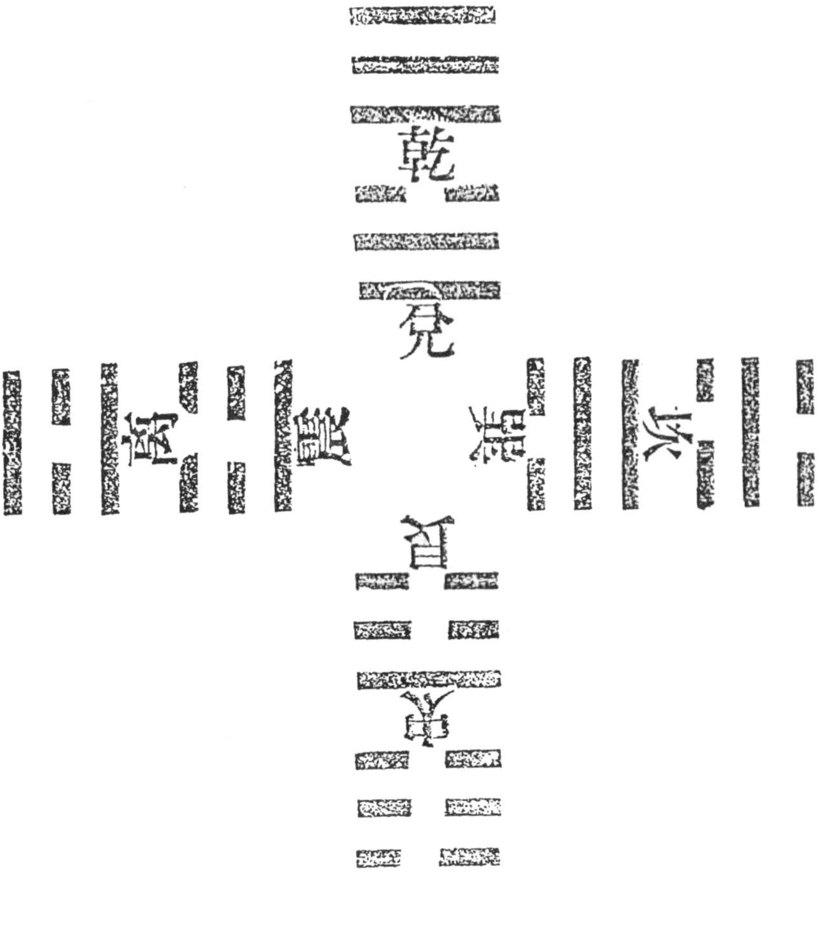

괘위하도
卦位河圖

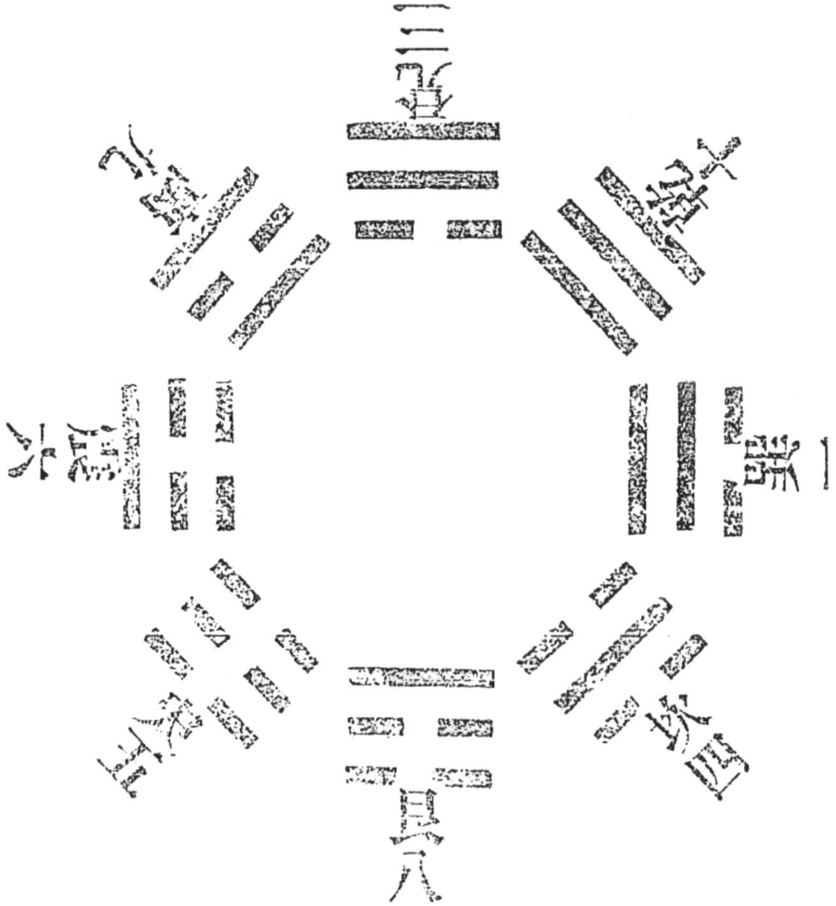

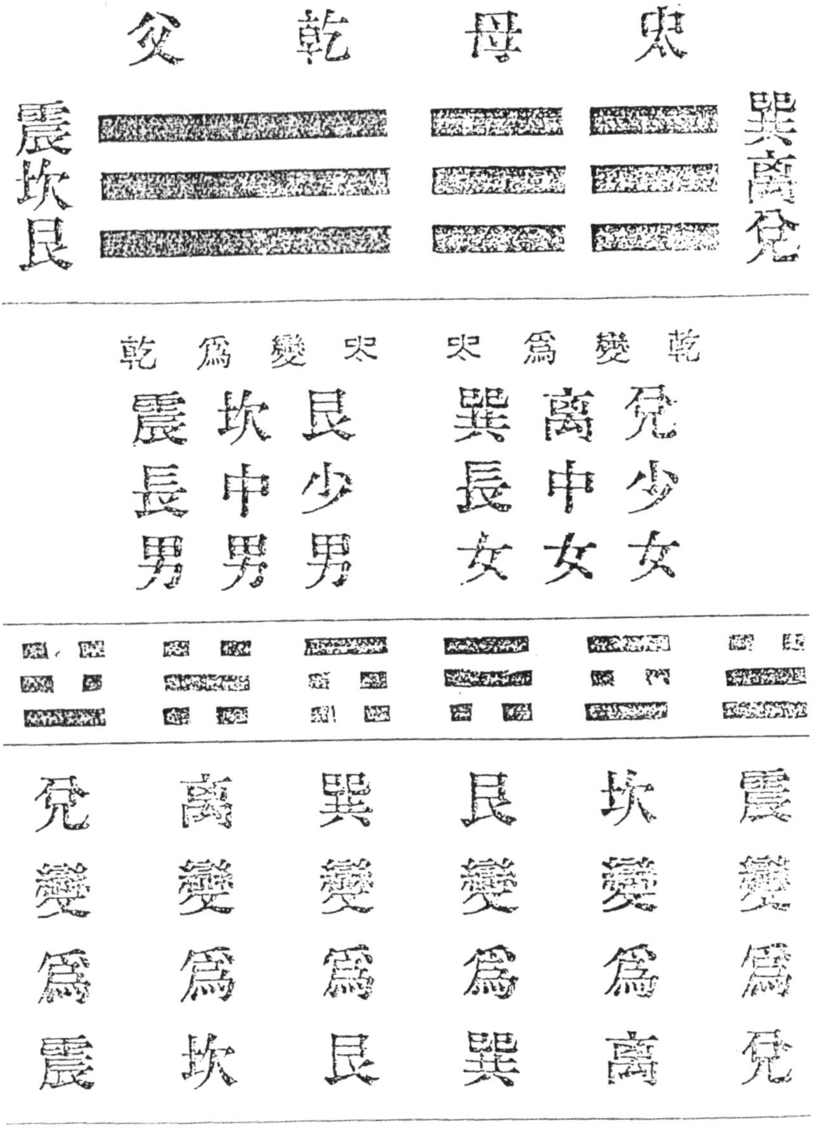
坤母
乾父
震坎艮
巽離兌
乾變爲坤
坤變爲乾
兌少女
離中女
巽長女
艮少男
坎中男
震長男
震變爲兌
坎變爲離
艮變爲巽
巽變爲艮
離變爲坎
兌變爲震

卦位變易圖
괘 위 변 역 도

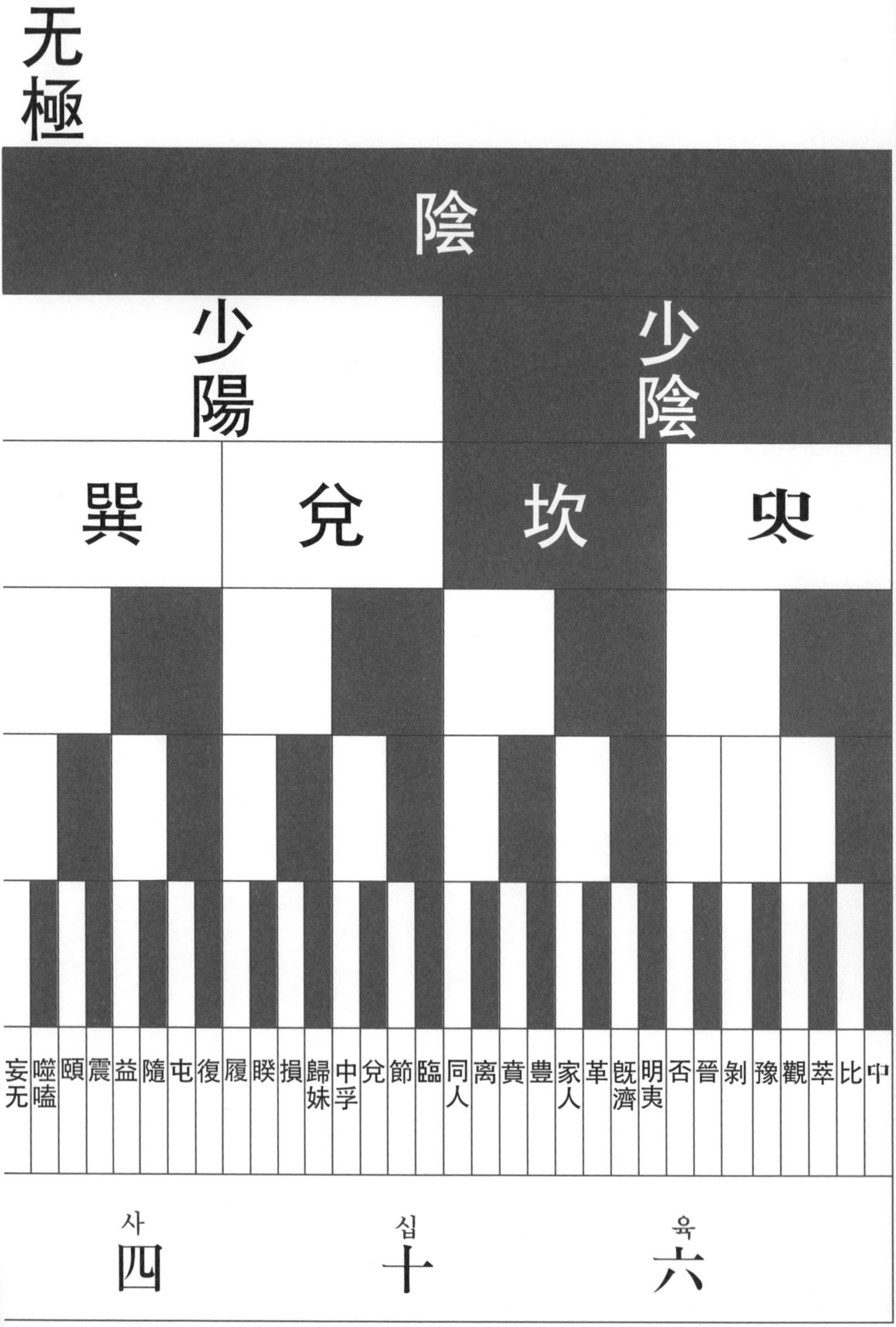

无極
陰
少陽
少陰
巽
兌
坎
艮
无妄
噬嗑
頤
震
益
隨
屯
復
履
睽
損
歸妹
中孚
兌
節
臨
同人
离
賁
豊
家人
革
旣濟
明夷
否
晉
剝
豫
觀
萃
比
中
사 십 육
四 十 六

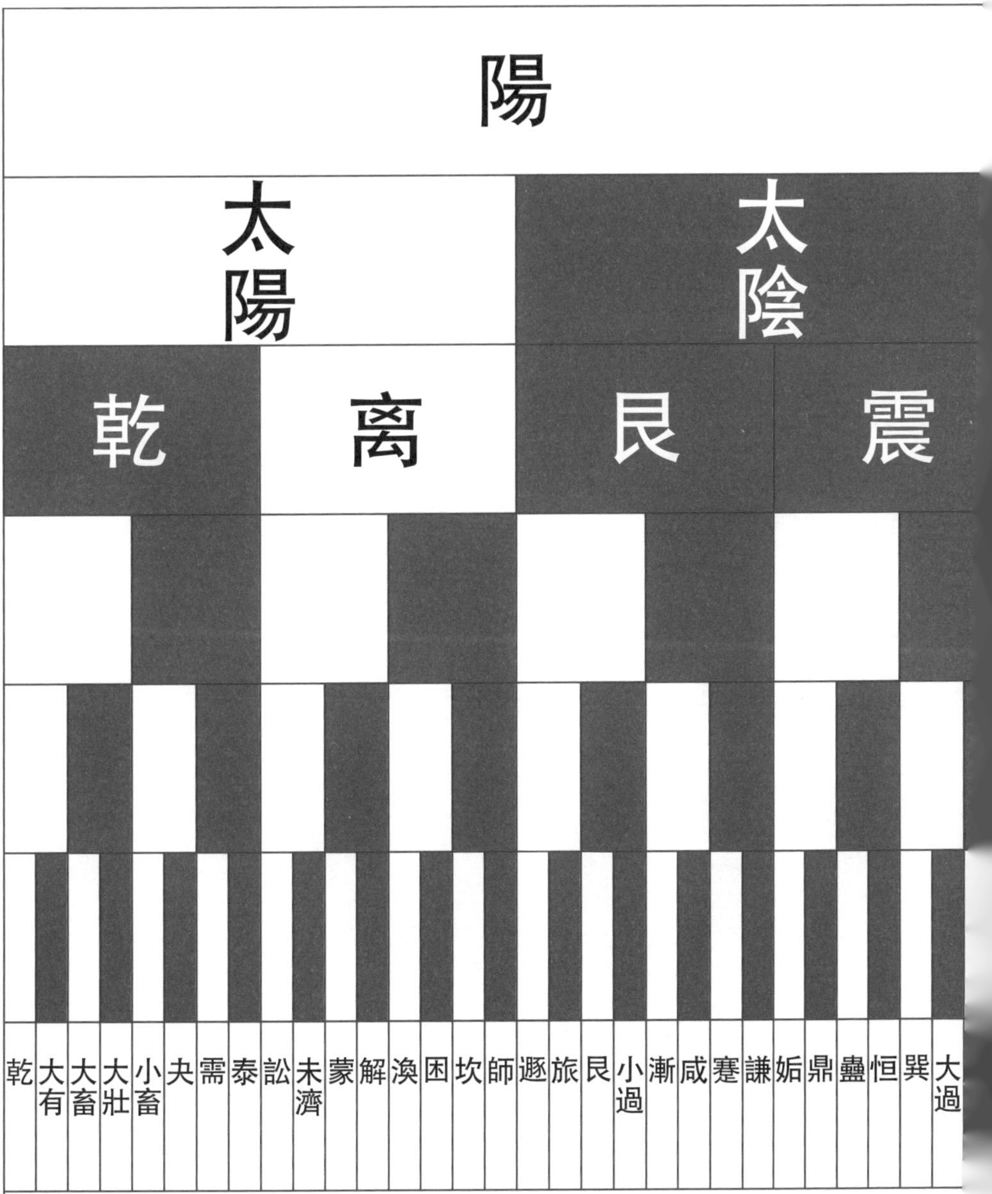

卦(괘) 橫(횡) 圖(도)

六十四卦圓圖

육십사괘원도

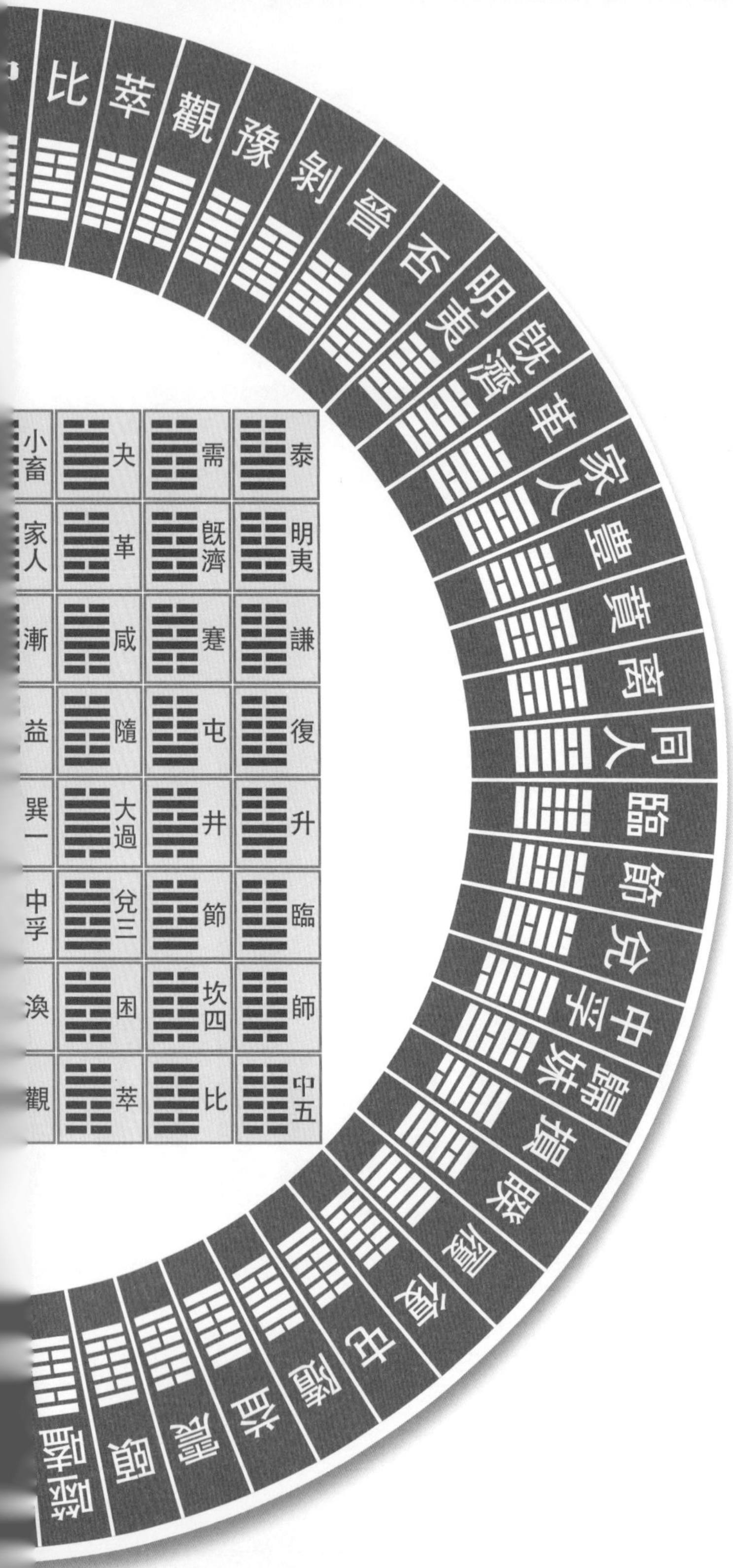

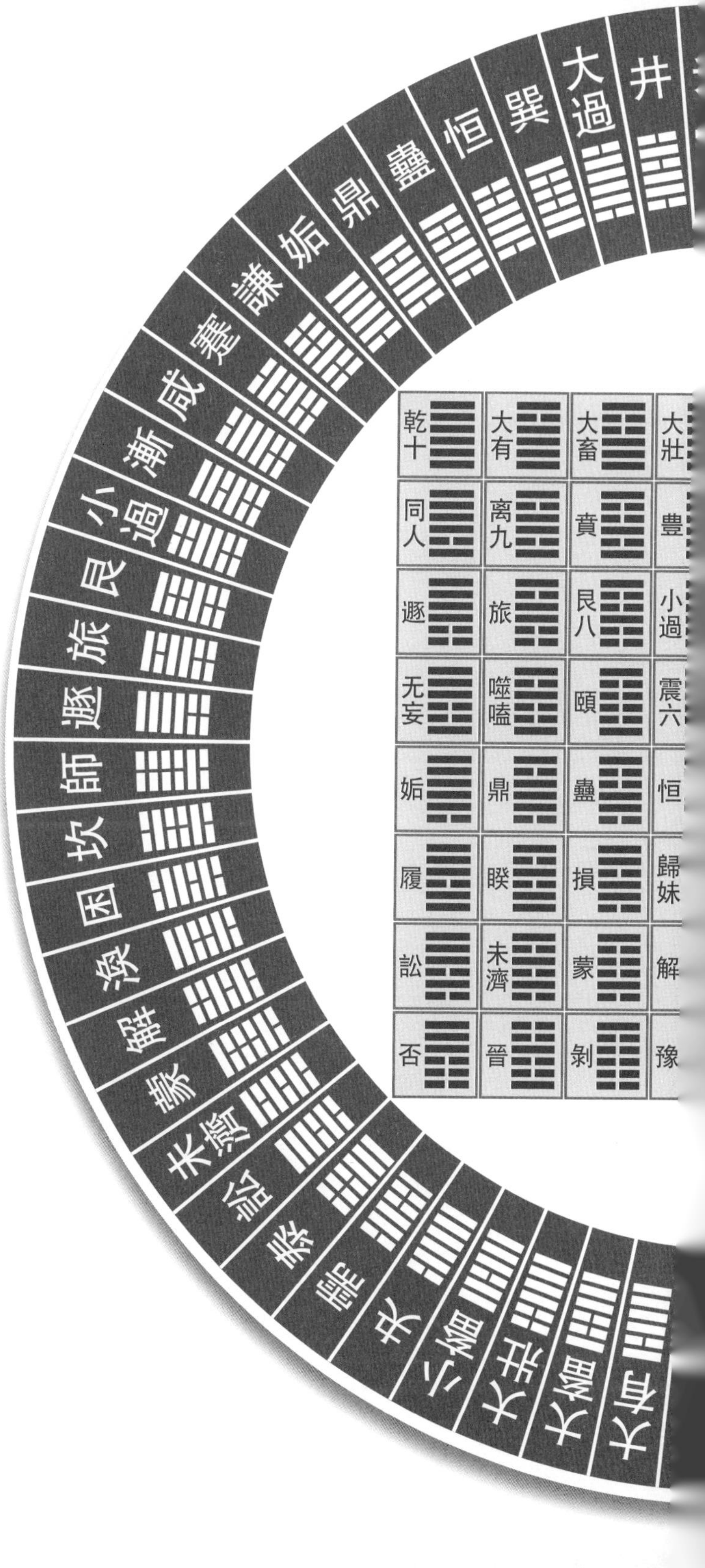
井
大過
巽
恒
蠱
鼎
姤
謙
蹇
咸
漸
小過
艮
旅
遯
師
坎
困
渙
解
蒙
未濟
訟
大壯
大畜
大有
乾十
大有
大畜
大壯
同人
离九
賁
豊
遯
旅
艮八
小過
无妄
噬嗑
頤
震六
姤
鼎
蠱
恒
履
睽
損
歸妹
訟
未濟
蒙
解
否
晉
剝
豫

用九用六六十四卦卦變圖(용구용육육십사괘괘변도)

上經

恒 咸 升 萃

益 損 豫 謙

兌 巽 蠱 隨

頤 大過 未濟 旣濟

需　訟　蒙　屯　鼎　革

大壯　遯　豐　旅　解　蹇

困　井　艮　震　賁　噬嗑

下經

坤 乾 睽 家人 晉

泰 師 比 姤 夬

小畜 履 臨 觀 中孚

明夷　同人　大有　剝　復　否

歸妹　漸　无妄　大畜　節　渙

小過　離　坎

筮儀(서의)

蓍莖八十一(시경팔십일)

木格刻四大刻 大刻之左各刻三小刻(목격각사대각 대각지좌각각삼소각) 大小刻合爲十六

左右手中分八十一策置 格之中央兩大刻 而无除極掛扐規(좌우수중분팔십일책치 격지중앙양대각 이무제극괘륵규)

此第一營所謂分之爲二以成兩者(차제일영소위분지위이이성양자)

次中分左大刻之策一反左大刻一置第四大刻(차중분좌대각지책일반좌대각일치제사대각)

此第二營之半(차제이영지반)

次中分右大刻之策一反右大刻一置第一大刻(차중분우대각지책일반우대각일치제일대각)

此第二營之半所謂分二爲四以成四者(차제이영지반소위분이위사이성사자)

次左手執第四大刻之策 右手三揲左手之策 過揲之策 于四大(차좌수집제사대각지책 우수삼설좌수지책 과설지책 우사대)

刻歸奇于第十四之第一小刻(각귀기우제십사지제일소각)

此第三營之半之半所謂揲之以三以成三者(차제삼영지반지반소위설지이삼이성삼자)

次左手執第三大刻之策 右手三揲左手之策 反過揲之策 于三(차좌수집제삼대각지책 우수삼설좌수지책 반과설지책 우삼)

大刻歸奇于第十之第一小刻(대각귀기우제십지제일소각)

此第三營之半之半(차제삼영지반지반)

次右手執第一大刻之策 左手三揲右手之策 反過揲之策 于一(차우수집제일대각지책 좌수삼설우수지책 반과설지책 우일)

大刻歸奇于第六之第一小刻(대각귀기우제육지제일소각)

此第三營之半之半(차제삼영지반지반)

次右手執第一大刻之策 左手三揲右手之策 反過揲之策 于一(차우수집제일대각지책 좌수삼설우수지책 반과설지책 우일)

大刻歸奇于第二之第一小刻(대각귀기우제이지제일소각)

此第三營之半之半畢(차제삼영지반지반필) 后變準前式(후변준전식) 而四小刻之第二第三(이사소각지제이제삼)

次第歸奇則所謂八卦成列因以重之則六十四卦圓布矣(차제귀기즉소위팔괘성렬인이중지즉육십사괘원포의) 揲(규)

十二奇之策(십이기지책) 畫爻於版(획효어판) (自上而下)

四奇之數或三或二或一而錯綜通計不六則九(사기지수혹삼혹이혹일이착종통계불육즉구) (妄動數溢則止) 三九策(삼구책)

二十七畫(이십칠획) □ 老陽二九一六三八策二十四畫(노양이구일육삼팔책이십사획) ╍ 少陰一九二(소음일구이)

六三七策二十一畫(육삼칠책이십일획) ━ 少陽三六策十八畫(소양삼육책십팔획) ✕ 老陰(노음) □

乂乾坤卦之十五(예건곤괘지십오) ⚍ 乾坤卦之二七(건곤괘지이칠)

三營一變九營三變成爻十四營十有八變成卦(삼영일변구영삼변성효십사영십유팔변성괘)

占法同先天(점법동선천)

木格十六刻
목격육십각

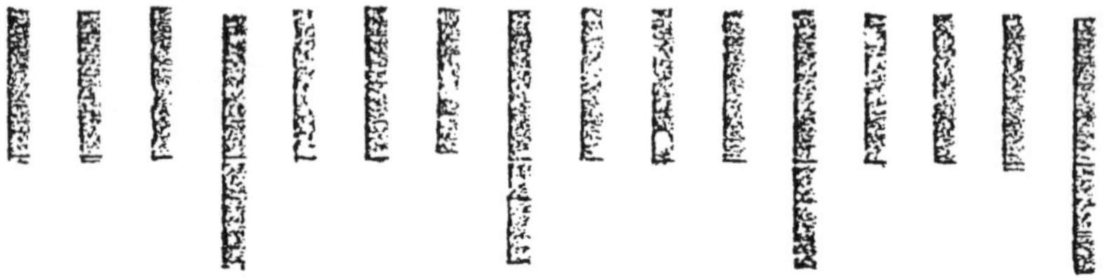

선천공부자태극도

先天孔夫子太極圖

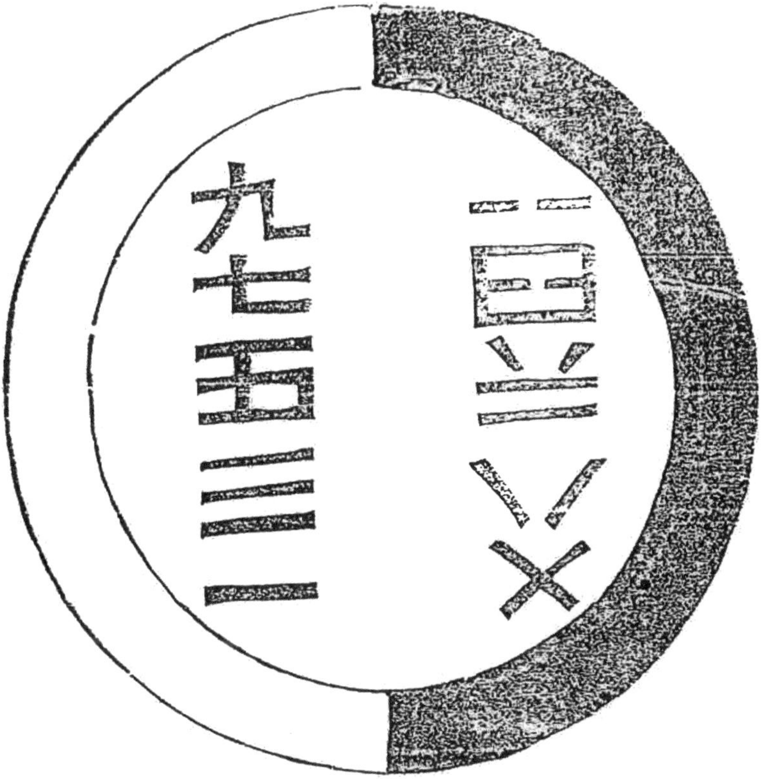

旣有是理、必有是形、故太極之名、子夫子創之而曰易有太極、一陰一陽之道。周子曰无極而太極。程子曰冲漠无朕、而萬象森然已具。張子曰萬物一原。朱子曰超然專說得理、超形器而稱之也。又曰正謂理之極、到有是理、必有是炁、理一而已、非在陰陽之外耳。皇極箕子言之、邵子衍之、而先后天之建用之理顯矣。

후천주부자태극도

后天朱夫子太極圖

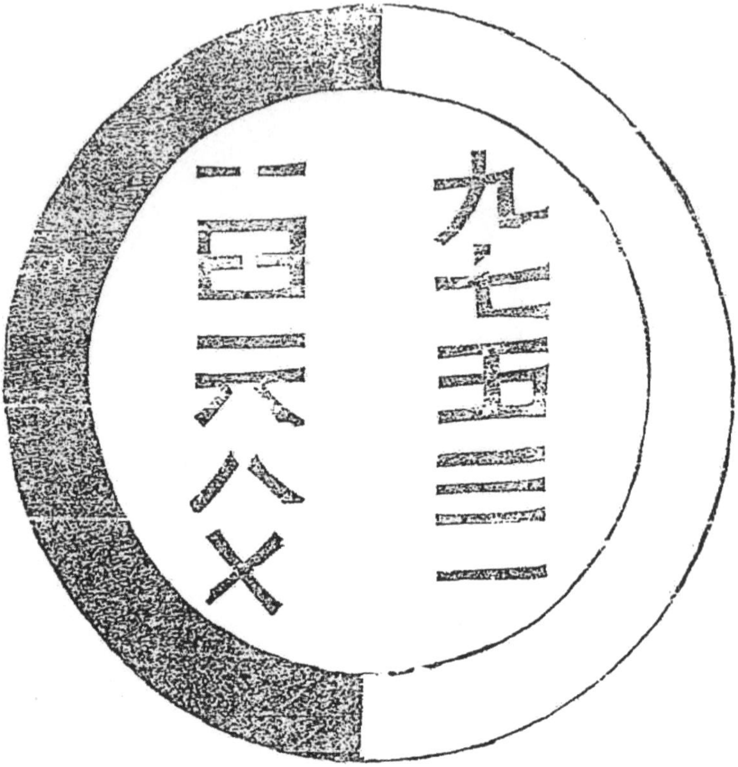

上天之載、无聲无臭、而生金木水火土、
상천지재 무성무취 이생금목수화토
大衍之自十至一、干支之六十數、
대연지자십지일 간지지지십수수
要不過一五行之陰陽而已、而陰陽
요불과일오행지음양이이 이음양
互宅於正易之會耳。夫先天太極、河
호택어정역지회이 부선천태극 하
圖之左旋復姤之理也。后天太極、
도지좌선복구지리야 후천태극
洛書之右旋天雷地風之象也。昔朱
낙서지우선천뢰지풍지상야 석주
子特書大學曰經一章孔子作之、
자특서대학왈경일장공자작지
傳十章曾子之意、而門人記之。又聞
전십장증자지의 이문인기지 이윤
易總目筆之曰河圖之五行全數、皆
역총목필지왈하도지오행전수 개
夫子之意、而先儒之說也。余於太極窃
부자지의 이선유지설야 여어태극절
取兩夫子之意、而圖之已。
취양부자지의 이도지이

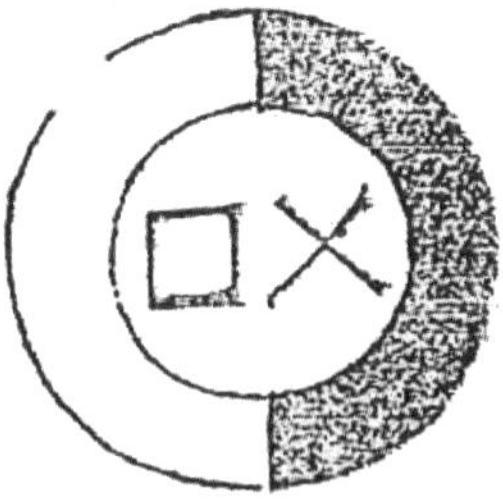

老子太極圖
노자태극도

生一而生二之謂太極、天一地二之合數爲三、故三八木氣之生生之、仙家宗匠老子是也。

생일이생이지위태극천일지이지합수위삼고삼팔목기지생생지선가종장노자시야

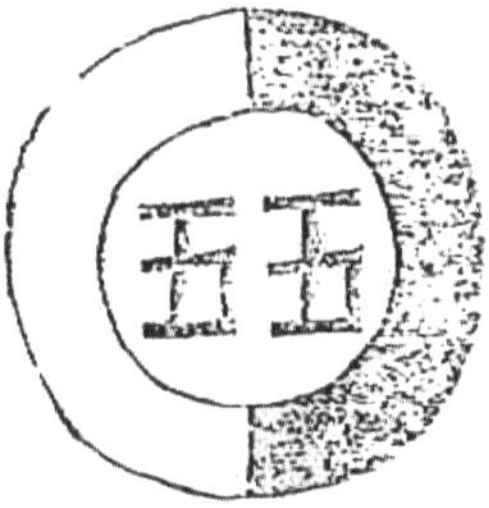

莊子太極圖
장자태극도

道在太極之先、即伏子所謂空、宗吾儒所謂无極之前、非有象之后也。

도재태극지선즉불자소위공종오유소위무극지전비유상지후야

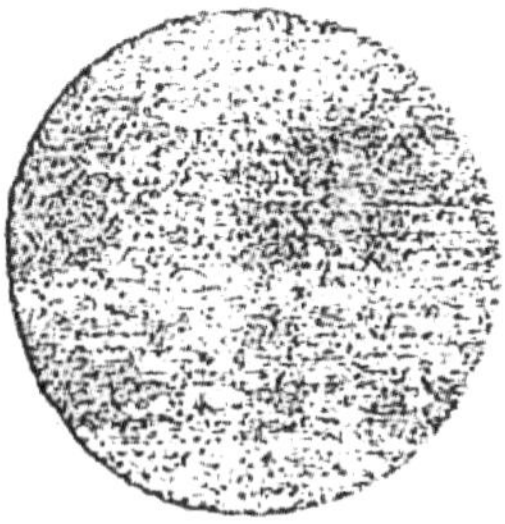

列子太極圖
열자태극도

混淪之謂太極、即朱子所謂夜半黑淬淬、乃天地之正色是也。語各不同、而理具則一原耳。

혼륜지위태극즉주자소위야반흑쉬쉬내천지지정색시야어각부동이리구즉일원이

无極太極皇極說
무극태극황극설

三極之道之大原、余甞悟之於子朱子之易經小註也。乾⚊而實、
삼극지도지대원여상오지어자주자지역경소주야건이실

坤⚋而虛者、理之蘊而象之著、道之原而體之本也。而羲農以還、
곤이허자리지온이상지저도지원이체지본야이희농이환

聖神相繼、體天而立極、作人而行道於天下、至若三極之原、則猶
성신상계체천이입극작인이행도어천하지약삼극지원즉유

未闡語於來學矣。殷道興而箕聖誕、周德邵而麟聖降、宋運熾
미천어어내학의은도흥이기성탄주덕소이인성강송운치

而羣哲生、不顧是非而創出。无極二字者、濂溪之大道、通乎无形
이군철생불고시비이창출무극이자자염계지대도통호무형

外也。贊之十翼而始言太極者、吾夫子之一以貫之於上下也。第
외야찬지십익이시언태극자오부자지일이관지어상하야제

陳九疇而建用皇極者、箕子乃言也。歷玆三聖、三極之道、大明於
진구주이건용황극자 기자내언야 력자삼성 삼극지도 대명어

方冊、書圖之理、可究於言語之間、則周子之无極而太極、逆指其
방책 서도지리 가구어언어지간 즉주자지무극이태극 역지기

十而一而言之也。箕子皇極、邵子皇極皆統先后天之甲乙會而
십이일이언지야 기자황극 소자황극개통선후천지갑을회이

明之也。兼指其所以爲天五地五之道而語之者、莊子之太極也。
명지야 겸지기소이위천오지오지도이어지자 장자지태극야

單指其十九之理而著之者、老子之太極也。默會其有象之前、
단지기십구지리이저지자 노자지태극야 묵회기유상지전

陽陰圈子裏之混淪而說之者、列子之太極也。語其道則高矣、
양음권자리지혼륜이설지자 열자지태극야 어기도즉고의

玩其理則明矣。闕一不可而下異端之源流、講聖神之道統、
완기리즉명의 궐일불가이하이단지원류 강성신지도통

上下乎萬古、則唯吾夫子之太極、統三極之全體大用而說之
상하호만고 즉유오부자지태극 통삼극지전체대용이설지

也。繼義統而傳來聖愈闡愈明、圈十而包五、含一而體十、无餘蘊於午會、有大用於丑宮、乃知夫濂洛聖神之註釋經傳、所以繼開之功、可謂賢於勳華遠矣。

龜書說

二四爲肩、六八爲足、履一戴九、左三右七、天五居中、地十尊空、陽數多而陰數少者、先天之龜書也。而方以象地、則陽爲水而水多、陰爲土而土少、故子會之地球之己十土、盡在水中、天求之戊

五土、僅出水上而宅之玆、盖子會而用星之子。子、地一之水也。九
오토근출수상이택지자개자회이용성지자자지일지수야구

宮而究、干之壬。壬、天一之水也。且二四六八、土也、而限之於四維、
궁이구간지임임천일지수야차이사육팔토야이한지어사유

故子壬之得旺之水、不能導之於四維之外、而注之大瀛、所以姒
고자임지득왕지수불능도지어사유지외이주지대영소이사

聖之導水導山之績、止於裨瀛之內、聲教訖暨之化被之朔南、
성지도수도산지적지어비영지내성교흘기지화피지삭남

朔南亦爲裨瀛之內也、是孰使然。先天皇極宮之體象也已。天
삭남역위비영지내야시숙사연선천황극궁지체상야이천

道循環、圓而方、方而圓、上元元元、則交易而變易、變易而成度、
도순환원이방방이원상원원원즉교역이변역변역이성도

一六二七三八四九、互宅而數同、中五成十、方圓之土、始得正位、
일육이칠삼팔사구호택이수동중오성십방원지토시득정위

四維之水、乃退天邊、子午卯酉之極、俱出地上巳亥、丑未之政、
사유지수내퇴천변자오묘유지극구출지상사해축미지정

均布天下、天无日月之抗蝕、地无潮汐之進退、則先天所謂島夷
균포천하 천무일월지항식 지무조석지진퇴 즉선천소위도이
皮服者、降邱宅土而上衣下裳、一遵義農勳華之法。服薙髮缺
피복자 강구택토이상의하상 일준의농훈화지법 복치발결
舌者、百紒口誦、咸習周孔、程朱之書矣。神復起斷无博施之憂伊
설자 백계구송 함습주공 정주지서의 신복기단무박시지우이
呂再作亦无放伐之道、春秋戰國之習、清之以崑河之源、五季六
려재작역무방벌지도 춘추전국지습 청지이곤하지원 오계육
朝之穢、湔之以瀛海之波、五百四十萬里之君長者、甸之以戊己
조지예 전지이영해지파 오백사십만리지군장자 전지이무기
之土、體之以龜書之理、樂天而樂地、樂地而樂人。大哉、己丑宮之
지토 체지이귀서지리 낙천이낙지 낙지이낙인 대재 기축궁지
政令也。
정령야

龍圖說 (용도설)

一六位北、二七宮南、三八四九正位於東西、天五居中、而地十成之、五生數統五成數者、先天之龍圖也。而圓而象天、戊辰宮之星、曆之數始計於癸亥年之甲子、則大衍之五十六度、即閏癸亥有氣朔之剩。且圖衍之則爲易、捲之則爲圖、而易之上經十卦、即三十目之度也。坎离、日月之象也、而始之乾坤、終於坎离、則坎月當於二十九度、故子會之月日相會之辰、九百四十分日之二十九

(일육위북 이칠궁남 삼팔사구정위어동서 천오거중 이지십성지 오생수통오성수자 선천지용도야 이원이상천 무진궁지성 역지수시계어계해년지갑자 즉대연지오십육도 즉윤계해유기삭지잉 차도연지즉위역 권지즉위도 이역지상경십괘 즉삼십목지도야 감리 일월지상야 이시지건곤 종어감리 즉감월당어이십구도 고자회지월일상회지진 구백사십분일지이십구)

日奇。下經之三十四卦、卽三十四日之度也。而先后天之己戊癸
일기 하경지삼십사괘 즉삼십사일지도야 이선후천지기무계

甲之數、四度歸空、則子會之氣盈者、適足而无餘欠。六十四卦摩
갑지수 사도귀공 즉자회지기영자 적족이무여흠 육십사괘마

而變易、恒咸爲上經之首、而終之於未濟旣濟、坤乾爲下經之首
이변역 항함위상경지수 이종지어미제기제 곤건위하경지수

而終之於离坎、則坎月度成度於三十、故丑會之日月會辰洽爲
이종지어리감 즉감월도성도어삼십 고축회지일월회진흡위

一千四百四十分日之三十日而无朔虛、夫子所謂當朞三百六十
일천사백사십분일지삼십일이무삭허 부자소위당기삼백육십

日者、此也。盖由金火正易、子會之龜書、互宅於龍圖、龍圖
일자 차야 개유금화정역 자회지귀서 호택어용도 용도

變之以洛書象、而金火益明。且以五成數統五生數、則先后
변지이낙서상 이금화익명 차이오성수통오생수 즉선후

天之五行成度於斯盛矣。水火无衝激之象、金木有逆成之理、
천지오행성도어사성의 수화무충격지상 금목유역성지리

己戊土正位於四仲而調陽律陰、故晦朔弦望歸體而得正、璣衡七政以齊而无閏、大衍之數七十二用之候刻、八十一用之蓍策、前聖則之、后聖闡之之說、若契符節。大哉、己巳宮之建用皇極也。

(기무토정위어사중이조양율음 고회삭현망귀체이득정 기형칠정이제이무윤 대연지수칠십이용지후각 팔십일용지시책 전성칙지 후성천지지설 약계부절 대재 기사궁지건용황극야)

洛書宮數說 (낙서궁수설)

洛書之九宮生數、數起於子宮、而究之乎申宮、故一歲之天度止於九宮、三九而置閏、一會之聲教訖于申宮、則申宮之外尚有

(낙서지구궁생수 수기어자궁 이구지호신궁 고일세지천도지어구궁 삼구이치윤 일회지성교흘우신궁 즉신궁지외상유)

氈域。噫、子思所謂天地之所不能、聖人之病博施、茲乃子會之宮於九、而未盡用者也。一元之氣循環復元、則先天之九宮洛書星曆、河圖之方圓互宅、書變爲圖、圖變爲書、書圓而象曆、圖方而數宮、宮用十二而无碍、所以子會之日、出寅入戌爲九宮、出辰入申度、則限五而自子計之、亦爲九宮而已。出丑入戌无極之十、自亥計之、十二宮之周也。易所謂八卦九章、相爲經緯、表裏之訓、自其變者觀之、則實爲先后天之闡理之機樞也。

河圖宮數說
하도궁수설

河圖之十二宮成數、數起於丑宮、而周之乎子宮、故一歲之天度
하도지십이궁성수수기어축궁이주지호자궁고일세지천도
洽用十二宮而无閏。聖神作人之化无遐而不被中之崑崗、躋之以
흡용십이궁이무윤성신작인지화무하이불피중지곤강제지이
仁壽之域、環之大瀛、聲之以絃誦之斆、籩豆陳陳、衣裳楚楚、此乃周
인수지역환지대영성지이현송지효변두진진의상초초차내주
子所謂无極而太極之會、水土成度、三黃宮南、三黑位北、己戊日月
자소위무극이태극지회수토성도삼황궁남삼흑위북기무일월
光華乎中極、天休滋至聖、祿无量猗歟。盛哉、十二宮之周洽乎玆
광화호중극천휴자지성녹무량의여성재십이궁지주흡호자
會之體象也。且先天九宮之青黃黑白盖无定、伍儒家曆家之左
회지체상야차선천구궁지청황흑백개무정오유가역가지좌

右旋之說不同。泰西人云天地无東西南北、造化論曰北京在南、
우선지설부동 태서인운천지무동서남북 조화론왈북경재남
故開北户而向日。天竺在西、故啓東牖而迎陽。骨利幹在極北、
고개북호이향일 천축재서 고계동유이영양 골리간재극북
故羊胛纔熟、日已復出。解蒙訣曰東赤南白西黃北黑、本正色驗
고양갑재숙 일이부출 해몽결왈동적남백서황북흑 본정색험
於曉午暮夜可見、研究諸說極爲有理。且生成休旺、各隨其元
어효오모야가견 연구제설극위유리 차생성휴왕 각수기원
會運世年、則十二宮之青黃黑白比先天不同者、理之然象之著。
회운세년 즉십이궁지청황흑백비선천부동자 리지연상지저
余何獨泥見、而无隨時變易道歟。
여하독이견 이무수시변역도여

洛書橫圖說

易曰太極生兩儀、兩儀生四象、四象生八卦。又曰天生地成、盖生之者太極、成之者无極也。而原始要終則擧便无極十、十便是太極一、合土居中、五皇極是也。則之河圖始畫⚊⚋□✕、曰陽曰陰曰兩儀曰老曰少者、羲氏之本象也。自下上之、畫以成圖者、姬聖衍之、夫子贊之也。自上下之、統而成之、而乾左坤右、交泰之度也。且先天之一乾二兌三离四震五巽六坎七艮八坤者、生數之八卦、而震巽坎离之宮、陽陰互宅、故曰半成度之八卦也。十乾九离八艮六震一巽三兌四坎五𡰱者、陽居陰位、陰居陽位、故曰大成度之八卦也。盖无極而太極之元、天一地二之十乾之數、便成於中指。一巽之數、起於无名指。三五以變、錯綜其數、遂成正易之八卦、而二乾崇以效天、七𡰱卑以法地者、化翁之所親政於十五、運用於二七之象數也。而化翁原天火无位、故不列於八卦、闡之筮儀云爾。

생수지팔괘 이진손감리지궁 양음호택 고왈반성도지팔괘야 십건구리팔간육진일손삼태사감오곤자 양거음위 음거양위 고왈대성도지팔괘야 개무극이태극지원 천일지이지십건지수 변성어중지 일손지수 기어무명지 삼오이변 착종기수 수성정역지팔괘 이이건숭이효천 칠곤비이법지자 화옹지소친정어십오 운용어이칠지상수야 이화옹원천화무위 고불렬어팔괘 천지서의운이

河圖橫圖說
하도횡도설

孔子曰乾坤成列而易立乎其中。洛書之錯綜其數、變易而成列
공자왈건곤성렬이역립호기중 낙서지착종기수 변역이성렬
者、六十四卦圓圖之象也。河圖之坤震居左、乾巽居中、艮爲首兌
자 육십사괘원도지상야 하도지곤진거좌 건손거중 간위수태
爲應、坎离次之者、交易成列而六十四卦方圖之象也。且先天之
위응 감리차지자 교역성렬이육십사괘방도지상야 차선천지
九六乾坤爲老陽老陰、七八乾坤爲少陽少陰、而二老不列之於
구육건곤위노양노음 칠팔건곤위소양소음 이이로불렬지어
易經□✕、動變之理、則略辭於用九用六玆、盖子易之二老二少
역경 동변지리 즉약사어용구용육자 개자역지이로이소
之政於二至者也。正易之十五乾坤爲二老、二七乾坤爲二少者、
지정어이지자야 정역지십오건곤위이로 이칠건곤위이소자

洛書之變易而爲體也。乾坤爲少陽少陰、坎离爲太陽太陰者、河圖之交易而爲用也。大哉、河洛之體用也。

낙서지변역이위체야 건곤위소양소음 감리위태양태음자 하도지교역이위용야 대재 하락지체용야

洛書四象八卦說

낙서사상팔괘설

東北陽方、西南陰方、故乾坎震艮位於東北、坤离巽兌宮於西南。震是五元之卯宮、巽是酉位、雷風山澤政於后天。地天之度、交而爲泰、水火之炁調而不射、茲盖午會之卦位、待對陽陰燮和之法象也。

동북양방 서남음방 고건감진간위어동북 곤리손태궁어서남 진시오원지묘궁 손시유위 뇌풍산택정어후천 지천지도 교이위태 수화지기조이불석 자개오회지괘위 대대양음섭화지법상야

四象相蕩、陽陰互宅、東北爲陰方、西南爲陽方、而交易變易、乾之

사상상탕 양음호택 동북위음방 서남위양방 이교역변역 건지

巛、巛之乾、而六宗倣此、八卦成列。大哉、中央乾巛己戊正位、數之十五。至哉、午巳坤乾、否往泰來、數之七二雷風宮、十一歸體、九二錯綜、休甲庚之二至、旺巳亥之二化、統於尊而行政令、丑未日月貞明而不蝕、卯酉山澤、亦成度而正位、二老氣化、六宗形化者、子會也。形化當氣化之位、氣化當形化之宮者、丑會也。而姬聖八卦、三變而爲正易之易。大哉、禹氏龜書之金火互宅而反之正位、濂洛羣哲之研索乎巳亥雷風之理、而闡之也。

河圖四象八卦說

하도사상팔괘설

子午乾𡘙之宅、卯酉坎离之限、四象正位而震東巽西艮北兌南、后天龍圖之金火正易之象、於玆顯現也。巳午會、天中氣影相磨、乾之𡘙、𡘙之乾、而變易交易、則中央乾𡘙、數之十五、丑未乾𡘙、數之二七。离之坎、坎之离、而日月光華乎巳亥之宮。兌之震、艮之巽、而雷風政於卯酉。震之兌、巽之艮、而澤山位於子午、卦之五行互宅於三十六宮、而反克相生、陽陰數同、金火正易治曆明

자오건곤지택 묘유감리지한 사상정위이진동손서간북태남 후천용도지금화정역지상 어자현현야 사오회 천중기영상마 건지곤 곤지건 이변역교역 즉중앙건곤 수지십오 축미건곤 수지이칠 리지감 감지리 이일월광화호사해지궁 태지진 간지손 이뇌풍정어묘유 진지태 손지간 이택산위어자오 괘지오행호택어삼십육궁 이반극상생 양음수동 금화정역치력명

時之象、可謂指諸掌也。夫三十六宮者、方位圓圖之三八二十四、
시지상가위지저장야 부삼십육궁자방위원도지삼팔이십사
中央之壬癸丙丁己戊日月南北西東。
중앙지임계병정기무일월남북서동

八卦交易變易說
팔괘교역변역설

程子曰易、變易也、隨時變易、以從道。邵子曰交易變易、以博易之
정자왈역변역야수시변역이종도소자왈교역변역이박역지
義、盖包羲之始畫圓圖也。天地定位、雷風相薄、水火不相射、山澤
의개포의지시획원도야천지정위뇌풍상박수화불상석산택
通氣、玆乃二老之性情、六宗之法象也、而原其運用、則八卦之一
통기자내이로지성정육종지법상야이원기운용즉팔괘지일
變也。索其度數、則兩儀之一否也。姬聖繼作圓圖之變、遂成后天
변야색기도수즉양의지일비야희성계작원도지변수성후천

之八卦、天地之尊、艮巽之宗、維於四宮、日月之政、敭明於北南、雷澤之交、定位於卯酉、原其卦體之運、則交易再變也。究其陽陰之理、則未協乎待對也耳。一元之氣、運之於午會、午會之運、中之於中節、則氣影相磨、九六互蕩、乾之𡰱、𡰱之乾、而乃成地天之泰來。离之坎、坎之离而遂无日月之見蝕。兌之震而配巽、巽之艮而配兌、艮之巽而配震、震之兌而配艮、各正待對而陽陰暢和、自十至一而卦氣周流而无滯、是則程邵所謂交易變易之不易之理、朱子所謂三變成爻之時也。三伍以變、錯綜其數、崇之以效

지팔괘천지지존간손지종유어사궁일월지정양명어북남 뇌택지교정위어묘유원기괘체지운즉교역재변야구기양음 지리즉미협호대대야이일원지기운지어오회오회지운중 지어중절즉기영상마구육호탕건지곤곤지건이내성지천 지태래리지감감지리이수무일월지견식태지진이배손손지 간이배태간지손이배진진지태이배간각정대대이양음창화 자십지일이괘기주류이무체시즉정소소위교역변역지불역 지리주자소위삼변성효지시야삼오이변착종기수숭지이효

天、卑之以法地、二七乾坤之微顯闡幽、欲詢之于來學。
천비지이법지이칠건곤지미현천유욕순지우내학

六十四卦橫圖說
육십사괘횡도설

朱子曰八卦之名、包羲畫之、六十四卦之名、文王衍之、蓋原始而言之、則卦位之生成、无先后之可辨。要終而觀之、則有二老然后、有六宗理既然矣。太極生之、无極成之、而先天橫圖、自乾至坤、自復至姤、易用有象、曆紀有閏、語其度則天地之否、測其候則子半之度寅初之曆、故寒暑不調、土失其位、寄旺於四季、
주자왈팔괘지명포희획지육십사괘지명문왕연지개원시이언지즉괘위지생성무선후지가변요종이관지즉유이로연후유육종리기연의태극생지무극성지이선천횡도자건지곤자복지구역용유상역기유윤어기도즉천지지비측기후즉자반지도인초지력고한서부조토실기위기왕어사계

法象之自然、非包羲之私意也。正易橫圖、自㚇而乾、自无妄而升、用无極之易數、无閏之曆義、經所謂復則无妄者此也。演其度則兩儀之泰、測其候則午中之度、卯半之曆、故寒暑均、土位正、政令於四仲。大哉、前聖后聖之其揆一也。

(법상지자연 비포희지사의야 정역횡도 자곤이건 자무망이승 용무극지역수 무윤지역의 경소위복즉무망자차야 연기도즉양의지태 측기후즉오중지도 묘반지력 고한서균 토위정 정령어사중 대재 전성후성지기규일야)

六十四卦圓圖說

(육십사괘원도설)

凡六十四卦、環布天地之中、以作生生无窮之化、而乾南㚇北、左邊自復至乾、陽爻一百一十二、陰爻八十、右邊自姤至坤、陰爻

(범육십사괘 환포천지지중 이작생생무궁지화 이건남곤북 좌변자복지건 양효일백일십이 음효팔십 우변자구지곤 음효)

一百一十二、陽爻八十而已、則八十八之陽陰之理、猶欠乎呂律之均調、九百四十分日之炁朔不齊者、先天生數之卦之定位也。坤南乾北、自升右旋(先天之左)、陽爻一百一四、陰爻八十八。自无妄左旋至坤(先天之右)、陽爻八十八、陰爻一百一四者、后天成數之卦氣、交而爲泰、陽陰調而無閏、爲正易之象也。蓋自復左旋、自姤右旋者、先天河圖之北爲主而相生之度。自坤右旋、自乾左旋者、后天洛書之南爲尊而相成之度也。原始而推之、則己巳宮肇判於天七丙午地二丁巳之運、南爲

일백일십이 양효팔십이이 즉팔십팔지양음지리 유흠호여율 지균조구백사십분일지기삭부제자 선천생수지괘지정위야 곤남건북 자승우선 양효일백일사 음효팔십팔 자무 망좌선지곤 양효팔십팔 음효일백일사자 후천성수 지괘기교이위태 양음조이무윤 위정역지상야 개자복 좌선 자구우선자 선천하도지북위주이상생지도 자곤 우선 자건좌선자 후천낙서지남위존이상성지도야 원 시이추지 즉기사궁조판어천칠병오지이정사지운 남위

獨尊、北爲次之、而一年之元生於貞、故子會爲先天政於子午。丑會爲后天政於巳亥、則二十四節氣環之於卯酉。子午一千四百四十分日之一歲常數、數之於上元之理。按玆圖之方圓、可見矣。

(독존북위차지이일년지원생어정고자회위선천정어자오축회위후천정어사해즉이십사절기환지어묘유자오일천사백사십분일지일세상수수지어상원지리안자도지방원가견의)

卦位變易圖說 (괘위변역도설)

卦變之理、現在於先后天河洛圖、而文王再變之易、交易也。丑會三變之易、變易也。且九六生數之老、□✕成數之老、七八爲二

(괘변지리현재어선후천하락도이문왕재변지역교역야축회삼변지역변역야차구육생수지로성수지로칠팔위이)

少者、先天之體用也。而九六七八皆老於午會天中氣影相磨。文王之易、變爲正易、則四維之乾坤艮巽、四正之震兌坎离、各正待對、上元之八卦成列、而二老六宗之陽陰互宅、則經傳所謂陽爲陰父、陰爲陽母之說、推之逆而訓之明矣。

(소자 선천지체용야 이구육칠팔해노어오회천중기영상마 문왕지역 변위정역 즉사유지건곤간손 사정지진태감리 각정대대 상원지팔괘성열 이이로육종지양음호택 즉경전소위양위음부 음위양모지설 추지역이훈지명의)

上下經義 (상하경의)

朱子釋易彖曰乾之坤、坤之乾、餘卦倣此。又曰三變而成易。邵子衍易、必贊雷風未濟旣濟、天根月窟。盖二老交泰、而長子主器、

(주자석역단왈건지곤 곤지건 여괘방차 우왈삼변이성역 소자연역 필찬뇌풍미제기제 천근월굴 개이로교태 이장자주기)

入卦三變、而日月歸極者、丑會之法象也。而兩夫子之所逆推也、
입괘삼변이일월귀극자축회지법상야이양부자지소역추야
審矣。乾之坤而爲下經之首、咸之恒而爲上經之首。氣化、二老之
심의건지곤이위하경지수함지항이위상경지수기화이로지
尊、居形化之位。形化、六宗之長、當氣化之位。首艮之連山、首坤
존거형화지위형화육종지장당기화지위수간지련산수곤
之歸藏、首乾之姬易、變爲正易、則三代之交易而損益者合之爲
지귀장수건지희역변위정역즉삼대지교역이손익자합지위
一、而雷風政令於巳亥、十五乾坤正位於中央、二七乾坤交泰而
일이뇌풍정령어사해십오건곤정위어중앙이칠건곤교태이
運化、坎离日月也。而居三十度、以象一朔、未濟變爲旣濟而終
운화감리일월야이거삼십도이상일삭미제변위기제이종
之、易所謂花未開者已開、月未圓者已圓矣。上經四卦屬之尊空、
지역소위화미개자이개월미원자이원의상경사괘속지존공
正吾夫子之當朞三百六十日也已。
정오부자지당기삼백육십일야이

儀筮說(의서설)

先天筮儀(선천서의)、朱子釋之(주자석지)、而四十九年甲子子會成度(이사십구년갑자자회성도)、故大衍之數(고대연지수)五十(오십)、除无極而太極(제무극이태극)、其用四十九(기용사십구)、分二掛一揲四象扐之法(분이괘일설사상륵지법)、口 × ⚍ 之音義悉載(지음의실재)。姬易總目味之(희역총목미지)、可認得矣(가인득의)。盖水土之成度(개수토지성도)天地(천지)、天地之政令八卦(천지지정령팔괘)、八卦之政令日月(팔괘지정령일월)、故虞氏飜曰易從(고우씨번왈역종)日下月(일하월)、月爲太陰(월위태음)、日爲太陽(일위태양)、而陽生陰(이양생음)、陰生陽(음생양)、陽爲陰父(양위음부)、陰爲陽母(음위양모)、互變不窮(호변불궁)、則陽爲母(즉양위모)、陰爲父(음위부)、理之生成順逆之不易(리지생성순역지불역)

者也。夫先天陽生於子、子陰、陰生於午、午陽變而復之之理、
자야 부선천양생어자 자음 음생어오 오양변이복지지리
二六四。太陽、二四八、太陰、揲策之四九三十六、四八三十二、
이육사 태양 이사팔 태음 설책지사구삼십육 사팔삼십이
四七二十八、四六二十四是也。后天陽生於亥、亥陰、陰成於
사칠이십팔 사육이십사시야 후천양생어해 해음 음성어
巳、巳陽變而復之之理、一七四。太陽、一八七、太陰寄策之
사사양변이복지지리 일칠사 태양 일팔칠 태음기책지
三九二十七、三八二十四、三七二十一、三六十八是也。夫后天四
삼구이십칠 삼팔이십사 삼칠이십일 삼육십팔시야 부후천사
象成度、萬象涵育、極其數而用之、故蓍策八十一木格之、大小刻
상성도 만상함육 극기수이용지 고시책팔십일목격지 대소각
十六、六十四卦成列矣。无極而太極、歸體而用之、揲之以三而三
십육 육십사괘성렬의 무극이태극 귀체이용지 설지이삼이삼
才之道備、日月歸極而三百六十日當朞、則无初扐再、扐之象閏。
재지도비 일월귀극이삼백육십일당기 즉무초륵재륵지상윤

畫爻之自下上、先天度逆之生數、自上下、后天度順之成數也。計過揲屬之先天、計歸奇用之后天。玆盖羲文周孔繫之彖象而開來、程朱周邵闡之註釋。大哉、聖神之先天而天不違、后天而奉天時也夫。

(획효지자하상 선천도역지생수 자상하 후천도순지성수야 계과설속지선천 계귀기용지후천 자개희문주공계지단상이개래 정주주소천지주석 대재 성신지선천이천불위 후천이봉천시야부)

先天五行 (선천오행)

甲己子午九 乙庚丑未八 丙辛寅申七 丁壬卯酉六 戊癸辰戌五 巳亥屬之四 五土除之

戊子宮之太陰曆、用之者子午、故播五行於四時、調陽陰於呂律、而衍之之數、則起於九而住於四、計之之數、則除之五而算其奇、

(무자궁지태음력 용지자자오 고파오행어사시 조양음어여율 이연지지수 즉기어구이주어사 계지지수 즉제지오이산기기)

无極之十、尊而空之、天五戊土之用以除之者、子會之天政、一之於戊戊宮故也。地十己土之尊而空之者、丑會之地政、二之於己巳宮故也。而先天之五行、未畫變於四時、氣恒欠滿、故人物之生成、或不能无元氣之不足者、雨露霜雪之若、或不能无失序之愆、則玆乃法象之自然、生數之所不及乎成數之調和而充足者也、故洛書之一五行宮於九、而恒若時若之理、箕聖豈欺我哉。

后天五行說

己甲丑未十　庚乙寅申九
辛丙卯酉八　壬丁辰戌七
癸戊巳亥五　子午屬之六
十土除之

己丑宮之太陽曆、政於巳亥而用之丑未、故數之无極起之於己甲丑未、數之皇極住之於子午、主宰以除之者、无極之地十己土也。何則調陽而律陰、體十而用一、有四時之燮順、无一行之不若衍其數、則五六而三十者、適足於三十日之十二朔、而无餘欠。八九七十二者、調旺於四時、己戊之土、正位於四仲之黃中而充足、故甘露降而風雨時、黃河清而裨瀛空。天五平而地十成於是焉。降邱宅土之人、无或有元氣之不足、躋之於仁壽之域、光華之日月无所不照、而致其君於堯舜之巍蕩、曁鳥獸魚鱉昆蟲草木之微、莫不咸若而於物、玆豈非后天之五行成度於丑會、而暢和燮理之明效、大驗耶。周子所謂二五之眞、化育於无極而太極之時者、此耳。

(오평이지십성어시언 강구택토지인 무혹유원기지부족 제지어인수지역 광화지일월무소부조 이치기군어요순지외탕 기조수어별곤충초목지미 막불함약이어인 자기비후천지오행성도어축회 이창화섭리지명효 대험야 주자소위이오지진 화육어무극이태극지시자 차이)

井田法 (정전법)

九州之極曰晐晐之內、井地法、五帝三王其揆一也。而六尺爲

(구주지극왈해해지내 정지법 오제삼왕기규일야 이육척위)

步、步百爲畝、畝百爲區、其所隨區命名者、則十里曰成、三十
보 보 백 위 무 무 백 위 구 기 소 수 구 명 명 자 즉 십 리 왈 성 삼 십

畝曰畹、五十畝曰畦、百畝曰頃、墾田曰均、平疇曰畈曰界曰
무 왈 원 오 십 무 왈 휴 백 무 왈 경 간 전 왈 균 평 주 왈 판 왈 계 왈

畦畛曰畔曰㽘、田中溝曰畎曰甽、田間道曰畷、殘田曰畸。且
휴 진 왈 반 왈 강 전 중 구 왈 견 왈 견 전 간 도 왈 철 잔 전 왈 기 차

溝澮洫卿、夫遂塗道經深廣、數爻載在方册、按之可悉矣。每
구 회 혁 경 부 수 도 도 경 심 광 수 효 재 재 방 책 안 지 가 실 의 매

夫受田五十畞、而納其五畞。夏后之貢、六百三十畞爲九區、
부 수 전 오 십 무 이 납 기 오 무 하 후 지 공 육 백 삼 십 무 위 구 구

每夫食一區、中區貢官。殷人之助、八家后一井食百畝、而各
매 부 식 일 구 중 구 공 관 은 인 지 조 팔 가 후 일 정 식 백 무 이 각

受公田中二畞半爲宅、則所餘公田八十畞、各養而供公。周制
수 공 전 중 이 무 반 위 택 즉 소 여 공 전 팔 십 무 각 양 이 공 공 주 제

之徹、三代之所損益者、畧與五帝大同而小異、盖取諸先天洛
지 철 삼 대 지 소 손 익 자 약 여 오 제 대 동 이 소 이 개 취 저 선 천 낙

書九宮之法象。大瀛之環曰球、球之上井地、規一遵周制、而十六寸爲尺、六尺爲步、步百爲畝、畝一百二十爲區、九區之畝一千八十、同井八家各受公田二畝半爲宅、則養貢公畝一百、經傳所謂十一而稅者、實副丑會之田制、盖取諸后天河圖十二宮之體象也。至若圭田官田士田賞田閑田餘夫田賈人田牛田、亦當損益乎三代、而畧言其疆理之道、則長廣數爻、較多於子會之撙節之度也已。

燥坎射离法
조감사리법

坎离、水火也、日月也、而二七火宮南、一六水位北、炎上潤下、
감리수화야일월야이이칠화궁남일육수위북염상윤하

互相衝激、故地有進退之潮汐、天有抗蝕之日月、而日月之政、
호상충격고지유진퇴지조석천유항식지일월이일월지정

時侯氣節也。潮汐之水、隨而進退則寅卯辰巳午未、先天之
시후기절야조석지수수이진퇴즉인묘진사오미선천지

一朔之先后天、丑寅卯辰巳午、后天之一朔之先后天也。先儒
일삭지선후천축인묘진사오후천지일삭지선후천야선유

說之不一、而比之人脊、曰隨呼而上、隨吸而下、南北極如人之
설지불일이비지인척왈수호이상수흡이하남북극여인지

左右脊、東西極如人之六脈、呼吸之直上直下、不能有餘波之
좌우척동서극여인지육맥호흡지직상직하불능유여파지

及此。蓋南北海有潮汐、東西海無潮汐故也。而水火之未濟旣濟之象、恐未深究也已。夫易爲正易、五行成度、而水火先調、則日月有貞明之道、乾坤有大闢之理、天一壬水、萬折而必東、地一子水、泄之而于歸、朱子所謂頃刻潮落便是一箇空壑者、逆推而準備語也。至若四隩旣宅、大瀛環之、則月弦上下、瀛瀾活動、日宮朔晦、河流涓漾之象。余嘗見得於三十六宮之壬癸丙丁己戊日月。

급차 개남북해유조석 동서해무조석고야 이수화지미제기제지상 공미심구야이 부역위정역 오행성도 이수화선조 즉일월유정명지도 건곤유대벽지리 천일임수 만절이필동 지일자수 설지이우귀 주자소위경각조락변시일개공학자 역추이준비어야 지약사오기택 대영환지 즉월현상하 영연활동 일궁삭회 하류연양지상 여상견득어삼십육궁지임계병정기무일월

初五日單燥坎 海邊方語 한겨기
(초오일단조감)

初六日二燥坎 方語 큰겨기
(초육일이조감)

初七日朝燥坎 方語 아참됴갑
(초칠일조조감)

初八日燥坎(초팔일조감)[上弦] 初九日无時(초구일무시)[燥坎之極應 五日一候]

初十日單射离(초십일단사리)[方語 한마이] 十一日二射离、(십일일이사리) 十二日三射离、(십이일삼사리) 十三日四射(십삼일사사)

离、(리) 十四日五射离、(십사일오사리) 十五日六射离(십오일육사리)[方語 여섯마이 應十二支] 十六日七射离、(십육일칠사리) 十七(십칠)

日八射离、(일팔사리) 十八日九射离、(십팔일구사리) 十九日十射离(십구일십사리)[應十日一氣]

二十日單燥坎(이십일단조감)[海邊方語 한겨기] 二十一日二燥坎、(이십일일이조감) 二十二日朝燥坎、(이십이일조조감) 二十三(이십삼)

日燥坎下弦、(일조감하현) 二十四日无時(이십사일무시)

二十五日單射离、(이십오일단사리) 二十六日二射离、(이십육일이사리) 二十七日三射离、(이십칠일삼사리) 二十八日(이십팔일)

四射离、(사사리) 二十九日五射离、(이십구일오사리) 三十日六射离、(삼십일육사리) 月小盡而坎离之政不(월소진이감리지정불)

差、故二十九日五射离而仍稱六射离
(차 고 이십구일 오사리 이 잉칭 육사리)

初一日七射离、初二日八射离、初三日九射离、初四日十射离
(초일일 칠사리 초이일 팔사리 초삼일 구사리 초사일 십사리)

潮訣 (조결)

與我東舊潮訣小異

三虎三兎水、三龍一蛇時、馬三羊亦二、望后復如斯。
(삼호삼토수 삼룡일사시 마삼양역이 망후복여사)

初一日 (초일일) 初寅
初二日 (초이일) 正寅
初三日 (초삼일) 末寅
初四日 (초사일) 初卯
初五日 (초오일) 正卯
初六日 (초육일) 末卯
初七日 (초칠일) 初辰
初八日 (초팔일) 正辰
初九日 (초구일) 末辰
初十日 (초십일) 正巳

應无極而太極

十一日 (십일일) 初午
十二日 (십이일) 正午
十三日 (십삼일) 末午
十四日 (십사일) 初未
十五日 (십오일) 正未

十六日復應寅初度

一度兩時潮汐規、六沖初正未爲期、后天政令先天合、燥射分明
(일도양시조석규 육충초정미위기 후천정령선천합 조사분명)

日月隨。采得海邊方語、八省畧同云爾。戊子寅月癸亥日書。
(일월수 채득해변방어 팔성약동운이 무자인월계해일서)

后天汐訣
(후천석결)

初一日(초일일) 初丑
初二日(초이일) 正丑
初三日(초삼일) 末丑
初四日(초사일) 初寅
初五日(초오일) 正寅
初六日(초육일) 末寅
初七日(초칠일) 初卯

初八日(초팔일) 正卯
初九日(초구일) 末卯
初十日(초십일) 正辰
十龍治水之象
十一日(십일일) 初巳
十二日(십이일) 正巳
十三日(십삼일) 末巳
十歸一體之象

十四日(십사일) 初午
十五日(십오일) 正午

詩曰三牛三虎水、三兎一龍時、蛇三馬亦二、月黑復如斯。
(시왈 삼우삼호수 삼토일용시 사삼마역이 월흑복여사)

贊曰四象成度、水汐北地、无海天空、夜午日巳、月沉日興、玉兎破夜、孰其主宰、屠維央乾。

璿璣玉衡說

虞書曰朞三百有六旬有六日、以閏月定、四時成歲。又曰在璿璣玉衡以齊七政、盖三百六十日、一歲之常數也。而堯起甲辰有六日之奇、舜起甲申有五日奇之剩一度、堯舜之朞、有所不同者、子會之氣朔不齊、而璣衡之有閏、癸亥故也。所以天日月之相

會遲速不同、二十年之一章、氣朔難齊、九道未均、而日月薄蝕、
회지속부동 이십년지일장 기삭난제 구도미균 이일월박식
火水未濟、而潮汐進退、茲乃天五皇極宮之體象、河圖五十五
화수미제 이조석진퇴 자내천오황극궁지체상 하도오십오
之衍數也。帝舜爲璣衡之主、而朱子釋之、蔡沉傳之、宣夜周髀
지연수야 제순위기형지주 이주자석지 채침전지 선야주비
渾天之名義已著。千載之下、世有在齊洛耿造圖儀、賈逵造黃
혼천지명의이저 천재지하 세유재제락경조도의 가규조황
道儀、張衡造渾天象、王蕃造渾儀。元有簡儀窺几景府之屬。
도의 장형조혼천상 왕번조혼의 원유간의규궤경부지속
明有象限紀限、天球地球之類。我東製簡儀臺渾天儀、以協天時、
명유상한기한 천구지구지류 아동제간의대혼천의 이협천시
以定旬朔、此皆子會之乾象。隨時變易、從道損益、故自祈姚以
이정순삭 차개자회지건상 수시변역 종도손익 고자기요이
上、羲軒則之、自祈姚以下、儒賢察之、一遵帝舜之璣衡而測候之
상 희헌칙지 자기요이하 유현찰지 일준제순지기형이측후지

其所經緯、星絡五色、單環日月之十五道、水汐之億萬里、四極之
기소경위 성락오색 단환일월지십오도 수석지억만리 사극지
出地上三十六度、坤南乾北而爲地天泰、艮東兌西而爲左右旋、
출지상삼십육도 곤남건북이위지천태 간동태서이위좌우선
己巳月貞明而不蝕、癸亥日歸體而无閏、子夫子三百六十當朞
기사월정명이불식 계해일귀체이무윤 자부자삼백육십당기
之度、其唯丑會之君子者闡之矣。
지도 기유축회지군자자천지의

日月十五道說
일월십오도설

天體邊狹中濶、出地上三十六度、北極而已。每居天中、而天
천체변협중활 출지상삼십육도 북극이이 매거천중 이천
傾西北、故日月九道、環繞北極、以爲一歲之晦朔弦望、則黃
경서북 고일월구도 환요북극 이위일세지회삭현망 즉황

道一爲中、青道二在其東、赤道二在其南、白道二在其西、黑道二在其北。二十四節之日月之行各以其道、而冬至之日出辰入申、循天之南陲而循地之北陲、故晝短夜長。夏至之日出寅入戌、循天中而循地南、故晝長夜短。二分則中南、而出天入地、故晝夜均平。盖子會之天球之卯酉午之極入地、地球之裨瀛海之水淊天、出寅入戌、未免晝短之度數、出辰入申、可謂長夜之乾夬。何則日行三百六十五日奇相會、月行三百五十四日奇相會、一年之氣朔合爲九百四十分日之十箇

도일위중 청도이재기동 적도이재기남 백도이재기서 흑도이재기북 이십사절지일월지행각이기도 이동지지일출진입신 순천지남수이순지지북수 고주단야장 하지지일출인입술 순천중이순지남 고주장야단 이분즉중남 이출천입지 고주야균평 개자회지천구지묘유오지극입지 지구지비영해지수함천 출인입술 미면주단지도수 출진입신 가위장야지건곤 하즉일행삼백육십오일기상회 월행삼백오십사일기상회 일년지기삭합위구백사십분일지십개

日奇、故聖人觀天時制人理、不得已置閏、體象之所自然、非聖人之私意、故堯時冬至日在虛初度、我國初在斗初度、純廟時在箕三度。今之明化在虛十八度、是固日月九道漸差而變爲十五、天南地北互宅而道里均平、則黃道三居中、青赤黑白亦各三道而環之、中極旋之左右、故經曰月合中宮之中位一日朔、邵子所謂天開地闢之會、四極出地上、而玉宇正正、日月歸中極、而道塗適足而然歟。二十四節之環布四時者、當日復而无閏、一千四百四十分日之一歲常數之圖、在乎其人之手云爾。

天文中星說
천문중성설

書曰日中星鳥、日永星火、宵中星虛、日短星昴。蓋欽若昊天、曆象
서왈일중성오일영성화소중성허일단성묘개흠약호천역상

日月星辰、而宅四時而測候之、天文之昏曉、中星之圖、於斯成之。
일월성신이택사시이측후지천문지혼효중성지도어사성지

大哉、帝堯之命羲和、羲和之敬授人時也。廿八宿之參錯而爲昏
대재제요지명희화희화지경수인시야입팔수지참착이위혼

曉中星、子會之乾象。廿四宿之昏曉於初三度十八度而无參錯、角
효중성자회지건상입사수지혼효어초삼도십팔도이무참착각

亢氐房光于先天而歸空、丑會之度數也。且子午卯酉、先天之四正
항저방광우선천이귀공축회지도수야차자오묘유선천지사정

位、巳亥寅申、后天之四正位、故二十四節氣環之中極、而明化風
위사해인신후천지사정위고이십사절기환지중극이명화풍

化政於巳亥、性化平化位於寅申、較之子會不啻穹壤而已。何則堯
화정어사해 성화평화위어인신 교지자회불시궁양이이 하즉요
舜起於月之巳星之癸、而度則先天會則甲子、故中星之圖有各
순기어월지사성지계 이도즉선천회즉갑자 고중성지도유각
不同、非成德之君子者、精通乾象、其孰能仰觀而察之乎。
부동 비성덕지군자자 정통건상 기숙능앙관이찰지호

鹽井星說
염정성설

天地之間、最大者、海、海堧之利莫大者、鹽。鹽之爲性也、鹹而甘、
천지지간 최대자 해 해연지리막대자 염 염지위성야 함이감
甘而淡、以調五味、故漢書曰鹽飮食之將夫、八珍非鹽非珍、五
감이담 이조오미 고한서왈염음식지장부 팔진비염비진 오
味不鹽不味、鹽之爲德於生民也、至大至重不亞乎。土、爰之
미불염불미 염지위덕어생민야 지대지중불아호 토 원지

稼穡也、審矣。天下之人宅土於裨瀛之隩、結礬於斥鹵之濱、
가색야 심의 천하지인택토어비영지오 결반어척로지빈
而塩農之驗燥坎於月弦、測射离於水漲、漉沙而搆白、熬波而
이염농지험조감어월현 측사리어수창 녹사이구백 오파이
出素、交易於有无之鄕、轉販於塲市之廛、雖斗絕之峽、窮蔀
출소 교역어유무지향 전판어장시지전 수두절지협 궁부
之民、莫不賴塩而仰食、故唐之劉晏平價於池塩之利、漢之弘
지민 막불뇌염이앙식 고당지유안평가어지염지리 한지홍
羊榷塩於煑海之鄕。盖池塩少而海塩多、坎离調而塩鄕豐饒、
양각염어자해지향 개지염소이해염다 감리조이염향풍요
海泄醎而塩利倍蓰。大哉、海之爲海而塩以飼人也。苟或乾坤
해설함이염리배사 대재 해지위해이염이사인야 구혹건곤
大闢无海而天空、則海醎河淡之理、孰能研之、五味八珍之需、
대벽무해이천공 즉해함하담지리 숙능연지 오미팔진지수
何以調之生民乏食塩之資、飮食无將帥之主、古所謂漉沙熬
하이조지생민핍식염지자 음식무장수지주 고소위녹사오

波河淡海鹹之語、屬之衍文而爲蠟車資葉劉復作絕无榷壚之
(파하담해함지어 속지연문이위납거자엽유복작절무각염지)

鄕、蘇張更生不敢說漁壚之地、是豈天生萬民、而仰食長養之道
(향 소장갱생불감설어염지지 시기천생만민 이앙식장양지도)

歟。余嘗理推乎无極宮之乾象、地出壚井而上應列宿、壚饒之足
(여 여상이추호무극궁지건상 지출염정이상응열수 염요지족)

百倍於子會之環海之海、錯云爾。
(백배어자회지환해지해 착운이)

天開地闢說
(천개지벽설)

邵子曰天開於子、地闢於丑、朱子釋之曰開闢之說、康節創之、未
(소자왈천개어자 지벽어축 주자석지왈개벽지설 강절창지 미)

知果然否。天地不會壞了、但人无道極了、一番打合一番混沌、新渙
(지과연부 천지불회괴료 단인무도극료 일번타합일번혼돈 신환)

出一番人。又曰天地將窮、天雨火雨。夫子之開闢之論、似異而大同。
출일번인 우왈천지장궁 천우화우 부자지개벽지론 사이이대동

且諸家之戌亥混沌、子午息消之說、可謂窮天地之理、索數象之原。
차제가지술해혼돈 자오식소지설 가위궁천지지리 색수상지원

晩生末學、惡得以開喙於其間携貳也哉。不佞之年、不惑祖述天
만생말학 오득이개훼어기간휴이야재 불녕지년 불혹조술천

地之理、憲章聖神之道、上下乎一元之終始、彰明乎曆紀之陰陽、
지지리 헌장성신지도 상하호일원지종시 창명호역기지음양

溫公所謂平生精力盡在此矣。天政開子之理、地政闢丑之象、
온공소위평생정력진재차의 천정개자지리 지정벽축지상

現在掌上、而天五戊土開之子會、故戊子宮爲先天而天政。地
현재장상 이천오무토개지자회 고무자궁위선천이천정 지

十己土闢之丑會、故己丑宮爲后天而地政。至若倒地飜天、水
십기토벽지축회 고기축궁위후천이지정 지약도지번천 수

渴火熾之原、朱邵言之奧矣。而乾㐲坎离之交易變易之象之著、
갈화치지원 주소언지오의 이건곤감리지교역변역지상지저

決无壤了之理、聖神之彖炳若丹青、豈欺我哉。嗟嗟小子修道修身而窮理以竢天命、小子。
(결무양료지리 성신지단병약단청 기기아재 차차소자수도수신이궁리이사천명 소자)

干支運氣說
(간지운기설)

天干、先五后五、地支、先六后六而已。而先五先六、天道、后五后六地德。地德天道定位於五子之甲、子會之甲子年、則干之丙戊庚壬甲爲符頭而循環无端。支之子亥寅丑辰卯午巳申未戌酉、運於四時、而先后之五五六六計閏而用之、故干數起甲、支數先
(천간 선오후오 지지 선육후육이이 이선오선육 천도 후오후육지덕 지덕천도정위어오자지갑 자회지갑자년 즉간지병무경임갑위부두이순환무단 지지자해인축진묘오사신미술유 운어사시 이선후지오오육육계윤이용지 고간수기갑 지수선)

子、是則子會之曆象之不易之理也。天道地德、交以爲地天。干
자 시 즉 자 회 지 역 상 지 불 역 지 리 야 천 도 지 덕 교 이 위 지 천 간

之己癸宮至尊、以爲丑曆之首。支之巳亥宮來復乎雷風之位、則
지 기 계 궁 지 존 이 위 축 력 지 수 지 지 사 해 궁 내 복 호 뇌 풍 지 위 즉

丁巳辛癸乙循環於五、丑會之符頭丑子卯寅巳辰未午酉申亥
정 사 신 계 을 순 환 어 오 축 회 지 부 두 축 자 묘 인 사 진 미 오 유 신 해

戌、互宅於十二宮而无閏易、所謂窮上反下之象、斷可下矣。夫
술 호 택 어 십 이 궁 이 무 윤 역 소 위 궁 상 반 하 지 상 단 가 하 의 부

干、幹也、根也。支、枝也、梢也、故曆紀之干支、書之以幹枝、字良以
간 간 야 근 야 지 지 야 초 야 고 역 기 지 간 지 서 지 이 간 지 자 양 이

也。且古干支命名之義、載在方册、而朱子曰丁丁寧於其變之前
야 차 고 간 지 명 명 지 의 재 재 방 책 이 주 자 왈 정 정 녕 어 기 변 지 전

癸揆度於其變之后、后天曆象之干支之歲起己丑、時用癸亥、而
계 규 탁 어 기 변 지 후 후 천 역 상 지 간 지 지 세 기 기 축 시 용 계 해 이

丁卯頭之理。余亦一朝豁然者、賴有子朱子晦菴書。
정 묘 두 지 리 여 역 일 조 활 연 자 뇌 유 자 주 자 회 암 서

四極出地上說(사극출지상설)

西極一百六十三宿　東極一百七十二宿　南極一百八十一宿
北極一百二十宿　老人星三十六宿

禹平水土、使章亥推步東極黑齒、距西極茀蒜二萬八千里、南極飮木、距北極流鬼二萬六千里。朱子曰北極出地上三十六度、南極入地下三十六度、前聖后聖測之明察之詳、而南北爲經、東西爲緯、合其數而爲五萬四千里者、先天河圖之大衍之象。三極之入地下三十六度者、裨瀛滔天體隱影耀之度、故曰北極居中、而天傾西北、地傾東南、實非傾側良由乎。四極之或出或入、吻合

(우평수토 사장해추보동극흑치 거서극불산이만팔천리 남극음목 거북극유귀이만육천리 주자왈북극출지상삼십육도 남극입지하삼십육도 전성후성측지명찰지상 이남북위경 동서위위 합기수이위오만사천리자 선천하도지대연지상 삼극지입지하삼십육도자 비영도천체은영요지도 고왈북극거중 이천경서북 지경동남 실비경측양유호 사극지혹출혹입문합)

於前聖之所測察也。至若一元已周、小開而大闢、潮南而汐北、甲子宮退之天邊、庚午極出於地上、則經緯方正而玉衡不傾、體影圓環而地平天成、周回之度五百四十萬里者、后天洛書之大衍之極。禹朱之導水、步天之績、其大无外而協時開來之至意、於斯可見矣。

어전성지소측찰야 지약일원이주 소개이대벽 조남이석북 갑자궁퇴지천변 경오극출어지상 즉경위방정이옥형불경 체영원환이지평천성 주회지도오백사십만리자 후천낙서지대연지극 우주지도수 보천지적 기대무외이협시개래지지의 어사가견의

天頭山說
천두산설

天下五大洲之中有山曰崑崙、上有池曰阿耨。水流山馳、大闢地球、

천하오대주지중유산왈곤륜 상유지왈아녹 수류산치 대벽지구

而三派水陽動以不息、東流爲黃河、西流爲弱水、南流爲黑水、水之
이삼파수양동이불식동류위황하서류위약수남류위흑수수지
源本阿褥是也。八艮山、陰起止走伏、東脈爲亞細亞、亞墨利加。西
원본아녹시야팔간산음기지주복동맥위아세아아묵리가서
脈爲歐羅巴、利米亞。南脈爲墨瓦蠟泥加。北脈爲甘肅十二州、而界
맥위구라파리미아남맥위묵와랍니가북맥위감숙십이주이계
極乎大瀛山之宗祖、崑崙是也。而包羲氏之八卦之象曰山起西
극호대영산지종조곤륜시야이포희씨지팔괘지상왈산기서
北崑爲西方之岳、澤注東南、河爲偏流之水、禹之治水導山鑿之、
북곤위서방지악택주동남하위편류지수우지치수도산착지
龍門注之裨瀛、瀛瀛之內、今所謂中國之地球、裨瀛之外、古所未
용문주지비영영영지내금소위중국지지구비영지외고소미
聞、唯鄒衍云中國裨瀛海環之其外、如中國者有九、而大瀛海環之
문유추연운중국비영해환지기외여중국자유구이대영해환지
近。按漢城周報之地球圖可驗也已。夫山起西北、水流東南者、先
근안한성주보지지구도가험야이부산기서북수류동남자선

天之水土(천지수토)、不得正位之象(부득정위지상)、天道循環會之无極而天下文明(천도순환회지무극이천하문명)、則三派之黃河(즉삼파지황하)、淸而无滓(청이무재)、五洲之地球(오주지지구)、沃而畫井(옥이획정)、水之陽(수지양)、山之陰(산지음)、鍾成人傑以應泰來之運(종성인걸이응태래지운)。何則天之有天頭山(하즉천지유천두산)、若地之有崑崙(약지지유곤륜)、而銀河之源湧出其上(이은하지원용출기상)、春東秋西夏南冬北(춘동추서하남동북)、不捨晝夜之流而黃河之淸(불사주야지류이황하지청)、升降云耳(승강운이)。

有名无名星說(유명무명성설)

朱子曰(주자왈)經星(경성)、陽中之陰(양중지음)、廿八宿是也(입팔수시야)。緯星(위성)、陰中之陽(음중지양)、五星是也(오성시야)。經(경)

緯星絡羅列天上、以應萬物之數、而物有有名而表著者、亦有无名
위성락나열천상 이응만물지수 이물유유명이표저자 역유무명

而微細者、表著有名者人爲首、而聖凡懸殊智愚不同、聖智之人、
이미세자 표저유명자인위수 이성범현수지우부동 성지지인

上應列宿之有名、名垂竹帛、澤及后昆、君師之尊、義文孔孟是也。
상응열수지유명 명수죽백 택급후곤 군사지존 희문공맹시야

將相之佐、伊呂后牧是也、故傳曰申呂自岳降傅說爲列星人生斯
장상지좌 이여후목시야 고전왈신려자악강부열위열성인생사

世名湮滅而不稱、君子耻之、故宣尼誡之。夫星之有名无名、人之有
세명인멸이불칭 군자치지 고선니계지 부성지유명무명 인지유

名无名、二而一、一而二。何則天人同道、物我无問之理也。而先天
명무명 이이일 일이이 하즉천인동도 물아무문지리야 이선천

之有名星之屬之經緯者、七百八十三宿而已、故才德之君子少、
지유명성지속지경위자 칠백팔십삼수이이 고재덕지군자소

愚不肖之小人多、申之以小人得位君子在下而厄窮、是固復之爲
우불초지소인다 신지이소인득위군자재하이액궁 시고복지위

卦、一陽居下、五陰在上之度也。天道循環、復姤退位、无妄升得旺、(괘일양거하오음재상지도야천도순환복구퇴위무망승득왕)
則君子多而上以爲君師之尊、小人少而下以爲皂輿之微。君子小(즉군자다이상이위군사지존소인소이하이위조여지미군자소)
人之分判、若穹壤上下正正而人才鐘毓、姒姬孔朱之道、擴明於天(인지분판약궁양상하정정이인재종육사희공주지도확명어천)
下而爲百世師、伊尹傅說之佐經濟於萬區而不朽者、名詩云藹藹(하이위백세사이윤부열지좌경제어만구이불오자명시운애애)
王多吉士之贊於斯極矣。何以推其然也。滿天星斗經緯之而成度、(왕다길사지찬어사극의하이추기연야만천성두경위지이성도)
无名而有名、有名而倍百於子會之赫赫、降爲睿聖才智之士云爾。(무명이유명유명이배백어자회지혁혁강위예성재지지사운이)

水退星說
수퇴성설

西南有水退星、其大不知幾許里。其樣非斗非井非角非畢、而
서남유수퇴성 기대부지기허리 기양비두비정비각비필이
若石榴之體圓而喙開喙開而仁可吐納矣。中虛而空明、空明而
약석류지체원이훼개훼개이인가토납의 중허이공명 공명이
汪洋、藏之久而无名者、一元之地一子水之政、政於水國而匯之
왕양장지구이무명자 일원지지일자수지정 정어수국이회지
裨瀛之象也。夫禹之治水、非退之也、乃導之也、導壬水而必東決
비영지상야 부우지치수 비퇴지야 내도지야 도임수이필동결
子水、而祖宗地平天成、降邱宅焉。禪家所謂南贍部洲而已、非天
자수이조종지평천성 강구택언 선가소위남섬부주이이 비천
包地、地載天之己戊之全體與球也。澤注東南、南極入地、北水襄
포지지재천지기무지전체여구야 택주동남 남극입지 북수양

陵、南贍部洲雖最天中、亦未免水澤之國、故東坡詩云何人不在島。王魯齋云殊方則水土之精、溢於尤物、不過沉坡樓陸二說略同、而自其達觀者而觀之、則赤懸之球盡是坡陸、无非島嶼。噫、禹導水益烈澤而告厥功者、訖于裨瀛之隩而已。至若水渴火熾、化翁親政、則先天之无名星出之西南而命名曰水退。昔之中虛而空明者、實而不空芒、角光于四維、古干所謂己曰屠維者、良以也耳。

詠歌舞蹈序
영가무도서

夫易、作人之樂譜也、包羲氏始畫而垂象。樂歌之原、祝融索之、
부역작인지악보야포희씨시획이수상악가지원축융색지

舞蹈之理、陰康硏之。制舞而蹈之、體柔而氣和、作樂而歌之、神
무도지리음강연지제무이도지체유이기화작악이가지신

諧而人和、養性情養血脈、與天地同其大、而作育人才、故虞書之
해이인화양성정양혈맥여천지동기대이작육인재고우서지

命夔典樂章註曰教胄子卿大夫之適子、以宮商角徵羽爲詠歌。
명기전악장주왈교주자경대부지적자이궁상각치우위영가

周禮之大司樂掌成均之法曰教國子弟以五音、被六律爲詠歌
주례지대사악장성균지법왈교국자제이오음피육율위영가

舞蹈。葩經之關雎章劉氏註曰詠歌養人心、舞蹈養血脈。朱子統
무도파경지관휴장유씨주왈영가양인심무도양혈맥주자통

以釋之曰時人心腸肺膽一時幻了、不覺形於歌詠。魯論泰伯篇
이석지왈시인심장폐담일시환료불각형어가영노론태백편

曰興於詩、立於禮、成於樂。大小註脚節節以宮商角徵羽爲詠歌
왈흥어시입어례성어악대소주각절절이궁상각치우위영가

舞蹈、而高低清濁之音義悉具。又朱子曰舞蹈、則高才爲聖賢、
무도이고저청탁지음의실구우주자왈무도즉고재위성현

下才爲吉士。盖羲融勛華文武周孔之作人之化、宣之以樂歌、教
하재위길사개희융훈화문무주공지작인지화선지이악가교

之以舞蹈、銷融查滓蕩滌邪穢、性情正而炁血和、萬理豁而六藝
지이무도소융사재탕척사예성정정이기혈화만리활이육예

備、人才彬興聖神繼作絃歌之聲、達于上下而洋洋、无爲之治存
비인재빈흥성신계작현가지성달우상하이양양무위지치존

神之化、浹乎物我而无間、與天地同其和、而五音之君臣事物、
신지화협호물아이무간여천지동기화이오음지군신사물

躋之於仁壽之域而无疆、邃古之盛於斯極矣。夫樂記歌詠蹈舜
제지어인수지역이무강수고지성어사극의부악기가영도순

之源本、朱子作小學書、擧以明之、詳其規矩。饒氏註之曰今不
지원본주자작소학서거이명지상기규구요씨주지왈금불
復見、可勝歎哉。程子曰天下多少才只爲道、不明於天下、故不
복견가승탄재정자왈천하다소재지위도불명어천하고부
得有所成就。且古之興於詩、立於禮、成於樂。今人怎生會得、雖
득유소성취차고지흥어시입어례성어악금인즘생회득수
老士熟儒、不能曉其義。又曰古人有詠歌以養其性情、聲音以養
노사숙유불능효기의우왈고인유영가이양기성정성음이양
耳目、舞蹈以養其血脈。今皆无之所以古之成才也易、今之成才
이목무도이양기혈맥금개무지소이고지성재야이금지성재
也難。噫、程朱以上、上以爲君師於天下、故有作人之化而行作
야난희정주이상상이위군사어천하고유작인지화이행작
人之教。程朱以下、下以爲固窮之君子、故有作人之規而无作人
인지교정주이하하이위고궁지군자고유작인지규이무작인
之位。筆之方册而不越乎言語文字、故衛詩之簡兮章之規畧、載
지위필지방책이불월호언어문자고위시지간혜장지규략재

於我東攷事書、樂記之古佾舞之數、撰圖於无慽窩之手而纘綴九成二佾六成之三尺開卷瞭然。大哉、我東先哲之眷眷於作人之功、可謂克繼前聖而開來也已。夫綴兆之十二成、黃鍾絲之六十三七十二八十一之正音、養性情育人才而爲己任者、唯正易之君子能之矣。

어아동고사서 악기지고일무지수 찬도어무척와지수이찬철구성이일육성지삼척개권요연 대재 아동선철지권권어작인지공 가위극계전성이개래야이 부철조지십이성 황종사지육십삼칠십이팔십일지정음 양성정육인재이위기임자 유정역지군자능지의

歷代科目說

역대과목설

大抵選法莫善於比獻、莫不善於科擧。何則科以取人、則要倖者

대저선법막선어비헌 막불선어과거 하즉과이취인 즉요행자

進、比以獻賢則不肖者退。夫退不肖、而貢六藝之賢俊抑要倖、而
진 비 이 헌 현 즉 불 초 자 퇴 부 퇴 불 초 이 공 육 예 지 현 준 억 요 행 이

進才德之吉士、唯周之國制、故曰莫善乎比獻、莫不善於科擧。蓋
진 재 덕 지 길 사 유 주 지 국 제 고 왈 막 선 호 비 헌 막 불 선 어 과 거 개

嘗論之明明也、而擧元凱厠陋也。而歇畎畝、唐虞之巍蕩也。立
상 론 지 명 명 야 이 거 원 개 측 루 야 이 혈 견 무 당 우 지 외 탕 야 입

賢无方、一饋十起、禹湯之崇德也。兎罝野、人鳳鳴、吉土之倫擧、
현 무 방 일 궤 십 기 우 탕 지 숭 덕 야 토 치 야 인 봉 명 길 토 지 윤 거

以爲心服、爪牙干城者、文武之所以寧也。選法之善莫善、言必稱
이 위 심 복 조 아 간 성 자 문 무 지 소 이 녕 야 선 법 지 선 막 선 언 필 칭

堯舜三代也、宜矣。至若科目試人之規對策、自漢董仲舒始。詩
요 순 삼 대 야 의 의 지 약 과 목 시 인 지 규 대 책 자 한 동 중 서 시 시

賦、自隋煬帝始。唐之太宗欲消梟雄之氣、以詩賦雜文、取進士而
부 자 수 양 제 시 당 지 태 종 욕 소 효 웅 지 기 이 시 부 잡 문 취 진 사 이

拔身。玄宗命州縣進義疑議。宋有初試曰發解、會試曰南省、又有
발 신 현 종 명 주 현 진 의 의 의 송 유 초 시 왈 발 해 회 시 왈 남 성 우 유

百試之名曰廷試、而紅牌之賜始焉。皇明則三年一大比而无定(백시지명왈정시 이홍패지사시언 황명즉삼년일대비이무정)
額名、雖近古倖擢者、多可勝。惜哉、夫上書見收獻賦被擢者、周(액명수근고행탁자다가승 석재부상서견수헌부피탁자주)
末之范睢李斯、漢初之相如子雲之徒、所自銜也。封彌之弊桂花(말지범저이사한초지상여자운지도소자함야 봉미지폐계화)
雜嬉憐以賜第之類、始於唐朝而邃古之貢土法、廢以不講。我東(잡희련이사제지류시어당조이수고지공토법 폐이불강아동)
則雞林初、但以射選人、季年始設讀書出身科。高麗初、後周人雙(즉계림초단이사선인계년시설독서출신과 고려초후주인쌍)
冀、隨册命使薛文遇而來掌文柄知貢擧試之、以詩賦頌策、取進(기수책명사설문우이래장문병지공거시지 이시부송책취진)
士及第。而末流之弊、有黃牌之賜、紅粉之嬉、當時所謂擧子之照(사급제 이말류지폐유황패지사홍분지희당시소위거자지조)
訖講屬之文、具惡得免後世之譏笑也耶。親試、重試、恩賜、別試、(흘강속지문구악득면후세지기소야야 친시중시은사별시)

春塘溫科增廣殿試、謁聖、黃柑雜試之目、始於本朝、而栗谷靜菴諸君子多出科目、尙道學崇仁義、彬彬有三代之推賢讓能之美俗科目中、得人才於斯盛矣。向所謂羅麗以上、科擧之士惡得似肩比於下風也歟。盖革祛科擧之弊、大比六藝之士、以考績俾賢不肖、各得其所而王道巍蕩於天下者、余嘗卜之於无極會上云耳。

戊子宮計閏度數(무자궁계윤도수)

一歲之氣朔(일세지기삭)、一萬二百二十七分(일만이백이십칠분)、先天之三歲積而爲閏(선천지삼세적이위윤)。一歲之氣朔(일세지기삭)、一萬二千九百六十分(일만이천구백육십분)、先天之二十七年之銷而无閏(선천지이십칠년지소이무윤)。一千四百四十分日之三百六十日(일천사백사십분일지삼백육십일)、一歲之常數也(일세지상수야)。而先天之月與日相會之辰(이선천지월여일상회지진)、九百四十分日之二十九日四百九十九分(구백사십분일지이십구일사백구십구분)、則九百四十分日之四百四十一分入於朔虛(즉구백사십분일지사백사십일분입어삭허)。一千四百四十分日之五百分入於氣盈(일천사백사십분일지오백분입어기영)。原閏一萬一千二百九十二分幷閏(원윤일만일천이백구십이분병윤)、癸亥(계해)

之一千四百四十分(지일천사백사십분)、己丑宮之二百分(기축궁지이백분)、二十八宿之廿八分(이십팔수지입팔분)、則實(즉실)
閏一萬二千九百六十分(윤일만이천구백육십분)。比之於先天之九百四十分日之十日(비지어선천지구백사십분일지십일)
八百二十七分之合數(팔백이십칠분지합수)、一萬二百二十七分(일만이백이십칠분)、則二千七百三十三分(즉이천칠백삼십삼분)
加焉(가언)。自壬戌年起數止於戊子宮之戊子年之甲子朔之十八日(자임술년기수지어무자궁지무자년지갑자삭지십팔일)
之庚子(지경자)、則合爲二十七年(즉합위이십칠년)。

二十七年銷閏之分(이십칠년소윤지분)、算一朔則四十分(산일삭즉사십분)。銷統一歲(소통일세)、則四百八十分(즉사백팔십분)。
銷九百四十分日之舒長之分(소구백사십분일지서장지분)、算一朔則一分五里四毫(산일삭즉일분오리사호)、奇故(기고)
每於巳亥月收入一毫(매어사해월수입일호)、算一歲則十八分五里一毫(산일세즉십팔분오리일호)、奇故亦於(기고역어)

巳亥月更加一毫、而至于六年九朔、减一毫則適足无餘欠。
사해월갱가일호 이지우육년구삭 감일호즉적족무여흠

有小不足而算成毫故有減
二十七年之朔三百二十四日月之會、當舒之分
이십칠년지삭삼백이십사일월지회 당서지분

九百四十一、算一朔則二分九里而有十四里之未盡舒、故分
구백사십일 산일삭즉이분구리이유십사리지미진서 고분

之以十四度、每於二十三朔四日、奇加一里而成一分、然后合
지이십사도 매어이십삼삭사일 기가일리이성일분 연후합

算之、則十里之成一分、當於辛巳年之寅月、而猶欠一分、故計
산지 즉십리지성일분 당어신사년지인월 이유흠일분 고계

其分則卯月四里之加算、當於戊子年之戌月而合之於申月、
기분즉묘월사리지가산 당어무자년지술월이합지어신월

以後四朔之九里之四九三十六之三分六里之里、而算一分
이후사삭지구리지사구삼십육지삼분육리지리 이산일분

於亥月、則合爲一千四百四十分日之三十日之十二朔之辰。
어해월 즉합위일천사백사십분일지삼십일지십이삭지진

二分九里之里 當於申月
故計之以四九數

每朔所舒二分九里、而二分則每朔算之、九里則合之於來朔
매삭소서이분구리 이이분즉매삭산지 구리즉합지어래삭

之九里而算之。乙亥年當於二十七年之半、故算合其加一里之
지구리이산지 을해년당어이십칠년지반 고산합기가일리지

舒四日奇之分刻、巳月歸空而計朔數、戊子年之亥月亦爲歸空
서사일기지분각 사월귀공이계삭수 무자년지해월역위귀공

而四里之一分則亥月。
이사리지일분즉해월

二十七年之閏一百五十四日奇、推合於庚申辛酉二禩之閏
이십칠년지윤일백오십사일기 추합어경신신유이사지윤

二十五日奇之剩、置三十日之六箇閏朔。盖計閏日法、各隨其月
이십오일기지잉 치삼십일지육개윤삭 개계윤일법 각수기월

之所舒之分、纔足一日便成一日、庚申辛酉兩年之閏二十五日
지소서지분 재족일일변성일일 경신신유양년지윤이십오일

八百三十五分、合壬戌年子月閏一百五分、爲九百四十分日之
팔백삼십오분합임술년자월윤일백오분위구백사십분일지
一日、而二十七年之中、似有里分之差、无關於計日、故子月書
일일이이십칠년지중사유이분지차무관어계일고자월서
之、以一百五分以竢能者、而細算之。
지이일백오분이사능자이세산지

粤自壬戌年之子月以後、日月相會所舒之分每朔二分、九里奇
월자임술년지자월이후일월상회소서지분매삭이분구리기
九百四十分日之所舒之分、每朔一分五里奇、乃自戊子年癸
구백사십분일지소서지분매삭일분오리기내자무자년계
亥月始計一千四百四十分之元定日法、則戌月之月會之分
해월시계일천사백사십분지원정일법즉술월지월회지분
一千四百三十六、每朔二分九里之三分六里、加一里之四里推
일천사백삼십육매삭이분구리지삼분육리가일리지사리추
以算之、則符合於亥月之一千四百四十分日之元定度數。戊
이산지즉부합어해월지일천사백사십분일지원정도수무

子年之戌月之日所舒之分一千四百三十八、每朔之一分五里、
자년지술월지일소서지분일천사백삼십팔매삭지일분오리
二十七年之每年一毫奇之、合爲五里者、推以算之則吻合於亥
이십칠년지매년일호기지합위오리자추이산지즉문합어해
月之一千四百四十分日之度數。戊子年之戌月之月會之分剩、
월지일천사백사십분일지도수무자년지술월지월회지분잉
當爲一千四百四十、計之以上元日法得一日、而合之於亥月之
당위일천사백사십계지이상원일법득일일이합지어해월지
一千四百四十分日之二十九日、則適足爲元定一朔之度數。先
일천사백사십분일지이십구일즉적족위원정일삭지도수선
天之月九百四十分日之二十九日四百九十九分爲一朔、故揆合
천지월구백사십분일지이십구일사백구십구분위일삭고규합
乎來月之四百九十九分之四百四十一分、以大前月、此盖太陰
호내월지사백구십구분지사백사십일분이대전월차개태음
曆之閏中度數。后天之月一千四百四十分日之三十日爲元定
력지윤중도수후천지월일천사백사십분일지삼십일위원정

一朔、故二十七年舒長之際、推衍乎戊子宮之六支月之分刻、以大乎己丑宮之六支月之會辰、玆蓋太陽曆之无閏法象、決非至人之私意。
(일삭고이십칠년서장지제추연호무자궁지육지월지분각이대호기축궁지육지월지회진자개태양력지무윤법상결비지인지사의)

月之大小、自戊子年之亥月隨其所舒之分、而逆而推之、則丙子年之子月以后、十三度戊子年无小月。自乙亥年之閏亥以上丑亥酉未巳卯之月、大。子寅辰午申戌之月、小。以此推衍、則厥初之甲子朔、冬至之分刻時候、可坐而致之。
(월지대소자무자년지해월수기소서지분이역이추지즉병자년지자월이후십삼도무자년무소월자을해년지윤해이상축해유미사묘지월대자인진오신술지월소이차추연즉궐초지갑자삭동지지분각시후가좌이치지)

九百四十分日之五日二時七刻四分間之而定節氣、先天之
(구백사십분일지오일이시칠각사분간지이정절기선천지)

二十四節之授時之度數。(이십사절지수시지도수)

一時四刻七分隨節算消於二十七年之六百四十八節炁者、分刻隨二十七冬至 (일시사각칠분수절산소어이십칠년지육백사십팔절기자)

當爲后天之當日復之度數。子午卯酉之初三日之八日十節氣 (당위후천지당일복지도수)

二十八宿運氣說 (이십팔수운기설)

廿八宿之角宿、起數乎甲子朔。冬至之日二十八日一周乎天、(입팔수지각수기수호갑자삭동지지일이십팔일일주호천)

每朔之向晦二日歸空而用之者、先天之度也。鬼門之水、得旺 (매삭지향회이일귀공이용지자선천지도야귀문지수득왕)

於子會、故鬼門之半以後、屬閏而用之、子會之一月之度、實 (어자회고귀문지반이후속윤이용지자회지일월지도실)

爲二十二日之半。自壬戌年之子月之第一運、角亢二宿起數
(위이십이일지반 자임술년지자월지제일운 각항이수기수)
乎向晦之二日、則軫宿之朝元、當於二十六之己丑宮、乃歷乎
(호향회지이일 즉진수지조원 당어이십육지기축궁 내력호)
二十七年之戊子宮之戊子年之閏子之十五之半之半始計己。
(이십칠년지무자궁지무자년지윤자지십오지반지반시계기)
己之數朝元於己丑宮、而數起於丁卯月之朔。朝周之乎二十六
(기지수조원어기축궁 이수기어정묘월지삭 조주지호이십육)
宮低而不亢、故亢角二宿屬之先天之向晦二日而用之、己庚二
(궁저이불항 고항각이수속지선천지향회이일이용지 기경이)
日尊而空之、是固先后天之天體法象。
(일존이공지 시고선후천지천체법상)

丁卯月符頭說
정묘월부두설

天五地五之數、衍之而爲五十五者、河圖之本然之象數也。而太陰之數極於五十四、故太陰曆之一歲之度之所用者、九百四十分日之三百五十四日三百四十八分而三百四十八分者、未成一日、故不揭之於曆日、擧其曆日之大衍之數而言之、則洽爲五千四百年、奇極其曆日之終數而言之、則一閏再間之歲之朔、只爲十三度而已。天道循環、一元之數終之於戊子宮之戊子年、

천오지오지수 연지이위오십오자 하도지본연지상수야 이태음지수극어오십사 고태음력지일세지도지소용자 구백사십분일지삼백오십사일삼백사십팔분이삼백사십팔분자 미성일일 고불게지어역일 거기역일지대연지수이언지 즉흡위오천사백년 기극기역일지종수이언지 즉일윤재간지세지삭 지위십삼도이이 천도순환 일원지수종지어무자궁지무자년

則窮上而反下政之者、月之巳星之癸旺之者、干之乙、支之卯。
즉궁상이반하정지자 월지사성지계왕지자 간지을 지지묘

卯宮得旺而寅宮謝位。巳宮發政而戌宮授禪矣。子會之厥功
묘궁득왕이인궁사위 사궁발정이술궁수선의 자회지궐공

己告、甲宮之老臣解撰。戊子之曆日退位、丑會之治日己舒。无
기고 갑궁지노신해찬 무자지역일퇴위 축회지치일기서 무

極之君子咸頌、己丑之曆元、則三元之丙寅宮屬之、先天而爲
극지군자함송 기축지역원 즉삼원지병인궁속지 선천이위

十四度之歲除月、五元之丁卯宮旺之、后天而爲萬億年之年頭
십사도지세제월 오원지정묘궁왕지 후천이위만억년지년두

月、月之終始數之陰陽不外乎河洛、而知之者、鮮矣。三元己元、
월 월지종시수지음양불외호하락 이지지자 선의 삼원기원

五元復元、天无日月之薄蝕、地无潮汐之濫溢、日出丑而入戌、
오원복원 천무일월지박식 지무조석지남일 일출축이입술

隨時候而進退。月上亥而下巳、應氣節而燥射、黃道廓而外內
수시후이진퇴 월상해이하사 응기절이조사 황도곽이외내

曆、陰陽而短長、九道變以十五、互朝元於无極、豈水火之相射、筮貞明於天地。茲乃寅退卯旺、甲讓癸用、土宮正位而至尊、陰退陽進、否往泰來、金火互宅而赫明之兆朕矣。三十六宮春風中、盥手端拱、焚香默坐、大讀了午之中、卯之半之度之曆、十二張枕藉乎无極宮之短夜。

(력 음양이단장 구도변이십오 호조원어무극 기수화지상사 서정명어천지 자내인퇴묘왕 갑양계용 토궁정위이지존 음퇴양진 비왕태래 금화호택이혁명지조짐의 삼십육궁춘풍중 관수단공 분향묵좌 대독료오지중 묘지반지도지력 십이장침자호무극궁지단야)

三十六宮說 (삼십육궁설)

康節詩曰三十六宮都是春、朱子釋之曰藹然生氣周流乎

(강절시왈삼십육궁도시춘 주자석지왈애연생기주류호)

六十四卦之中。六十四卦圓布於四時、則天根月窟半之於其圖。
육십사괘지중 육십사괘원포어사시 즉천근월굴반지어기도

自有象而爲姤、推无極而爲復。一歲之二十四節之氣、周流而
자유상이위구 추무극이위복 일세지이십사절지기 주류이

无滯、積五日之一候於一歲則爲七十二、而大衍之六六數、適
무체 적오일지일후어일세즉위칠십이 이대연지육육수 적

當其半、故贊之曰都是春而用之者、先后天之法象也。而伊祈
당기반 고찬지왈도시춘이용지자 선후천지법상야 이이기

之元年、起於月之巳星之癸之運、姒聖之八年、當於會之午星
지원년 기어월지사성지계지운 사성지팔년 당어회지오성

之甲之年、則厥后幾千載之下、天道變而雨火、火裡去而莫睹、
지갑지년 즉궐후기천재지하 천도변이우화 화리거이막도

地德浩而汐水、水上遊而難辨於是焉。天人相感、神人同道、畧
지덕호이석수 수상유이난판어시언 천인상감 신인동도 약

假手而畫、圖宮復廓於四九二十四位之正、調布於圓圖。己戊
가수이획 도궁복곽어사구이십사위지정 조포어원도 기무

日月光華乎四維、壬癸丙丁讓而不射、南北東西正正於方圖之
일월광화호사유 임계병정양이불사 남북동서정정어방도지
中、卦位待對、干支相合、調陰陽之暢和、燮五行之生成、鼓震宮
중 괘위대대 간지상합 조음양지창화 섭오행지생성 고진궁
之春雷、噓巽股之春風、花萬彙於宮中、瑞四靈於圈裏。太陰之
지춘뢰 허손고지춘풍 화만휘어궁중 서사령어권리 태음지
六六數、屬先天之早春、太陽之四九數、當后天之仲春、萬象涵育
육육수 속선천지조춘 태양지사구수 당후천지중춘 만상함육
休徵、肹蠁人於其宮、宅仁而牖義、履禮而鑑智、製誠信而爲衣
휴징 힐향인어기궁 택인이유의 이례이감지 제성신이위의
綴、忠恕而爲裳、坐了春風、而上稽乎。羲農勳華之道、統下究乎濂
철 충서이위상 좌료춘풍 이상계호 희농훈화지도 통하구호염
洛、聖神之雅頌註釋、則可知其宮中之樂矣。
락 성신지아송주석 즉가지기궁중지악의

晦朔弦望度數
(회삭현망도수)

十一歸體、九二錯綜者、二化之來復之理、己丑宮之親政之度、故日宮之出丑入戌、月宮之晦朔弦望生申分戌窟辰之數、印之於正一刻十一分、濂溪所謂无極而太極之會當來也、審矣。
(십일귀체 구이착종자 이화지내복지리 기축궁지친정지도 고일궁지출축입술 월궁지회삭현망생신분술굴진지수 인지어정일각십일분 염계소위무극이태극지회당래야 심의)

日宮出入度數
(일궁출입도수)

風化晝七十二刻極長、夜二十四刻極短、夜旋漸長晝旋漸短。
(풍화주칠십이각극장 야이십사각극단 야선점장주선점단)

明化晝五十六刻極短、夜四十刻極長、夜旋漸短晝旋漸長。
(명화주오십육각극단 야사십각극장 야선점단주선점장)

第一第二候、日出二分、日入一分、合三分長。第三第四候、日出三分、日入二分、二分常數、合五分長。第五候、日出五分常數合、日入常數七分長、二化短長、互準此度、而十二朔之七十二候、无進退而適足矣。

제일제이후 일출이분 일입일분 합삼분장 제삼제사후 일출삼분 일입이분 이분상수 합오분장 제오후 일출오분상수합 일입상수칠분장 이화단장 호준차도 이십이삭지칠십이후 무진퇴이적족의

巳月十八日風化
사월십팔일풍화

風化日出丑正一刻十一分、日入戌正一刻十一分、晝七十二刻、夜二十四刻。日出丑正一刻十三分、日入戌正一刻十分、晝

풍화일출축정일각십일분 일입술정일각십일분 주칠십이각 야이십사각 일출축정일각십삼분 일입술정일각십분 주

七(칠)十(십)一(일)刻(각)十(십)二(이)分(분)、夜(야)二(이)十(십)四(사)刻(각)三(삼)分(분)。日(일)出(출)丑(축)正(정)二(이)刻(각)、日(일)入(입)戌(술)正(정)一(일)
刻(각)九(구)分(분)、晝(주)七(칠)十(십)一(일)刻(각)九(구)分(분)、夜(야)二(이)十(십)四(사)刻(각)六(육)分(분)。日(일)出(출)丑(축)正(정)二(이)刻(각)三(삼)分(분)、
日(일)入(입)戌(술)正(정)一(일)刻(각)七(칠)分(분)、晝(주)七(칠)十(십)一(일)刻(각)四(사)分(분)、夜(야)二(이)十(십)四(사)刻(각)十(십)一(일)分(분)。日(일)出(출)
丑(축)正(정)二(이)刻(각)六(육)分(분)、日(일)入(입)戌(술)正(정)一(일)刻(각)五(오)分(분)、晝(주)七(칠)十(십)刻(각)十(십)四(사)分(분)、夜(야)二(이)十(십)五(오)
刻(각)一(일)分(분)。日(일)出(출)丑(축)正(정)二(이)刻(각)十(십)一(일)分(분)、日(일)入(입)戌(술)正(정)二(이)刻(각)三(삼)分(분)、晝(주)七(칠)十(십)刻(각)七(칠)
分(분)、夜(야)二(이)十(십)五(오)刻(각)八(팔)分(분)。日(일)出(출)丑(축)正(정)三(삼)刻(각)一(일)分(분)、日(일)入(입)戌(술)正(정)一(일)刻(각)一(일)分(분)、晝(주)
七(칠)十(십)刻(각)、夜(야)二(이)十(십)六(육)刻(각)。日(일)出(출)丑(축)正(정)三(삼)刻(각)六(육)分(분)、日(일)入(입)戌(술)初(초)四(사)刻(각)十(십)四(사)分(분)、
晝(주)六(육)十(십)九(구)刻(각)八(팔)分(분)、夜(야)二(이)十(십)六(육)刻(각)七(칠)分(분)。日(일)出(출)丑(축)正(정)三(삼)刻(각)十(십)一(일)分(분)、日(일)入(입)

戌初四刻十二分、晝六十九刻一分、夜二十六刻十四分。日出丑
술초사각십이분 주육십구각일분 야이십육각십사분 일출축

正四刻一分、日入戌初四刻十分、晝六十八刻九分、夜二十七刻
정사각일분 일입술초사각십분 주육십팔각구분 야이십칠각

六分。日出寅正四刻六分、日入戌初四刻八分、晝六十八刻二分、
육분 일출인정사각육분 일입술초사각팔분 주육십팔각이분

夜二十七刻十三分。日出丑正四刻十一分、日入戌初四刻六分、
야이십칠각십삼분 일출축정사각십일분 일입술초사각육분

晝六十七刻十分、夜二十八刻五分。
주육십칠각십분 야이십팔각오분

日出寅初一刻一分、日入戌初四刻四分、晝六十七刻三分、夜
일출인초일각일분 일입술초사각사분 주육십칠각삼분 야

二十八刻十二分。日出寅初一刻六分、日入戌初四刻二分、晝
이십팔각십이분 일출인초일각육분 일입술초사각이분 주

六十六刻十一分、夜二十九刻四分。
육십육각십일분 야이십구각사분

日出寅初一刻十一分(일출인초일각십일분)、日入戌初四刻(일입술초사각)、晝六十六刻四分(주육십육각사분)、夜二十九刻十一分(야이십구각십일분)。日出寅初二刻一分(일출인초이각일분)、日入戌初三刻十三分(일입술초삼각십삼분)、晝六十五刻十二分(주육십오각십이분)、夜三十刻三分(야삼십각삼분)。日出寅初二刻六分(일출인초이각육분)、日入戌初三刻十一分(일입술초삼각십일분)、晝六十五刻五分(주육십오각오분)、夜三十刻十分(야삼십각십분)。日出寅初二刻十一分(일출인초이각십일분)、日入戌初三刻九分(일입술초삼각구분)、晝六十四刻十三分(주육십사각십삼분)、夜三十一刻二分(야삼십일각이분)。日出寅初三刻一分(일출인초삼각일분)、日入戌初三刻七分(일입술초삼각칠분)、晝六十四刻六分(주육십사각육분)、夜三十一刻九分(야삼십일각구분)。日出寅初三刻六分(일출인초삼각육분)、日入戌初三刻五分(일입술초삼각오분)、晝六十三刻十四分(주육십삼각십사분)、夜三十二刻一分(야삼십이각일분)。日(일)

出寅初三刻十一分(출인초삼각십일분)、日入戌初三刻五分(일입술초삼각오분)、晝六十三刻七分(주육십삼각칠분)、夜三十二刻八分(야삼십이각팔분)。日出寅初四刻一分(일출인초사각일분)、日入戌初三刻一分(일입술초삼각일분)、晝六十三刻(주육십삼각)、夜三十三刻(야삼십삼각)。日出寅初四刻六分(일출인초사각육분)、日入戌初二刻十四分(일입술초이각십사분)、晝六十二刻八分(주육십이각팔분)、夜三十三刻七分(야삼십삼각칠분)。日出寅初四刻十一分(일출인초사각십일분)、日入戌初二刻十一分(일입술초이각십일분)、晝六十二刻一分(주육십이각일분)、夜三十三刻十四分(야삼십삼각십사분)。日出寅正一刻一分(일출인정일각일분)、日入戌初二刻十分(일입술초이각십분)、晝六十一刻九分(주육십일각구분)、夜三十四刻六分(야삼십사각육분)。日出寅正一刻六分(일출인정일각육분)、日入戌初二刻八分(일입술초이각팔분)、晝六十一刻二分(주육십일각이분)、夜三十四刻十三分(야삼십사각십삼분)。日出寅正一刻十一分(일출인정일각십일분)、日入戌初二刻六(일입술초이각육)

分、晝六十刻十分、夜三十五刻五分。日出寅正二刻一分、日入
분 주육십각십분 야삼십오각오분 일출인정이각일분 일입
戌初二刻四分、晝六十刻三分、夜三十五刻十二分。日出寅正二
술초이각사분 주육십각삼분 야삼십오각십이분 일출인정이
刻六分、日入戌初二刻二分、晝五十九刻十一分、夜三十六刻四
각육분 일입술초이각이분 주오십구각십일분 야삼십육각사
分。日出寅正二刻十一分、日入戌初二刻、晝五十九刻四分、夜
분 일출인정이각십일분 일입술초이각 주오십구각사분 야
三十六刻十一分。日出寅正三刻一分、日入戌初一刻十三分、晝
삼십육각십일분 일출인정삼각일분 일입술초일각십삼분 주
五十八刻十二分、夜三十七刻三分。日出寅正三刻六分、日入戌
오십팔각십이분 야삼십칠각삼분 일출인정삼각육분 일입술
初一刻十一分、晝五十八刻五分、夜三十七刻十分。日出寅正三
초일각십일분 주오십팔각오분 야삼십칠각십분 일출인정삼
刻十一分、日入戌初一刻九分、晝五十七刻十三分、夜三十八刻
각십일분 일입술초일각구분 주오십칠각십삼분 야삼십팔각

二分。日出寅正四刻一分、日入戌初一刻七分、晝五十七刻六
이분 일출인정사각일분 일입술초일각칠분 주오십칠각육
分、夜三十八刻九分。日出寅正四刻六分、日入戌初一刻五分、晝
분 야삼십팔각구분 일출인정사각육분 일입술초일각오분 주
五十六刻十四分、夜三十九刻一分。日出寅正四刻十一分、日入
오십육각십사분 야삼십구각일분 일출인정사각십일분 일입
戌初一刻三分、晝五十六刻七分、夜三十九刻八分。日出卯初一
술초일각삼분 주오십육각칠분 야삼십구각팔분 일출묘초일
刻一分、日入戌初一刻一分、晝五十六刻、夜四十刻。
각일분 일입술초일각일분 주오십육각 야사십각

亥月十八日明化
해월십팔일명화

明化日出卯初一刻一分、日入戌初一刻一分、晝五十六刻、夜
명화일출묘초일각일분 일입술초일각일분 주오십육각 야

四十刻。日出寅正四刻十四分、日入戌初一刻二分、晝五十六刻
사십각 일출인정사각십사분 일입술초일각이분 주오십육각

三分、夜三十九刻十二分。日出寅正四刻十二分、日入戌初一刻
삼분 야삼십구각십이분 일출인정사각십이분 일입술초일각

三分、晝五十六刻六分、夜三十九刻九分。日出寅正四刻九分、日
삼분 주오십육각육분 야삼십구각구분 일출인정사각구분 일

入戌初一刻五分、晝五十六刻十一分、夜三十九刻四分。日出寅
입술초일각오분 주오십육각십일분 야삼십구각사분 일출인

正四刻六分、日入戌初一刻七分、晝五十七刻一分、夜三十八刻
정사각육분 일입술초일각칠분 주오십칠각일분 야삼십팔각

十四分。日出寅正四刻一分、日入戌初一刻九分、晝五十七刻八
십사분 일출인정사각일분 일입술초일각구분 주오십칠각팔

分、夜三十八刻七分。日出寅正三刻十一分、日入戌初一刻十一
분 야삼십팔각칠분 일출인정삼각십일분 일입술초일각십일

分、晝五十八刻、夜三十八刻。日出寅正三刻六分、日入戌初一
분 주오십팔각 야삼십팔각 일출인정삼각육분 일입술초일

刻十三分、晝五十八刻七分、夜三十七刻八分。日出寅正三刻一 각십삼분주오십팔각칠분야삼십칠각팔분일출인정삼각일

分、日入戌初二刻、晝五十八刻十四分、夜三十七刻一分。日出寅 분일입술초이각주오십팔각십사분야삼십칠각일분일출인

正二刻十一分、日入戌初二刻二分、晝五十九刻六分、夜三十六 정이각십일분일입술초이각이분주오십구각육분야삼십육

刻九分。日出寅正二刻六分、日入戌初二刻四分、晝五十九刻 각구분일출인정이각육분일입술초이각사분주오십구각

十三分、夜三十六刻二分。日出寅正二刻一分、日入戌初二刻六 십삼분야삼십육각이분일출인정이각일분일입술초이각육

分、晝六十刻五分、夜三十五刻十分。日出寅正一刻十一分、日入 분주육십각오분야삼십오각십분일출인정일각십일분일입

戌初二刻八分、晝六十刻十二分、夜三十五刻三分。日出寅正一 술초이각팔분주육십각십이분야삼십오각삼분일출인정일

刻六分、日入戌初二刻十分、晝六十一刻四分、夜三十四刻十一 각육분일입술초이각십분주육십일각사분야삼십사각십일

分(분)。日出寅正一刻一分(일출인정일각일분)、日入戌初二刻十二分(일입술초이각십이분)、晝六十一刻十一分(주육십일각십일분)、夜三十四刻四分(야삼십사각사분)。日出寅初四刻十一分(일출인초사각십일분)、日入戌初二刻十四分(일입술초이각십사분)、晝六十二刻三分(주육십이각삼분)、夜三十三刻十二分(야삼십삼각십이분)。日出寅初四刻六分(일출인초사각육분)、日入戌初三刻一分(일입술초삼각일분)、晝六十二刻十分(주육십이각십분)、夜三十三刻五分(야삼십삼각오분)。日出寅初四刻一分(일출인초사각일분)、日入戌初三刻三分(일입술초삼각삼분)、晝六十三刻二分(주육십삼각이분)、夜三十二刻十三分(야삼십이각십삼분)。日出寅初三刻十一分(일출인초삼각십일분)、日入戌初三刻五分(일입술초삼각오분)、晝六十三刻九分(주육십삼각구분)、夜三十二刻六分(야삼십이각육분)。日出寅初三刻六分(일출인초삼각육분)、日入戌初三刻七分(일입술초삼각칠분)、晝六十四刻一分(주육십사각일분)、夜三十一刻十四分(야삼십일각십사분)。日出寅初三刻一分(일출인초삼각일분)、日入(일입)

戌初三刻九分、晝六十四刻八分、夜三十一刻七分。日出寅初二刻十一分、日入戌初三刻十一分、晝六十五刻、夜三十一刻。日出寅初二刻六分、日入戌初三刻十三分、晝六十五刻七分、夜三十刻八分。日出寅初二刻一分、日入戌初四刻、晝六十五刻十四分、夜三十刻一分。日出寅初一刻十一分、日入戌初四刻二分、晝六十六刻六分、夜二十九刻九分。日出寅初一刻六分、日入戌初四刻四分、晝六十六刻十三分、夜二十九刻二分。日出寅初一刻一分、日入戌初四刻六分、晝六十七刻五分、夜二十八刻十分。

(술초삼각구분 주육십사각팔분 야삼십일각칠분 일출인초이각십일분 일입술초삼각십일분 주육십오각 야삼십일각 일출인초이각육분 일입술초삼각십삼분 주육십오각칠분 야삼십각팔분 일출인초이각일분 일입술초사각 주육십오각십사분 야삼십각일분 일출인초일각십일분 일입술초사각이분 주육십육각육분 야이십구각구분 일출인초일각육분 일입술초사각사분 주육십육각십삼분 야이십구각이분 일출인초일각일분 일입술초사각육분 주육십칠각오분 야이십팔각십분)

日出丑正四刻十一分、日入戌初四刻八分、晝六十七刻十二分、
일출축정사각십일분 일입술초사각팔분 주육십칠각십이분
夜二十八刻三分。日出丑正四刻六分、日入戌初四刻十分、晝
야이십팔각삼분 일출축정사각육분 일입술초사각십분 주
六十八刻四分、夜二十七刻十一分。日出丑正四刻一分、日入戌
육십팔각사분 야이십칠각십일분 일출축정사각일분 일입술
初四刻十二分、晝六十八刻十一分、夜二十七刻四分。日出丑正
초사각십이분 주육십팔각십일분 야이십칠각사분 일출축정
三刻十一分、日入戌初四刻十四分、晝六十九刻三分、夜二十六
삼각십일분 일입술초사각십사분 주육십구각삼분 야이십육
刻十二分。日出丑正三刻六分、日入戌正一刻一分、晝六十九刻
각십이분 일출축정삼각육분 일입술정일각일분 주육십구각
十分、夜二十六刻五分。日出丑正三刻一分、日入戌正一刻三
십분 야이십육각오분 일출축정삼각일분 일입술정일각삼
分、晝七十刻二分、夜二十五刻十三分。日出丑正二刻十一分、日
분 주칠십각이분 야이십오각십삼분 일출축정이각십일분 일

入(입)戌(술)正(정)一(일)刻(각)五(오)分(분)、晝(주)七(칠)十(십)刻(각)九(구)分(분)、夜(야)二(이)十(십)五(오)刻(각)六(육)分(분)。日(일)出(출)丑(축)正(정)二(이)刻(각)六(육)分(분)、日(일)入(입)戌(술)正(정)一(일)刻(각)七(칠)分(분)、晝(주)七(칠)十(십)一(일)刻(각)一(일)分(분)、夜(야)二(이)十(십)四(사)刻(각)十(십)四(사)分(분)。日(일)出(출)丑(축)正(정)二(이)刻(각)一(일)分(분)、日(일)入(입)戌(술)正(정)一(일)刻(각)九(구)分(분)、晝(주)七(칠)十(십)一(일)刻(각)八(팔)分(분)、夜(야)二(이)十(십)四(사)刻(각)七(칠)分(분)。日(일)出(출)丑(축)正(정)一(일)刻(각)十(십)一(일)分(분)、日(일)入(입)戌(술)正(정)一(일)刻(각)十(십)一(일)分(분)、晝(주)七(칠)十(십)二(이)刻(각)、夜(야)二(이)十(십)四(사)刻(각)。

曆(역)象(상)說(설)

分(분)至(지)四(사)立(립)爲(위)八(팔)節(절)、而(이)各(각)計(계)兩(양)卦(괘)、卦(괘)爲(위)十(십)六(육)、其(기)餘(여)十(십)六(육)炁(기)、各(각)計(계)三(삼)卦(괘)、

卦爲四十八、合之以配節炁者、子會之曆象也。而玉齋胡氏因邵子說推之也、詳矣。至若正易之象則乾无妄爲明化、亥之半噬嗑頤震爲正和、亥之初益隨屯爲亨化、戌之半復履爲咸和、戌之初睽損歸妹爲入化、酉之半中孚兌節爲成和、酉之初臨同人爲平化、申之半离賁豐爲淸和、申之初家人革旣濟爲普化、未之半明夷否爲建和、未之初晉剝豫爲行化、午之半觀萃比爲立和、午之初坤升爲風化、巳之半井大過巽爲雷和、巳之初恒蠱鼎爲布化、辰之半姤謙爲大和、辰之初蹇咸漸爲中化、卯之半小過艮旅

爲元和、卯之初遯師爲性化、寅之半坎困渙爲仁和、寅之初解蒙
위원화 묘지초돈사위성화 인지반감곤환위인화 인지초해몽
未濟爲體化、丑之半訟泰爲太和、丑之初需夬小畜爲貞化、子
미제위체화 축지반송태위태화 축지초수쾌소축위정화 자
之半大壯大畜大有爲至和、子之初至乾末交明化、亥之半一周
지반대장대축대유위지화 자지초지건말교명화 해지반일주
而至𡗗末交風化、巳之半焉。夫先天之復姤分之、以已生未生之
이지곤말교풍화 사지반언 부선천지복구분지 이이생미생지
卦於左右旋。后天之无妄升和之、以已生未生之卦於右左旋、已
괘어좌우선 후천지무망승화지 이이생미생지괘어우좌선 이
生之卦、乾离艮震是也、未生之卦、巽兌坎𡗗是也。而乾𡗗政於已
생지괘 건리간진시야 미생지괘 손태감곤시야 이건곤정어이
生、震巽政於未生、循環无端。且二卦三卦之分配節氣而合之爲
생 진손정어미생 순환무단 차이괘삼괘지분배절기이합지위
六十四卦者、余倣玉齋之推、而推衍也耳。
육십사괘자 여방옥재지추 이추연야이

上元七篇
상원칠편

无極宮之從事君子、有問於余曰先天之用五子、后天之用
무극궁지종사군자 유문어여왈선천지용오자 후천지용

五丑之理氣象數之自然者、可得聞歟。余應之曰河洛之
오축지리기상수지자연자 가득문여 여응지왈하락지

一六二七三八四九五十、五行之生成也。而厥初之主宰太
일육이칠삼팔사구오십 오행지생성야 이궐초지주재태

極而生兩之最尊位、化翁。化翁无位原天火、運之以一元之
극이생양지최존위 화옹 화옹무위원천화 운지이일원지

氣、當丙子會之丙子年、則輕清之氣判之、而炎上日月星辰、
기 당병자회지병자년 즉경청지기판지 이염상일월성신

經緯於璣衡。又運之以一元之氣、當戊子會之戊子年、則重
경위어기형 우운지이일원지기 당무자회지무자년 즉중

濁之滓凝之、而降下河海山岳、表裡於輿球、至大至廣至柔
탁지재응지 이강하하해산악 표리어여구 지대지광지유
至剛之形成於上下、蕩蕩乎人、无能名焉。贊其形體曰天地、
지강지형성어상하 탕탕호인 무능명언 찬기형체왈천지
頌其主宰曰上帝、美其性情曰乾巛。庚壬甲三子之元會運世
송기주재왈상제 미기성정왈건곤 경임갑삼자지원회운세
年之成度、如上二會而衍之、大小數之屈伸不外乎河洛、故五
년지성도 여상이회이연지 대소수지굴신불외호하락 고오
子會之五行生成、當於四十九年甲子、則大衍之數五十、其用
자회지오행생성 당어사십구년갑자 즉대연지수오십 기용
四十九、筮儀之蓍策、亦用其數、故无極而太極除去不用、此
사십구 서의지기책 역용기수 고무극이태극제거불용 차
盖先天法象之自然、非聖人之私意也。至若五丑之大用也、則
개선천법상지자연 비성인지사의야 지약오축지대용야 즉
理无瞭然而不易者也。化翁之原天火、生地十己土、而五丑宮
리무요연이불역자야 화옹지원천화 생지십기토 이오축궁

之五行成度、當於乙丑之會、且己丑之二十數、干支之成數之
지오행성도당어을축지회차기축지이십수간지지성수지
高而无對、故己巳宮建皇極於乙丑會、而獨爲親政、曆不用乙丑
고이무대고기사궁건황극어을축회이독위친정역불용을축
而用己丑、是則己巳宮之生之先天而政於后天、戊戌宮之生之
이용기축시즉기사궁지생지선천이정어후천무술궁지생지
后天、而政於先天之理也。○曰太陰曆用甲己符頭法用五寅。
후천이정어선천지리야 왈태음력용갑기부두법용오인
寅、是泰來之月、似可歲起、而干支之尊位戊己、則子會之曆元、何
인시태래지월사가세기이간지지존위무기즉자회지역원하
不以戊子宮之戊字書之、授之以甲宮之臣位而用之歟。曰美哉、
부이무자궁지무자서지수지이갑궁지신위이용지여왈미재
子之推衍也。己戊宮之政令於先后天者、體象也。而戊戌宮之戌
자지추연야기무궁지정령어선후천자체상야이무술궁지술
宮、霜降之節、肅殺之時、不協建極。且五行成度於甲子年、則
궁상강지절숙살지시불협건극차오행성도어갑자년즉

戊辰年之建皇極、不易之法象也。而單五建極幼冲之度、巽之居五、女君之象也。干之天三甲木、互宅於地八甲木、合地一子水而爲九宮、故用之九宮、且戊辰宮幼冲之辟、垂簾之時、不合親政、故曆不用戊子而用甲子。一乾八坤之合數、亦爲九宮子會之干支以甲起數者、化翁之所命令、上帝之所行政也。○曰癸亥宮生甲子、己巳宮生庚午、用之子午而勛華之時、己亭。午會之運、則迄今中節、當爲六萬餘年、子獨以爲一元之朞、已周日月、歸于中極、无極而太極之會、今其時也。

무진년지건황극불역지법상야이단오건극유충지도손지거오여군지상야간지천삼갑목호택어지팔갑목합지일자수이위구궁고용지구궁차무진궁유충지벽수렴지시불합친정고역불용무자이용갑자일건팔곤지합수역위구궁자회지간지이갑기수자화옹지소명령상제지소행정야 왈계해궁생갑자기사궁생경오용지자오이훈화지시이정오회지운즉흘금중절당위육만여년자독이위일원지기이주일월귀우중극무극이태극지회금기시야

算其氣朔終之於六閏十三度戊子年、一无小朔、丙寅之年頭
산기기삭종지어육윤십삼도무자년일무소삭병인지년두
月終之於十四度、丁卯之符頭月當於寅位、推衍乎太陽之度
월종지어십사도정묘지부두월당어인위추연호태양지도
一千四百四十分日之三十日之十二朔而无閏、丑未爲先后天
일천사백사십분일지삼십일지십이삭이무윤축미위선후천
之朔朝、子午爲三十日之會辰、二十四節炁、環繞中極、而印之於
지삭조자오위삼십일지회진이십사절기환요중극이인지어
三八无進退、日出於丑寅卯、而入於單戌宮、二至之極長極短、二
삼팔무진퇴일출어축인묘이입어단술궁이지지극장극단이
分之晝夜平均、較之子曆不啻穹壤之異也。是亦有前聖之明訓
분지주야평균교지자력불시궁양지이야시역유전성지명훈
歟。○曰一元統十二會、計其數則爲十二萬九千六百年、若泥而
여왈일원통십이회계기수즉위십이만구천육백년약니이
看之、不洽乎七萬年之成數也。然有易知之數、子其明聽之。上
간지불흡호칠만년지성수야연유역지지수자기명청지상

元之子會中節始計甲子朔冬至、則中節以後之數、五千四百年
원지자회중절시계갑자삭동지즉중절이후지수오천사백년
而已、稽之于唐堯甲辰以後之紀年、可驗也。月之巳星之癸、而日
이이계지우당요갑진이후지기년가험야월지사성지계이일
月歸極之度、邵子言之、詳矣。无極而太極之會、周子見之、明矣。
월귀극지도소자언지상의무극이태극지회주자견지명의
有閏无閏、當朞三百六十數、治曆明時、甲庚先后三日干、夫子
유윤무윤당기삼백육십수치력명시갑경선후삼일간부자
之繫辭也。丑時之初四刻屬昨日、正四刻屬是日、古之定日法書
지계사야축시지초사각속작일정사각속시일고지정일법서
之。且子會之一歲之度止於九宮、則十二朔之七十二候之當爲
지차자회지일세지도지어구궁즉십이삭지칠십이후지당위
適用者、太陰數之六九也。而氣朔不齊、有九百四十分日之十日
적용자태음수지육구야이기삭부제유구백사십분일지십일
八百二十七分之屬閏、故候各隨歲進退而无一定之算、晝短夜
팔백이십칠분지속윤고후각수세진퇴이무일정지산주단야

長、子曆之度也。而五十八刻六分、三十七刻九分、互短互長於二
장 자 력 지 도 야 이 오 십 팔 각 육 분 삼 십 칠 각 구 분 호 단 호 장 어 이
至之晝夜、四十八刻均平於二分之晝夜者、子午卯酉之體象也。
지 지 주 야 사 십 팔 각 균 평 어 이 분 지 주 야 자 자 오 묘 유 지 체 상 야
晝長夜短、丑曆之度也。而晝之極長七十二刻、夜之極短二十四
주 장 야 단 축 력 지 도 야 이 주 지 극 장 칠 십 이 각 야 지 극 단 이 십 사
刻者、風化也。晝雖極短不下於五十六刻、夜雖極長不踰乎四十
각 자 풍 화 야 주 수 극 단 불 하 어 오 십 육 각 야 수 극 장 불 유 호 사 십
刻者、明化也。則巳亥之極所長者、晝、寅申之極所短者、夜。漢書
각 자 명 화 야 즉 사 해 지 극 소 장 자 주 인 신 지 극 소 단 자 야 한 서
所謂治世之日舒而長、日入長道者、此也。黃道内爲陰曆、外爲陽
소 위 치 세 지 일 서 이 장 일 입 장 도 자 차 야 황 도 내 위 음 력 외 위 양
曆、日月九道、圖著之。寅退卯旺、三元五元而終之於十四度、太
력 일 월 구 도 도 저 지 인 퇴 묘 왕 삼 원 오 원 이 종 지 어 십 사 도 태
陰數之昭昭也。第一運爲一節、十六運爲中節、先天之法象也。
음 수 지 소 소 야 제 일 운 위 일 절 십 육 운 위 중 절 선 천 지 법 상 야

而月有大小節、有五日二時七刻四分之差錯、故乃无定日。且甲之子之中節之運、當於朔朝而爲冬至者、一朔之有先后天。第廿四節之運倣此、數之然也。太陽之度成數月无或小節復當日、故經一而爲三八、子午卯酉丑未巳亥之正位於定日者、不易之理也。○曰廿八宿之去極度數、昏曉之中星、天頭山之銀河、无閏之璣衡、星辰之有名无名之懸殊乎先天者、地球之裨瀛大瀛、井田之步尺、潮汐之進退、黃河之清黃、雨火云云、各有所據歟。○曰天无體、二十八宿爲體、日月五星爲緯、而璣衡之以閏於四時者、

戊午宮之閏癸亥故也。何則癸亥宮當於戊辰宮之五十六度、卽
무오궁지윤계해고야 하즉계해궁당어무진궁지오십육도즉
河圖五十五度之外、戊戌宮之二十五之度外也。且子會之出地
하도오십오도지외 무술궁지이십오지도외야 차자회지출지
上三十六度者、北極而已、而居天中日月九道繞之以短長、故廿
상삼십육도자 북극이이 이거천중일월구도요지이단장 고입
八宿之去中極近遠懸殊、天日月之遲速不同、所以二十九日奇相
팔수지거중극근원현수 천일월지지속부동 소이이십구일기상
會而爲一朔者、先天也。癸亥宮當於己巳宮之五十五度而无閏、
회이위일삭자 선천야 계해궁당어기사궁지오십오도이무윤
日月十五道繞中極而均平、則天日月之遲速雖不同度、道均適
일월십오도요중극이균평 즉천일월지지속수부동도 도균적
而无餘欠、晦朔弦望歸體乎十一。至若二十八日之后五度、无月
이무여흠 회삭현망귀체호십일 지약이십팔일지후오도 무월
光以合乎先后天之六十日之政令者、河圖之本象也。而待月光
광이합호선후천지육십일지정령자 하도지본상야 이대월광

於五度、故命之以候字、此皆丑會之无餘蘊之理也。廿八宿之中
어오도고명지이후자차개축회지무여온지리야입팔수지중

星於昏曉而亦應三八之正節者、起軫之法象也。先天之有名星、
성어혼효이역응삼팔지정절자기진지법상야선천지유명성

合爲七百餘宿而已。后天之有名星、倍之於先天者、統而成度故
합이칠백여수이이후천지유명성배지어선천자통이성도고

也。金水之精、流以爲銀河、而源出天頭。水土之精、流以爲黃河、
야금수지정유이위은하이원출천두수토지정유이위황하

而源出崑山之阿耨池。二水之氣、隨兩儀而升降。黃是否來之時、
이원출곤산지아녹지이수지기수양의이승강황시비래지시

淸是泰來之世、故曰千一淸而聖人生者、先天之否度也。萬億
청시태래지세고왈천일청이성인생자선천지비도야만억

元之淸而不濁者、后天之泰度也。逆數知來者、能默會之矣。
원지청이불탁자후천지태도야역수지래자능묵회지의

在昔齊宣之時、鄒衍云中國名赤縣、有裨瀛海環之其外、如中
재석제선지시추연운중국명적현유비영해환지기외여중

國者、有九而大瀛海環之。佛子曰中國名閻浮羅州、最天中。
국자유구이대영해환지 불자왈중국명염부라주 최천중

又曰東勝神洲、西牛賀洲、南贍部洲、北俱盧洲。又曰北方无憂世
우왈동승신주 서우하주 남담부주 북구로주 우왈북방무우세

界、南方歡喜世界、東方滿月世界、西方極樂世界、中方華藏世界。
계 남방환희세계 동방만월세계 서방극락세계 중방화장세계

解蒙訣曰天下有五大洲。亞細亞中土近北歐羅巴、利米亞、西域
해몽결왈천하유오대주 아세아중토근북구라파 리미아 서역

亞墨利加、極東近南墨瓦蠟泥加、極南无人境、或曰印度洋。漢城
아묵리가 극동근남묵와랍니가 극남무인경 혹왈인도양 한성

周報地球圖、亦有海內海外之萬區、日月出入之方位分限、則諸
주보지구도 역유해내해외지만구 일월출입지방위분한 즉제

說之證援、決非虛語也。朱子曰開闢之說、康節刱之、未知果然
설지증원 결비허어야 주자왈개벽지설 강절창지 미지과연

否、天地不會壞了。又曰兩儀將窮、天雨火燒盡、萬彙小同於釋
부 천지불회양료 우왈양의장궁 천우화소진 만휘소동어석

氏歷刦說。又曰水渴則火熾、堯時洪水季世、川渴之可驗、是則
씨역겁설 우왈수갈즉화치 요시홍수계세 천갈지가험 시즉
格致之極功、知來之逆推也。水潮南天、水汐北地者、水火衝激
격치지극공 지래지역추야 수조남천 수석북지자 수화충격
之理也。而卯酉呼吸升降之說、恐非的、見前朝吳德全、李奎常。
지리야 이묘유호흡승강지설 공비적 견전조오덕전 이규상
本朝土亭李之菡、久庵韓伯謙言之詳矣、而皆无斷論。東海无潮
본조토정이지함 구암한백겸언지상의 이개무단론 동해무조
汐而不訣、西海遠莫致而不評、則釜盧陽有尾閭泄沃焦山之說、
석이불결 서해원막치이불평 즉부려양유미려설옥초산지설
極爲有理。且余之潮汐訣、畧記於燥射法、傍攷可見也。夫河圖
극위유리 차여지조석결 약기어조사법 방고가견야 부하도
圓爲星曆、洛書方爲井田、而書圖互變者、先后天之法象也。而
원위성력 낙서방위정전 이서도호변자 선후천지법상야 이
用五土而球小、用十土而球大、故井地之規不一、而八家同井、
용오토이구소 용십토이구대 고정지지규불일 이팔가동정

十一而稅者、文王之治岐也。七十而助者、商后之制民也。五十而
십일이세자문왕지치기야칠십이조자상후지제민야오십이
貢者、姒聖之立績也。帝舜之溝澮、夫遂蔡西山尙書圖闡之、我
공자사성지입적야제순지구회부수채서산상서도천지아
東箕子之畫井立表、韓久庵箕田遺遺說詳之、鄒聖之分田制
동기자지획정입표한구암기전유유설상지추성지분전제
祿而潤色之道、橫渠之買田講習之法、在乎其人之行不行而
록이윤색지도횡거지매전강습지법재호기인지행불행이
已。不佞之十六寸步尺、一百二十畝九區、理之所逆推者、徐
이불녕지십육촌보척일백이십무구구리지소역추자서
思之可也。○曰乾坤復姤八卦九章二十四方位二十八宿之
사지가야왈건곤복구팔괘구장이십사방위이십팔수지
起數、南北西東之出極、河圖之大衍數、洛書之金火互宅、至于
기수남북서동지출극하도지대연수낙서지금화호택지우
三伏臘享天德月德空芒等、日各有定理而皆變於午會之中
삼복납향천덕월덕공망등일각유정리이개변어오회지중

節之中云爾、則子會之局見、惡得无不可之毁喙耶。○曰乾㚏
절지중운이 즉자회지국견 오득무불가지훼훼야 왈건곤
大父母、復姤小父母、而氣影相磨、雷風相薄、交易而變易、變
대부모 복구소부모 이기영상마 뇌풍상박 교역이변역 변
易而成度、地雷動之以天雷、天風起之以地風、先天之復姤之
역이성도 지뢰동지이천뢰 천풍기지이지풍 선천지복구지
爻之兩儀洽成四象、而爲无妄與升、則先后天之政令、盖由乎
효지양의흡성사상 이위무망여승 즉선후천지정령 개유호
雷風宮、而長子主器宗女協贊、正正而方方者、丑會之體象也、
뇌풍궁 이장자주기종녀협찬 정정이방방자 축회지체상야
故姬易之上經、氣化變而爲㚏乾离坎而居下經之首尾。下經
고희역지상경 기화변이위곤건리감이거하경지수미 하경
形化變而爲恒咸未濟旣濟、而居上經之始終之原易。九宮之
형화변이위항함미제기제 이거상경지시종지원역 구궁지
變爲十二、廿四宮之變爲四九之理、經世書之所逆推也。大學
변위십이 입사궁지변위사구지리 경세서지소역추야 대학

或問曰北極出地上三十六度、南極入地下三十六度、先天之
혹문왈북극출지상삼십육도남극입지하삼십육도선천지
天政開子、故子位之極、現出地上、當天宇之中、自下仰之、有
천정개자고자위지극현출지상당천우지중자하앙지유
似傾側、故曰天傾西北、澤注東南、水接天衢、故午位之極、隱
사경측고왈천경서북택주동남수접천구고오위지극은
入地下、東西極亦隱、耀於裨瀛之汪洋、先天之所不能盡用、法
입지하동서극역은요어비영지왕양선천지소불능진용법
象之所不能現出也。及其子宮退位、丑宮得旺、澤注西南、而
상지소불능현출야급기자궁퇴위축궁득왕택주서남이
尾閭泄之、鬼門導之、地平天成、則四極正位於四宮、而周耀乎
미려설지귀문도지지평천성즉사극정위어사궁이주요호
三十六度。南極傍有老人星、以司君子之壽、而侍之以子二
삼십육도남극방유노인성이사군자지수이시지이자이
星弄之、以孫二星降祿、无量而洽躋乎仁壽之域者此也。廿
성롱지이손이성강록무량이흡제호인수지역자차야입

八宿之起角起軫、河圖之陽陰數、金火之正易象、按圖可見。
팔수지기각기진 하도지양음수 금화지정역상 안도가견
而四十九之蓍策、五十四之曆紀用之先天。八十一之蓍莖、
이사십구지시책 오십사지역기용지선천 팔십일지시경
六十日之常數用之后天者、易經之本象也。四九二七、金火之生
육십일지상수용지후천자 역경지본상야 사구이칠 금화지생
成也、而子會之七火、未及乎九金之數、四金僅及乎七火之數、
성야 이자회지칠화 미급호구금지수 사금근급호칠화지수
二火不逾乎四金之位、故有遇庚三伏之理也。而至金火互宅、
이화불유호사금지위 고유우경삼복지리야 이지금화호택
倒生而逆成、逆生而倒成、則金火數同、陽陰爕暢、故无遇克伏
도생이역성 역생이도성 즉금화수동 양음섭창 고무우극복
藏之理、大寒後初未日爲臘者、子曆之所以調五行、何則五子會
장지리 대한후초미일위납자 자력지소이조오행 하칙오자회
之五行用之生數而未盡變若、故地八未木之生旺之氣、變之
지오행용지생수이미진변약 고지팔미목지생왕지기 변지

於丑之中節之後、所以古之斷獄、皆於臘日之前、勿戕其生
어축지중절지후소이고지단옥개어납일지전물장기생

物之仁也。太陰曆之戌亥宮、尊而空之也。向晦二日則廿八宿之
물지인야태음력지술해궁존이공지야향회이일즉입팔수지

度外、故无手掌而空之也。甲之午申戌、乙之丑亥酉之類、分之以
도외고무수장이공지야갑지오신술을지축해유지류분지이

先后天之干支而用之也。方位之神調護於子會、故有空无空、或
선후천지간지이용지야방위지신조호어자회고유공무공혹

忌不忌、茲盖未成度之所由也。丑會則癸甲空而无閏、卯戌空而
기불기자개미성도지소유야축회즉계갑공이무윤묘술공이

有正、各司之神告厥功賛天人、而无碍无滯於三十六宮之春焉、
유정각사지신고궐공찬천인이무애무체어삼십육궁지춘언

用巫覡而有些少之擧措耶。至若天德月德之合天恩天赦、母倉之
용무격이유사소지거조야지약천덕월덕지합천은천사모창지

會、日家之所細推、曆家之所支流、苟究乎先后天之理者、可詳說
회일가지소세추역가지소지류구구호선후천지리자가상설

之矣。夫易、日月也、樂普也。囿萬象而變易以從時而從道、故易
(지의 부역 일월야 악보야 유만상이변역이종시이종도 고역)

之爲經也、自羲以下、世有損益、夏曰連山而以艮爲首、商曰歸藏
(지위경야 자희이하 세유손익 하왈연산이이간위수 상왈귀장)

而以坤爲首、周曰周易而以乾爲首、此則三代所以隨時損益、以
(이이곤위수 주왈주역이이건위수 차즉삼대소이수시손익 이)

從天道也。察河圖變易之理、遽改古之干支、而詔容成作甲子、大
(종천도야 찰하도변역지리 거개고지간지 이조용성작갑자 대)

撓占斗建日月星辰之象、吻合於曆紀者、黃帝之所從道也。觀蓂莢
(요점두건일월성신지상 문합어역기자 황제지소종도야 관명협)

知旬朔、在玉衡齊七政者、勛華之所從道也。漢儒協鍾律而作太初
(지순삭 재옥형제칠정자 훈화지소종도야 한유협종률이작태초)

曆、東晋虞喜始立差法、唐人算蓍策而製大衍曆、頒之天下、故麗
(력 동진우희시립차법 당인산시책이제대연력 반지천하 고여)

史曰唐班李淳風所製戊寅曆、元人測晷影而治授時曆、明儒作洪
(사왈당반이순풍소제무인력 원인측귀영이치수시력 명유작홍)

武之甲子曆、厥后之大統曆、茲皆天道之自然、人事之所當然、故
무지갑자력궐후지대통력자개천도지자연인사지소당연고
先哲之訓曰易无亂賊耳。皇明萬曆之際、有西人利瑪竇者、二十九
선철지훈왈역무난적이황명만력지제유서인이마두자이십구
年留中國而作時憲書、所信者惟曆家之徐光啓一人而已。當時天
년유중국이작시헌서소신자유역가지서광계일인이이당시천
下之人、皆曰不可、故歷光熹毅宗而未得頒用於天下。
하지인개왈불가고역광희의종이미득반용어천하

至我孝廟時始用憲書而吻合天道、故大東先儒氏贊之於千
지아효묘시시용헌서이문합천도고대동선유씨찬지어천
歲曆之弁舒曰我東文明之一助、是固天地之大一元、聖神之
세력지변서왈아동문명지일조시고천지지대일원성신지
所繼統而不墜者也。玩索乎庸學二經之道統二字、斷自包羲
소계통이불추자야완색호용학이경지도통이자단자포희
而已、則子朱子之續麟筆而特書之義、可見也。人之昧而攻之
이이즉자주자지속린필이특서지의가견야인지매이공지

者、何足掛齒牙間耶、故孟夫子曰聖賢所爲、衆人固不知也。○
자 하 족 괘 치 아 간 야 고 맹 부 자 왈 성 현 소 위 중 인 고 부 지 야

曰昔朱夫子註釋經傳、使之開卷瞭然於天文地理兵家之學
왈 석 주 부 자 주 석 경 전 사 지 개 권 요 연 어 천 문 지 리 병 가 지 학

莫不分析、而章句之折衷而訓詁之牖納約啓求蒙、功不在姒聖
막 불 분 탁 이 장 구 지 절 충 이 훈 고 지 유 납 약 계 구 몽 공 부 재 사 성

之下矣。吾子續其筆削於天球地球、四象八卦之原、莫不昭釋
지 하 의 오 자 속 기 필 삭 어 천 구 지 구 사 상 팔 괘 지 원 막 부 소 석

而詳說之、創記而曲暢之、獨於兵學一欵何不以玆會之損益之
이 상 설 지 창 기 이 곡 창 지 독 어 병 학 일 관 하 불 이 자 회 지 손 익 지

道、語之歟。○曰易有師卦用兵之理已著、書有八政師行之道、
도 어 지 여 왈 역 유 사 괘 용 병 지 리 이 저 서 유 팔 정 사 행 지 도

相傳矣、故重門擊析以待暴客、弧矢之利以威天下、包羲之示
상 전 의 고 중 문 격 탁 이 대 폭 객 호 시 지 리 이 위 천 하 포 희 지 시

象也。始作干戈、創著玄女篇、軒皇之立規也。舞干羽而有苗格、
상 야 시 작 간 과 창 저 현 녀 편 헌 황 지 립 규 야 무 간 우 이 유 묘 격

勳華之振旅也。折衝禦侮六伐七伐、文武之班師也。爲國者足
훈화지진려야 절충어모육벌칠벌 문무지반사야 위국자족

食足兵、夫子之經濟也。風后力牧之造化陣、伊尹太公之十二
식족병부자지경제야 풍후역목지조화진 이윤태공지십이

陣、兵家之聖神得其宗者、鮮矣。諸葛公之八陣、岳武穆之四花
진병가지성신득기종자선의 제갈공지팔진 악무목지사화

名、雖殊而理則一也。且二公之涅忠報國之心、雖古聖神无以
명수수이리즉일야 차이공지열충보국지심 수고성신무이

加矣。三畧之仁義禮智、張良所以爲帝師也。十陣之運用造化、
가의 삼략지인의예지 장량소이위제사야 십진지운용조화

兵仙所以佐漢也。六花之指揮化權、李靖所以創唐也。陣鴛鴦
병선소이좌한야 육화지지휘화권 이정소이창당야 진원앙

善破倭戚、南塘繼光之所以扶明也。齊之管仲得太公之兵法、
선파왜척 남당계광지소이부명야 제지관중득태공지병법

而一匡天下。越之范蠡學計然之奇策而能成覇業、此皆古之王
이일광천하 월지범려학계연지기책이능성패업 차개고지왕

覇之佐、研究乎河洛之理而深得兵家妙敭不世之勳、垂不朽之
패지좌연구호하락지리이심득병가묘양불세지훈수불오지
名、是豈偶然也哉。天與人受神明賛助、然后呼風雨而出鳥獸、
명시기우연야재천여인수신명찬조연후호풍우이출조수
遁五行而運二炁、盖古之兵學之授受脈絡如此而已。至苦起剪
둔오행이운이기개고지병학지수수맥락여차이이지고기전
頗牧穰苴孫武之學、亦皆得之於羲軒伊呂之所相傳之法也。而
파목양저손무지학역개득지어희헌이려지소상전지법야이
其出處云爲、陣之正正、旗之堂堂、耀金爲刃、割韋爲甲之制、出
기출처운위진지정정기지당당요금위인할위위갑지제출
奇設伏后發先至之法、愈變於聖神之師道、所以不及伊呂遠矣。
기설복후발선지지법유변어성신지사도소이불급이려원의
夫古之陣名、畧載於兵學指南而所已用者、八門九宮、所未用
부고지진명약재어병학지남이소이용자팔문구궁소미용
者、太極六己等陣也。非深得乎造化之玅用者、其孰能認之乎、
자태극육기등진야비심득호조화지묘용자기숙능인지호

故先儒云韜鈐諸篇如澗流屛風繪畫雪花、且余所罕言者、將欲
고선유운도검제편여간류병풍회화설화 차여소한언자 장욕
文之以禮樂、而韜輯干戈、使萬區之君長、各職其職、事君以忠、
문지이예악 이도집간과 사만구지군장 각직기직 사군이충
使臣以禮、而朝覲會同、輻輳於天子之庭、交鄰禮聘相接於藩
사신이례 이조근회동 복주어천자지정 교린예빙상접어번
邦之域、尙遜讓而耻爭奪焉。用其兵家之學而尙武乎。子朱子
방지역 상손양이치쟁탈언 용기병가지학이상무호 자주자
之所眷眷於兵學者、盖適來於宋運之季、神州陸沉、遼金犯汴
지소권권어병학자 개적래어송운지계 신주육침 요금범변
而外无宗澤。岳飛之良將、內无李綱之經邦、故慨然以興復宗
이외무종택 악비지양장 내무이강지경방 고개연이흥복종
社爲己任、日誦諸葛公之出師表、又於綱目書之以漢承相亮伐
사위기임 일송제갈공지출사표 우어강목서지이한승상량벌
魏、所以託意於兵家而昭釋之聖賢之心、盖如是而時有否泰之
위 소이탁의어병가이소석지성현지심 개여시이시유비태지

不同也。○曰先后天之兩儀四象之生成數、交易變易之許多象數之隨時從道之理、不外乎河洛者、旣得聞命矣。至若六藝之樂歌、纘綴之舞蹈、亦應數之自然、蔚然而彬興之氈裘左衽之域、一變至道俎豆揖讓之風、風之於萬區、羲農勛華之治、罔專美於上世。周孔程朱之道、復覩於玆會歟。○曰腔調之歌詠、手足之蹈舞之規則、我東集賢殿學士闡之于攷事書、无慽窩盧以亨氏證之于古樂記、而二佾九成、先天之度數也。八佾十二成、后天之法象也。而絃誦之聲、洋洋乎大瀛之內、吉士之盛、藹藹

乎崑崗之下、億億萬萬无量之會、斷无禮壞樂崩之日、家有周孔
호곤강지하억억만만무량지회단무예괴악붕지일가유주공

之潮、塾有程朱之書、聖神繼開之功、於斯盛矣。而吾邦天地之
지조숙유정주지서성신계개지공어사성의이오방천지지

大東、卦位之八艮、主萬象之生成、管道統之終始、而僻在冀州之
대동괘위지팔간주만상지생성관도통지종시이벽재기주지

一隅、壞地褊小、人文未闢。粤自九伊與軒幷創、檀聖與堯並立、淳
일우괴지편소인문미벽월자구이여헌병창단성여요병립순

朴之習、藹然有君子之國俗、而環八省之林、林之生靈、未聞大道
박지습애연유군자지국속이환팔성지림림지생령미문대도

也。千有餘載矣。天不遺斯民、吾道東而箕聖適來宣之、以禹疇洪
야천유여재의천불유사민오도동이기성적래선지이우주홍

範申之、以籩豆之食揖讓之、習六藝八條之敎彬彬、若五帝三皇之
범신지이변두지식읍양지습육예팔조지교빈빈약오제삼황지

風、動之休焉。凡吾東土之有光于天下者、聖賢道統之傳不讓於中
풍동지휴언범오동토지유광우천하자성현도통지전불양어중

國、而講明在玆故也。而箕聖業創之千載、西畿囿之、以仁壽之域。
국이강명재자고야 이기성업창지천재서기유지이인수지역

麗朝文忠公圃隱先生鄭夢周中興之、尙節義崇仁義、先天心法之
여조문충공포은선생정몽주중흥지상절의숭인의선천심법지

學、后天性理之道、復明於大東卓爲吾邦之五百年道統之宗祖、而
학후천성리지도부명어대동탁위오방지오백년도통지종조이

王佐之才德、著之事業者、不啻多矣。
왕좌지재덕저지사업자불시다의

列聖廟培養仁賢大儒之作奄若祖子之相承、而文成公栗谷先生
열성묘배양인현대유지작엄약조자지상승이문성공율곡선생

李珥繼昌之、格致誠正之工、四端七情之訓、可謂卓冠前輩矣、故
이이계창지격치성정지공사단칠정지훈가위탁관전배의고

尤翁賛之曰我旣格之物无餘理、大賢之語、決非虛譽也。且懷川
우옹찬지왈아기격지물무여리대현지어결비허예야차회천

之尤奄先生宋時烈之春秋大義、尼山之明齋先生尹拯之道統淵
지우암선생송시열지춘추대의이산지명재선생윤증지도통연

源(원)、若(약)程(정)門(문)飮(음)河(하)之(지)各(각)充(충)其(기)量(량)、羣(군)哲(철)輩(배)出(출)而(이)蔚(위)然(연)有(유)濂(염)洛(락)之(지)風(풍)迄(흘)今(금)彬(빈)彬(빈)、孔(공)子(자)所(소)謂(위)欲(욕)居(거)九(구)夷(이)者(자)、逆(역)推(추)其(기)艮(간)國(국)之(지)盛(성)而(이)浩(호)歎(탄)也(야)、審(심)矣(의)。而(이)況(황)丑(축)會(회)之(지)君(군)子(자)理(이)金(금)火(화)、而(이)正(정)易(역)之(지)曆(력)陰(음)陽(양)而(이)終(종)始(시)之(지)、手(수)握(악)天(천)地(지)之(지)一(일)元(원)、口(구)誦(송)河(하)洛(락)之(지)八(팔)卦(괘)、作(작)之(지)師(사)於(어)天(천)下(하)而(이)敎(교)導(도)之(지)、則(즉)應(응)門(문)五(오)尺(척)咸(함)頌(송)羲(희)農(농)之(지)道(도)統(통)、擊(격)壤(양)頤(이)期(기)咸(함)戴(대)唐(당)虞(우)之(지)帝(제)力(력)、玆(자)乃(내)无(무)極(극)宮(궁)之(지)體(체)象(상)、上(상)帝(제)之(지)所(소)主(주)宰(재)也(야)。而(이)君(군)子(자)從(종)事(사)於(어)此(차)、豈(기)非(비)善(선)家(가)之(지)餘(여)慶(경)耶(야)。問(문)者(자)唯(유)唯(유)而(이)退(퇴)、仍(잉)以(이)書(서)之(지)。

歷代黨論 (역대당론)

書曰无偏无黨、王道蕩蕩、无黨无偏、王道平平、无反无側、王道
(서왈무편무당 왕도탕탕 무당무편 왕도평평 무반무측 왕도)
正直、會其有極、歸其有極。盖君子之心、蕩蕩平平、致君澤民而
(정직 회기유극 귀기유극 개군자지심 탕탕평평 치군택민이)
行王道於天下、故天下之后昆后賢、沒世而不能忘也。小人之
(행왕도어천하 고천하지후곤후현 몰세이불능망야 소인지)
心、偏陂反側、誤國賊民而毒流天下、故天下之人嫉之、若仇讎
(심 편피반측 오국적민이독류천하 고천하지인질지 약구수)
而目之曰僞朋姦黨。黨、阿也。朋、崩也、甚惡之之辭也、而小人黯
(이목지왈위붕간당 당 아야 붕 붕야 심오지지사야 이소인암)
於嫁、禍反加君子、以朋黨之目、互相排軋、互相攻斥、羣小得志
(어가 화반가군자 이붕당지목 호상배알 호상공척 군소득지)

而无正直之規、王道陵夷而无歸極之時。噫、建用皇極、體天而
이무정직지규왕도능이이무귀극지시희건용황극체천이
行道於天下者、可不懼愼哉。南北部黨人之譏、始自東漢之房
행도어천하자가불구신재남북부당인지기시자동한지방
植周福之門、而黨錮之禍極於桓靈之際、蕩平君子一網打盡、
식주복지문이당고지화극어환령지제탕평군자일망타진
蠹國小人烜赫可畏也。唐有李德裕李宗閔※牛曾孺之分黨之目、
두국소인훤혁가외야당유이덕유이종민우증유지분당지목
互見竄逐、互渥寵光、置國命於度外、逞私惡於一己而。文宗不
호견찬축호악총광치국명어도외영사악어일이이문종불
克禁禦、至有去河北賊易、去朝廷朋黨難、洛蜀朔三黨分之於大
극금어지유거하북적역거조정붕당난낙촉삭삼당분지어대
宋、而程叔子被竄逐蘇軾劉摯梁燾之流、見用元祐之姦黨碑蔡
송이정숙자피찬축소식유지양도지류견용원우지간당비채
京之所誤國、而滔天之禍極矣。齊楚浙三黨鼎峙於皇明萬曆之
경지소오국이도천지화극의제초절삼당정치어황명만력지

※ 원문은 牛僧孺인데 牛曾孺로 바로잡았다!

四十五年、元詩教周永春等爲齊黨之首、而趙興邦附之官、應震
사십오년원시교주영춘등위제당지수이조흥방부지관응진

吳亮副等爲楚黨之首、而田一甲輩附之劉廷元姚文元爲浙黨之
오량부등위초당지수이전일갑배부지유정원요문원위석당지

首、而毛一鷺附之如文炳等以排東林攻道學爲能事可勝。惜哉、
수이모일로부지여문병등이배동림공도학위능사가승석재

我國初南師古論大東之地球曰駝洛山各間疾馳西有鞍峴、若不
아국초남사고논대동지지구왈타락산각간질치서유안현약불

久而分黨則朝廷多事。
구이분당즉조정다사

明廟時始有東北之分、而沈義謙金孝元爲領首、互相軋斥、互
명묘시시유동북지분이심의겸금효원위영수호상알척호

相譏刺、幾失蕩平之和氣、故栗谷主調停之論、休庵上東西
상기자기실탕평지화기고율곡주조정지론휴암상동서

打破之疏、而卒不能兩釋而相諧之從、茲以還紛紜開喙有清
타파지소이졸불능양석이상해지종자이환분운개훼유청

濁皮骨肉之南北之目、繼之以史禍也、慘矣。老少之名、湖洛
탁피골육지남북지목계지이사화야참의노소지명호락

之學、始於西人、而各立門庭。尤菴明齋爲老少之主、而爐鞴
지학시어서인이각립문정우암명재위노소지주이노비

之嵬巖南塘爲湖洛之主、理同性異之訓、性同氣異之詁、不外
지외암남당위호락지주리동성이지훈성동기이지고불외

乎程朱之說、則老少湖洛之道統淵源派之二而一、一而二之
호정주지설즉노소호락지도통연원파지이이일일이이지

也、故縱有四目之殊、而蕩平君子多出其門、講明程朱之道
야고종유사목지수이탕평군자다출기문강명정주지도

學、克行三代之王道、致吾君而巍蕩孔子所謂其爭也。君子
학극행삼대지왕도치오군이외탕공자소위기쟁야군자

向吾所謂一而二二而一者、是耳。皇明以上分黨之類、決非
향오소위일이이이이일자시이황명이상분당지류결비

擬議於萬一也、審矣。盖古今之眞僞朋黨君子小人之氷炭、
의의어만일야심의개고금지진위붕당군자소인지빙탄

良由乎。子會之五行左旋相生、遇克未化、故人臣之於天下、
양유호 자회지오행좌선상생 우극미화 고인신지어천하

非不以王道爲美、而寵辱進退之際、苟非成德君子多失和氣、
비불이왕도위미 이총욕진퇴지제 구비성덕군자다실화기

是乃天度之自然、豈窮責小人而不用忠恕之厚耶。夫正易會上
시내천도지자연 기궁책소인이불용충서지후야 부정역회상

右旋之五行、反克相生而相成之、則君子正位、小人革面、萬區
우선지오행 반극상생이상성지 즉군자정위 소인혁면 만구

之朝野、和氣融融而同同焉、偏黨之禍監之於漢唐宋、而蔑崇王
지조야 화기융융이동동언 편당지화감지어한당송 이멸숭왕

道之正則之於夏殷周、而變雍上應日月之歸極、而天人同度云
도지정칙지어하은주 이변옹상응일월지귀극 이천인동도운

耳。
이

港市說
항시설

繫辭傳曰日中爲市、致天下之民、聚天下之貨、交易而退、各得其所、盖取諸噬嗑。噬嗑、用獄之卦也。离火象日而上明、震雷象男而下動、日中則聚之於五十里之廛而交易者、國內之市也。天下之商、願出其門而交易者、關市之法也。而一歲之合率不過七十二應候而定之也。天下之民聚之港口、奇貨恠珍輸之以火輪船、昏曉信息報之以電機線、萬里一息二擧天下之風物、

계사전왈일중위시치천하지민취천하지화교역이퇴각득기소개취저서합서합용옥지괘야리화상일이상명진뇌상남이하동일중즉취지어오십리지전이교역자국내지시야천하지상원출기문이교역자관시지법야이일세지합솔불과칠십이응후이정지야천하지민취지항구기화괴진수지이화륜선혼효신식보지이전기선만리일식이거천하지풍물

交合衣履殊常語音恠異鄒經所謂南蠻鴃舌是也。羈象鞮譯蠭午於其間、賣買駔儈蚊聒於廛宅、眞贋相雜姸媿眩幻人、若潮湧而无法服之倫、貨埒山積而狃征利之習、獄訟繁興而莫折易傳所謂日中爲市各得其所者、盖爲國內之市關市之道而語之歟。車不同軌、輪船遍泊、書不同、諺音各殊、子思所謂同軌同文之訓、止於裨瀛之內而然歟。交易天下之貨而國不富彊括、聚天下之民而人不加多、惡在其爲市得所之利也耶。因其交合導之以仁義、宣之以聲敎、如入芝蘭之室而薰陶之、則一變至道可以有漸、且禆瀛潮落與球相接、則邵子所謂唐虞之日之向中者、已中天下文明焉。火車同軌而輸貨於關市之門、衣裳同製而揖讓於市宅之廛、刑獄空措有无交易、各得其所而歌謠於午火中節之會、盖借噬爲市之理、於玆顯矣。

(가이유점 차비영조락여구상접 즉소자소위당우지일지향중자 이중천하문명언 화거동궤이수화어관시지문 의상동제이읍양어시댁지전 형옥공조유무교역 각득기소이가요어오화중절지회 개차서위시지리 어자현의)

六藝說 (육예설)

禮有二禮四禮五禮六禮。六禮、婚姻禮是也。五禮、吉凶軍賓嘉是也。四禮、冠婚葬祭是也。二禮、鄕人禮邦國禮是也。而大旨在毋

(예유이례사례오례육례 육례 혼인례시야 오례 길흉군빈가시야 사례 관혼장제시야 이례 향인례방국례시야 이대지재무)

不敬。樂有五音。角、牙音。徵、舌頭音。羽、唇音。商、齒頭音。宮、喉
불경 악유오음 각 아음 치 설두음 우 순음 상 치두음 궁 후
音。有四聲八音六律六呂以協四時、而大旨在和。射有五儀、書
음 유사성팔음육률육려이협사시 이대지재화 사유오의 서
有六體、御有五規、數有九法、而名義在小學、六藝註讀者、宜細
유육체 어유오규 수유구법 이명의재소학 육예주독자 의세
考焉。夫禮以制中、樂以導和、射以觀德、御以正馳驅、書以見心
고언 부례이제중 악이도화 사이관덕 어이정치구 서이견심
晝、數以盡物變、皆至理之原、故聖神作人之化以樂爲首、而作
주 수이진물변 개지리지원 고성신작인지화이악위수 이작
人之效現諸六藝、所以夫子設之四科、而身通六藝、優人堂室者、
인지효현저육예 소이부자설지사과 이신통육예 우인당실자
七十二人應一歲之候而然也。周公制賓興之禮、而貢六藝之士、
칠십이인응일세지후이연야 주공제빈흥지례 이공육예지사
調六職之任、邃古之育人才於斯盛矣。且易爲樂譜、樂爲作人之
조육직지임 수고지육인재어사성의 차역위악보 악위작인지

指南、而禮壞樂崩、鄕无善俗、世乏良才、是亦子會之叔季之運也耶。夫上元之一百八時、律呂之所周天也。濟濟君子應其數而鍾靈於天下、身通六藝、繼聖開學而行六藝之原、唯孝而已。四九宮中制禮而體之、作樂而導之、則六藝之鱗次成才也。前世无此云爾。

昔文王囚羑里而演易、朱子廢僞學而註釋經義、若二聖不遭困厄、何暇及開來之事業著之方册也哉。余生數

千載之下、其所張弛之道性理之學、不及前聖之萬一也、
천재지하기소장이지도성리지학불급전성지만일야
審矣。而見囚之厄、僞學之廢、如契一符。噫、東坡所謂箕獨有
심의이견수지액위학지폐여계일부희동파소위기독유
神靈而然歟、張子所謂玉如于成也而然歟、遯世而无悶之。
신령이연여장자소위옥여우성야이연여둔세이무민지

太清太和五化元始戊己日月開闢二年己丑丁卯月書
태청태화오화원시무기일월개벽이년기축정묘월서

正易上經
(정역상경)

原義、正中貞也。易、日月也、故莆田鄭氏曰易在文從日從月。虞氏飜曰從日下月、月日之象坎离也。而离之坎、次之离、火水變易而不射、日月交合而貞明、乃可見中正、貞固而无閏之義、故命名曰正易。正之爲字、從一從止、方直不曲、而止一不變之謂也。蓋易、曆象也。先后天之經分上下、誠有至理而要契於月小月大、調陽律陰之度而已。詳見上下經義。

(원의 정중정야 역 일월야 고보전정씨왈역재문종일종월 우씨번왈종일하월 월일지상감리야 이리지감 감지리 화수변역이불사 일월교합이정명 내가견중정 정고이무윤지의 고명명왈정역 정지위자 종일종지 방직불곡 이지일불변지위야 개역 역상야 선후천지경분상하 성유지리이요계어월소월대 조양율음지도이이 상견상하경의)

䷟

恒、月弦偏也、故其爲字、象月麗于天心太陰、易之
항 월현편야 고기위자 상월려우천심태음 역지
卦名、周詩所謂月之恒、是也。恒、日輪光也、故象日麗于天心
괘명 주시소위월지항 시야 항 일륜광야 고상일려우천심
太陽、易之卦名、繫辭所謂日月之道、貞明是也。彖象之義、見
태양 역지괘명 계사소위일월지도 정명시야 단상지의 견
制字窟。
제자굴

彖曰恒、亨、无咎、利貞。陰變陽化、利永正也。利有攸往、基陰而行之
단왈항 형 무구 이정 음변양화 이영정야 이유유왕 기음이행지
也。恒久不已、天地日月度成度、長宗主器不替也。日月得天而能
야 항구불이 천지일월도성도 장종주기불체야 일월득천이능
久照、道均十五、乃无薄蝕也。四時變化而能久成、變閏爲正也。
구조 도균십오 내무박식야 사시변화이능구성 변윤위정야
○象曰君子以、立不易方。四九宮中體之、以不易之理也。初六、
상왈군자이 입불역방 사구궁중체지 이불역지리야 초육

浚恒。泥之子閏、不解變易也。九二、悔亡。克順天命也。九三、不恒
준항 니지자윤 불해변역야 구이 회망 극순천명야 구삼 불항
其德。釣君子而蝙蝠也。九四、田无禽。動必獲醜、利无敵也。六五、
기덕 조군자이편복야 구사 전무금 동필획추 이무적야 육오
恒其德、貞。守文之道也。婦人吉、夫子凶。不利剛克也。上六、振恒、
항기덕 정 수문지도야 부인길 부자흉 불리강극야 상육 진항
凶。逆其通變、凶咎必矣。
흉 역기통변 흉구필의

䷞

伊川曰咸有皆義。西溪曰有心未感、非易之道、故
이천왈함유개의 서계왈유심미감 비역지도 고
去心名卦以咸。愚以爲咸在文從戊從陰。戊、陽。陰、陰也。二
거심명괘이함 우이위함재문종무종음 무 양 음 음야 이
卦陰陽、交相感應、婚姻之始、形化之原、天地萬物皆感而構
괘음양 교상감응 혼인지시 형화지원 천지만물개감이구

精、感之之道廣矣。夫震巽、六宗之長、形化之尊、家道正而主
정 감 지 지 도 광 의 부 진 손 육 종 지 장 형 화 지 존 가 도 정 이 주
器。艮兌、夫婦之和、父母之少男女、生生家道不窮之義、故咸
기 간 태 부 부 지 화 부 모 지 소 남 녀 생 생 가 도 불 궁 지 의 고 함
所以次恒也。
소 이 차 항 야

彖曰咸、亨、利貞、取女、吉。陽陰待對而守其正也。萬物化生、天
단 왈 함 형 이 정 취 녀 길 음 양 대 대 이 수 기 정 야 만 물 화 생 천
下和平、上元元元、天人同道之化、極矣。○象曰君子以、虛、受人、
하 화 평 상 원 원 원 천 인 동 도 지 화 극 의 상 왈 군 자 이 허 수 인
實中也。初六、咸其拇。說而不躑也。六二、咸其腓、凶、居、吉。梗尼
실 중 야 초 육 함 기 무 열 이 불 척 야 육 이 함 기 비 흉 거 길 경 니
乃退也。九三、咸其股、執其隨、往、吝。志在金婦也。九四、貞、吉、悔、
내 퇴 야 구 삼 함 기 고 집 기 수 왕 인 지 재 금 부 야 구 사 정 길 회
亡。誠正而乾乾也。憧憧往來、朋從爾思。宴處非時也。九五、咸其
망 성 정 이 건 건 야 동 동 왕 래 붕 종 이 사 연 처 비 시 야 구 오 함 기

脢、无悔。暱則有悔也。上九、咸其輔頰舌。女說也。
(매무회 일즉유회야 상구함기보협설 여열야)

䷭

升聚而上者也、故在文從十從千、千十數之聚、十合爲升、都縷成升是也。夫先天之復姤、兩儀之天政也。后天之升无妄、四象之地政也。而地數之十无極、日法之一千四百四十分聚之、上元升之无量而物皆感化、故升所以次咸也。
(승취이상자야 고재문종십종천 천십수지취 십합위승 도루성승시야 부선천지복구 양의지천정야 후천지승무망 사상지지정야 이지수지십무극 일법지일천사백사십분취지 상원승지무량이물개감화 고승소이차함야)

彖曰升、元亨、用見大人、勿恤。善萬象而涵育、既見聖、何憂也哉。
(단왈승 원형 용견대인 물휼 선만상이함육 기견성 하우야재)

南(남)征(정)、吉(길)。臾(곤)升(승)宮(궁)、南(남)風(풍)化(화)化(화)之(지)也(야)。○象(상)曰(왈)君(군)子(자)以(이)、順(순)德(덕)、積(적)小(소)以(이)高(고)大(대)。二(이)球(구)六(육)旬(순)、先(선)小(소)后(후)大(대)也(야)。初(초)六(육)、允(윤)升(승)、大(대)吉(길)。信(신)而(이)行(행)之(지)、與(여)之(지)合(합)德(덕)也(야)。九(구)二(이)、孚(부)乃(내)利(이)用(용)禴(약)、无(무)咎(구)。乃(내)信(신)化(화)无(무)告(고)、朔(삭)而(이)夏(하)享(향)也(야)。九(구)三(삼)、升(승)虛(허)邑(읍)。前(전)有(유)丑(축)闢(벽)也(야)。六(육)四(사)、王(왕)用(용)亨(향)于(우)岐(기)山(산)、吉(길)、无(무)咎(구)。演(연)易(역)順(순)時(시)、文(문)王(왕)維(유)新(신)也(야)。六(육)五(오)、貞(정)、吉(길)、升(승)階(계)。踐(천)東(동)阼(조)尙(상)賓(빈)師(사)也(야)。上(상)六(육)、冥(명)升(승)、利(이)于(우)不(불)息(식)之(지)貞(정)。倒(도)生(생)喬(교)木(목)、猶(유)晦(회)其(기)根(근)也(야)。

萃(췌)、聚(취)也(야)、故(고)在(재)文(문)從(종)艸(초)從(종)卒(졸)。艸(초)、彙(휘)之(지)盛(성)也(야)、卒(졸)、羣(군)之(지)成(성)

也。爲卦地上生金而金聚金兵象升、平日久檗芽其問、故萃所以次升也。

彖曰萃、亨、王假有廟。化家而國、國有先廟也。利見大人、天下治也。用大牲、吉。昭告于天、往正不享也。○象曰君子以、除戎器、戒不虞。安不敢忘危也。初六、有孚、不終、乃亂乃萃。民困義渝、群聚亂作也。若號、一握爲笑、勿恤、往、无咎。嘯聚自下見笑而終圖也。六二、引、吉、无咎、孚乃利用禴。引類以誠享、王以禮也。六三、萃如嗟如、无攸利、往、无咎、小吝。窮縮乃歸、見幾暗也。九四、大

吉、无咎。位極人臣、小心翼翼也。九五、萃有位、无咎、匪孚、元永
(길 무 구 위 극 인 신 소 심 익 익 야 구 오 췌 유 위 무 구 비 부 원 영)
貞、悔亡。信未周徧、天下習亂、唯行仁政者、可以救之也。上六、
(정 회 망 신 미 주 편 천 하 습 란 유 행 인 정 자 가 이 구 지 야 상 육)
齎咨涕洟、无咎。天人已絕、覆亾誰咎。
(재 자 체 이 무 구 천 인 이 절 복 망 수 구)

䷄

需、須待也、飮食也、故其爲字上雨下而、而語之繼
(수 수 대 야 음 식 야 고 기 위 자 상 우 하 이 이 어 지 계)
也。而語出由口、口之有雲、飮食之道也。且雲須陰陽之和而
(야 이 어 출 유 구 구 지 유 운 음 식 지 도 야 차 운 수 음 양 지 화 이)
爲雨、人須飮食之養而潤益。此卦兼是義聚萬物而需養之、
(위 우 인 수 음 식 지 양 이 윤 익 차 괘 겸 시 의 취 만 물 이 수 양 지)
故次於萃也。
(고 차 어 췌 야)

彖曰需、有孚、光亨、貞吉。須之以信、終有光慶也。利涉大川、水潤
단왈수 유부 광형 정길 수지이신 종유광경야 이섭대천 수윤

滔天、厥治有時也。○象曰君子以、飮食宴樂。樂天須命也。初九、
도천 궐치유시야 상왈군자이 음식연락 낙천수명야 초구

需于郊、利用恆、无咎。邃古曁今、拳常者遠害也。九二、需于沙、小
수우교 이용항 무구 수고기금 권상자원해야 구이 수우사 소

有言、終吉。才德中正、終必濟險也。九三、需于泥、致寇至。不待水
유언 종길 재덕중정 종필제험야 구삼 수우니 치구지 부대수

平、過剛冒險也。六四、需于血、出自穴。蹈水无懼、自取也。九五、需
평 과강모험야 육사 수우혈 출자혈 도수무구 자취야 구오 수

于酒食、貞、吉。豐其酒食而勞來、王者之寬裕也。上六、入于穴、有
우주식 정 길 풍기주식이노래 왕자지관유야 상육 입우혈 유

不速之容三人、來、敬之、終吉。水泄于歸、共治溝洫也。
불속지객삼인 내 경지 종길 수설우귀 공치구혁야

䷅

訟在文從言從公、公言折訟之辭也、故、孔子曰聽訟、
송재문종언종공 공언절송지사야 고 공자왈청송

吾猶人也、必也使无訟乎。大抵子會之水、汪洋滔天剛險未
오유인야 필야사무송호 대저자회지수 왕양도천강험미

諧、所以旣宅之水、國獄訟煩興而莫折也。至水土平、則擧
해 소이기택지수 국옥송번흥이막절야 지수토평 즉거

天下之疆場曠漠无際申之、以上有乾健剛斷之君、下有坤
천하지강장광막무제신지 이상유건건강단지군 하유곤

順柔和之民、刑措不用而飮食豐饒、囹圄空虛、訟所以次需
순유화지민 형조불용이음식풍요 영어공허 송소이차수

也。夫易有閏則有訟、无閏則无訟。大哉、金火會上也。
야 부역유윤즉유송 무윤즉무송 대재 금화회상야

彖曰訟、有孚、窒惕。盡彼辭見誣也。中、吉、終、凶。惡其好訟而禁
단왈송 유부 질척 진피사견무야 중 길 종 흉 오기호송이금

之也。利見大人、決退有籌也。不利涉大川、胼胝而无功也。
지야 이견대인 결퇴유주야 불리섭대천 변지이무공야

○象曰君子以、作事謀始。君師之立法也。初六、不永所事、小有
상왈군자이작사모시군사지입법야초육불영소사소유
言、終吉。革面而息之也。九二、不克訟、歸而逋、其邑人、三百戶、
언종길혁면이식지야구이불극송귀이포기읍인삼백호
无眚。雖欲爭長、力少自服也。六三、食舊德、貞、厲、終吉。灌漑食
무생수욕쟁장역소자복야육삼식구덕정려종길관개식
力、野人之安分也。或從王事、无成。民從軍、功不在己也。九四、不
력야인지안분야혹종왕사무성민종군공부재기야구사불
克訟、復卽命、渝、安貞、吉。變惡爲善也。九五、訟、元吉。使无訟能
극송복즉명유안정길변악위선야구오송원길사무송능
事畢矣。上九、或錫之鞶帶、終朝三褫之。誣獲寵命、旋自反也。
사필의상구혹석지반대종조삼치지무획총명선자반야

䷃

蒙、穉也、昧也、故在文從艸從冡、冡蒙通幼也。艸始
몽치야매야고재문종초종총총몽통유야초시

出(출)地(지)上(상)、稺(치)昧(매)屯(둔)難(난)之(지)義(의)也(야)。爲(위)卦(괘)水(수)出(출)山(산)下(하)、蒙(몽)昧(매)而(이)未(미)有(유)所(소)之(지)者(자)、導(도)水(수)之(지)世(세)也(야)。水(수)性(성)就(취)下(하)、萬(만)折(절)于(우)歸(귀)者(자)、天(천)下(하)文(문)明(명)而(이)亨(형)通(통)之(지)時(시)也(야)。夫(부)蒙(몽)昧(미)心(심)險(험)、則(즉)閙(요)訟(송)起(기)、文(문)明(명)易(이)直(직)、則(즉)不(부)待(대)聽(청)訟(송)而(이)自(자)无(무)、蒙(몽)所(소)以(이)次(차)訟(송)也(야)。

彖(단)曰(왈)蒙(몽)、亨(형)、匪(비)我(아)、求(구)童(동)蒙(몽)、童(동)蒙(몽)、求(구)我(아)。明(명)之(지)在(재)我(아)也(야)。蒙(몽)以(이)養(양)正(정)。聖(성)神(신)之(지)心(심)法(법)也(야)。○象(상)曰(왈)君(군)子(자)以(이)、果(과)行(행)育(육)德(덕)。日(일)新(신)又(우)新(신)也(야)。初(초)六(육)、發(발)蒙(몽)、利(이)用(용)刑(형)人(인)、用(용)說(탈)桎(질)梏(곡)。刑(형)措(조)之(지)化(화)、由(유)於(어)用(용)刑(형)也(야)。九(구)二(이)、包(포)蒙(몽)、吉(길)、納(납)婦(부)、吉(길)、子(자)克(극)家(가)。含(함)弘(홍)光(광)大(대)、妻(처)子(자)好(호)合(합)也(야)。六(육)三(삼)、勿(물)用(용)取(취)女(녀)、見(견)金(금)夫(부)、不(불)

有躬、无攸利。女子之失節也。六四、困蒙、吝。局暗羞吝也。六五、(유궁 무유리 여자지실절야 육사 곤몽 인 국암수린야 육오)
童蒙、吉。賴下也。上九、擊蒙、不利爲寇、利禦寇。嚴猛得宜、乃有歸(동몽 길 뢰하야 상구 격몽 불리위구 이어구 엄맹득의 내유귀)
義也。(의야)

䷂

朱子曰屯、物始生而未通之意、故其爲字、象屮穿地(주자왈 둔 물시생이미통지의 고기위자 상초천지)
始出而未申也。爲卦水旺於上、雷動於下、則天開子會、陽生(시출이미신야 위괘수왕어상 뇌동어하 즉천개자회 양생)
子月、混混沌沌而陽未回泰、物未暢亨之時也。至子水退位、(자월 혼혼돈돈이양미회태 물미창형지시야 지자수퇴위)
亥雷鳴夏、萬物嘉會而通暢、則天下之屯蒙、變以爲泰亨文(해뢰명하 만물가회이통창 즉천하지둔몽 변이위태형문)

明之世、故屯所以次蒙也。
명지세고둔소이차몽야

彖曰屯、元亨、利貞、勿用有攸往、利建侯。聖人首出、繼天而立極
단왈둔원형이정물용유유왕이건후성인수출계천이입극

也。天造艸昧、天地肇判、人文未闢也。○象曰君子以、經綸。天下
야천조초매천지조판인문미벽야 상왈군자이경륜 천하

方屯、未可遽進也。初九、盤桓、利居貞。德合君人而居下、需時也。
방둔미가거진야초구반환이거정덕합군인이거하수시야

六二、屯如邅如、乘馬班如。判之庚午、而用之甲子也。十年、乃字。
육이둔여전여승마반여판지경오이용지갑자야십년내자

己日乃政也。六三、卽鹿无虞、惟入于林中。濟屯无傑、柅于林叢
기일내정야육삼즉록무우유입우임중제둔무걸니우임총

也。六四、求婚媾、往、吉。上下交際也。九五、屯其膏。左右小人、壅
야육사구혼구왕길상하교제야구오둔기고좌우소인옹

蔽聰明也。上六、乘馬班如、泣血漣如。午極新出、傷莫控訴也。
폐총명야상육승마반여읍혈연여오극신출상막공소야

䷱

此鼎制取其象、故其爲字、上离目、下巽股。目、象中
차정제취기상 고기위자 상리목 하손고 목상중
虛、股、合牀片二字、牀片卽判巽木而爲之者也。鼎有三足有
허고합상편이자 상편즉판손목이위지자야 정유삼족유
兩耳、有鉉耳、對峙於上鉉、橫亘乎其上、貫耳擧鼎者也。夫
양이유현이 대치어상현 횡긍호기상 관이거정자야 부
鼎、重器、大人濟屯而定之、故鼎所以次屯也。
정중기대인제둔이정지 고정소이차둔야

彖曰鼎、元吉亨。烹飪而歆而養。三極之道諧矣。○象曰君子以、
단왈정원길형 팽임이흠이양 삼극지도해의 상왈군자이
正位、凝命。不違天命也。初六、鼎、顚趾、利出否、得妾、以其子、无
정위응명 불위천명야 초육정전지 이출비 득첩 이기자무
咎。賤反爲貴、飜倒之幸也。九二、鼎有寶、我仇有疾、不我能卽、吉。
구천반위귀 번도지행야 구이정유보 아구유질 불아능즉길
聖人之大寶、人不敢問也。九三、鼎耳革、其行、塞、雉膏、不食。舊鼎
성인지대보 인불감문야 구삼정이혁 기행색치고불식 구정

旣遷、義不食祿也。方雨、虧悔終吉。志在興隆也。九四、鼎、折足、覆公餗、其形、渥、凶。冒祿耽位、悔賢嫉能、覆國而顔厚也。六五、鼎黃耳金鉉、利貞。曆數在己、金火而革也。上九、鼎玉鉉。百神享之也。

䷰ 革、變革也、故舜典曰鳥獸希革、洪範曰金曰從革、皆變革之道也。其爲字、從黃從甲。甲、鞏固之物、黃、皮毛之色、故玉篇曰革、去毛生皮、又曰甲冑金革。盖兌、水也、金也、水火相息而變革者、河圖之象也。金火正易而變革者、洛書之理也。革卦可謂易曆之關鍵也。己、夫天地曆數、有時乎變革、而器亦隨而遷替、革所以次鼎也。

彖曰革、己日、乃孚、元亨、利貞、悔亡。歲在六巳、陽曆必信也。天地革而四時成。乾之巛、巛之乾而爲泰、當朞无閏也。○象曰君子以、治曆明時。閏陰正陽、以合天時也。初九、鞏用黃牛之革。固而且正、而需己丑也。六二、己日、乃革之、征、吉、无咎。行之有譽也。九三、征、凶、貞厲。處變愼惕也。革言、三就、有孚。三變而正、乃信也。九四、改命、吉。金火交際、當革而革之也。九五、大人、虎

變。恂慄也。未占、有孚。默騭也。上六、君子、豹變。莫測也。小人、革
변 순율야 미점유부 묵즐야 상육 군자 표변 막측야 소인 혁

面。變而雍、无不化也。
면 변이옹 무불화야

䷩

益字、象物入器皿、兀然高大也。爲卦震主器而益下、
익자 상물입기명 올연고대야 위괘진주기이익하

巽化風而助內、潤益萬物之義也。夫益下王者、革命而保民
손화풍이조내 윤익만물지의야 부익하왕자 혁명이보민

之道、故此卦次於革也。
지도 고차괘차어혁야

彖曰益、利有攸往、利涉大川。運籌而水退也。損上益下、民說无
단왈익 이유유왕 이섭대천 운주이수퇴야 손상익하 민열무

彊。地出无彊、足食也。〇象曰君子以、見善則遷、有過則改。作聖
강 지출무강 족식야 상왈군자이 견선즉천 유과즉개 작성

之道也。初九、利用爲大作、六師移之、天下平也。六二、或益之、十朋之、龜、弗克違。化无爲政於皇退位也。王用享于帝、吉。保民而王、可以事上帝也。六三、益之用凶事。不得已用兵也。告公用圭、不敢擅行也。六四、中行、告公從、利用爲依、遷國。得專征伐、革命移都也。九五、惠我德。上惠下下、益上報施也。上九、莫益之、或擊之。求利未得也。

䷨

損、減也、傷也、故在文從手從員。員、物之數也、人之

寶貝也。有以手減損傷人之物、而自益之義也。盖山起西北、
(보패야 유이수감손상인지물 이자익지의야 개산기서북)
澤注東南者、先天之導水也。而水旺懷山、己土之可宅者、咸
(택주동남자 선천지도수야 이수왕회산 기토지가택자 함)
在手中此卦是也。風以散之、雷以動之、考后天之退水也。損
(재수중차괘시야 풍이산지 뇌이동지 고후천지퇴수야 손)
所以次益也。
(소이차익야)

彖曰損、有孚、元吉、无咎、可貞、利有攸往。時來下泄、愈往愈吉也。
(단왈손 유부 원길 무구 가정 이유유왕 시래하설 유왕유길야)
曷之用、二簋、可用享。己戊上帝、各享一簋也。○象曰君子以、
(갈지용 이궤 가용향 기무상제 각향일궤야 상왈군자이)
懲忿窒欲。心法之學也。初九、已事、遄往、无咎、酌損之。己位當
(징분질욕 심법지학야 초구 이사 천왕 무구 작손지 기위당)
旺、酌海速退也。九二、利貞、征、凶、弗損、益之。不用灌槪、澤中
(왕 작해속퇴야 구이 이정 정흉 불손익지 불용관개 택중)

之沃潤也。六三、三人行。二而三、三元五元也。損一人、主宰天
지옥윤야 육삼 삼인행 이이삼 삼원오원야 손일인 주재천

地、己戊而已也。一人行、則得其友。配之陽陰、以奉天時也。六四、
지 기무이이야 일인행 즉득기우 배지양음 이봉천시야 육사

損其疾、使遄、有喜。五運擴充、嬰疾立瘳也。六五、或益之、十朋之、
손기질 사천 유희 오운확충 영질입추야 육오 혹익지 십붕지

龜、弗克違。曰戊曰己、窮上反下也。上九、弗損、益之。艮兮終始、道
귀 불극위 왈무왈기 궁상반하야 상구 불손 익지 간혜종시 도

學尚存、因以化之也。得臣、无家、化翁親征而无位也。
학상존 인이화지야 득신 무가 화옹친정이무위야

䷏

豫、在文從予從象。象、像也、予之像、安和悅樂之義
예 재문종여종상 상 상야 여지상 안화열락지의

也。夫地中之雷、復卦之政於先天而陽氣閉藏、不能亨通也。
야 부지중지뢰 복괘지정어선천이양기폐장 불능형통야

雷出地上、奮發和暢者、后天无爲之世也。擧天下之君臣上
뇌출지상분발화창자후천무위지세야거천하지군신상

下、逸豫於禮樂之化、而逸豫之本、在損上益下、故此卦次於
하일일어예악지화이일예지본재손상익하고차괘차어

損也。
손야

彖曰豫、利建候行師。應天順人、與之更始也。天地以順動、故、日
단왈예이건후행사응천순인여지갱시야천지이순동고일

月、不過而四時不忒。氣朔已舒也。○象曰先王、以、作樂崇德、殷
월불과이사시불특기삭이서야상왈선왕이작악숭덕은

薦之上帝、以配祖考。天神假焉、人鬼享之也。初六、鳴豫。掀動而
천지상제이배조고천신격언인귀향지야초육명예흔동이

更張之時、則睾眺也。六二、介于石、不終日、貞、吉。鬼尾雖堅、險易
갱장지시즉호도야육이개우석부종일정길귀미수견험이

決也。六三、盱豫、悔、遲、有悔。恐而歸順也。九四、由豫、大有得、勿
결야육삼우예회지유회공이귀순야구사유예대유득물

疑。動以得民、君无疑焉。六五、貞、疾、恒不死。胡爲乎喪國、待之以禮也。上六、冥豫、成、有渝、无咎。動必變、變則可移之也。

䷎

謙、在文從言從兼、兼以此幷彼之謂也。人之盈滿而尊高者、以其遜言兼彼卑下而自損之義、故說文曰致恭不自滿。其爲卦地中有山、象崑山之爲中岳而子水汪洋、丑土未闢、故謙退西北、先天卦位是也。至運回上元、四極出地、地平天成、則大瀛之内咸知、崑爲中岳而宗祖之、雖欲謙退

不可得也。所以丑會之君子、令德顯顯不待謙讓而人皆尊
불가득야 소이축회지군자 영덕현현부대겸양이인개존
之、亦猶崑崙之標準於天下也。且謙讓君子能作禮樂而說
지 역유곤강지표준어천하야 차겸양군자능작예악이열
豫、故此卦次於豫也。
예 고차괘차어예야

彖曰謙、亨、君子有終。道大終則有始也。天道下濟而光明、地道
단왈겸형군자유종 도대종즉유시야 천도하제이광명 지도
卑而上行。乾北坤南、二氣交泰也。○象曰君子以、裒多益寡、稱
비이상행 건북곤남 이기교태야 상왈군자이 부다익과 칭
物平施。十五幷用、土爰均物也。初六、謙謙君子、用涉大川。壬水
물평시 십오병용 토원균물야 초육 겸겸군자 용섭대천 임수
必東、君子攸濟也。六二、鳴謙、貞。吉、聲譽升聞也。九三、勞謙、君
필동 군자유제야 육이 명겸 정 길 성예승문야 구삼 노겸 군
子有終。德崇業黃、繼聖開學也。六四、无不利撝謙。發揮其謙、上
자유종 덕숭업광 계성개학야 육사 무불리휘겸 발휘기겸 상

下效之也。六五、利用侵伐。兼弱攻昧也。上六、鳴謙、利用行師、征邑國。萬區已平、經畧其國也。

(하효지야 육오 이용침벌 겸약공매야 상육 명겸 이용행사 정읍국 만구이평 경략기국야)

䷡

陰小陽大、大之對小也、小過小畜之類是也。小之對大也、大畜大有大壯之類是也。大小二字、從一從⚋、各取陰陽之象也。壯、在文從爿從士。士、十人中之一人、是亦大人也。大人在爿禮容謙恭、人皆壯之、故大壯所以次謙也。爲卦雷動於天上、與无妄正相反、而氣有升降威振天下、開物成

(음소양대 대지대소야 소과소축지류시야 소지대대야 대축대유대장지류시야 대소이자 종일종 각취음양지상야 장 재문종상종사 사 십인중지일인 시역대인야 대인재상례용겸공 인개장지 고대장소이차겸야 위괘뇌동어천상 여무망정상반 이기유승강위진천하 개물성)

務之道也。
(무지도야)

彖曰大壯、利貞。陽壯於寅、生物於正也。○象曰君子以、非禮弗履。天下尚禮、人皆君子也。初九、壯于趾、征、凶、有孚。妄自務、大凶咎必矣。九二、貞、吉。祐之自天也。九三、羝羊、觸藩、羸其角。跳梁羯胡、若崩厥角而爲夏也。九四、藩決不羸、壯于大輿之輹。无碍无滯、而會同輪車同軌也。六五、喪羊于易、无悔。正易而兌南也。上六、不能退、不能遂。澤動化、土善陷也。
(단왈대장이정 양장어인 생물어정야 상왈군자이비례불리 천하상례 인개군자야 초구장우지 정흉 유부 망자무대흉구필의 구이정길 우지자천야 구삼저양촉번이기각 도량갈호 약붕궐각이위하야 구사번결불리 장우대여지복 무애무체 이회동륜거동궤야 육오상양우이 무회 정역이태남야 상육불능퇴불능수 택동화토선함야)

䷠

遯、在文從辵從豚、豚之爲物、陰柔至愚、而回身善走。蓋取二陰前進、四陽回避逃走也。爲卦天在上山在下、天水也、山、土也。土在水中、水多土少之象也。至六陰上進爲宮南之㚄、十乾化土與水同宮而位北、則陰進陽退、先天之漸闢也。陰變陽化、后天之大闢也。且大而壯者、有時乎退遯、故次之以遯也。

돈 재 문 종 착 종 돈 돈 지 위 물 음 유 지 우 이 회 신 선 주 개 취 이 음 전 진 사 양 회 피 도 주 야 위 괘 천 재 상 산 재 하 천 수 야 산 토 야 토 재 수 중 수 다 토 소 지 상 야 지 육 음 상 진 위 궁 남 지 곤 십 건 화 토 여 수 동 궁 이 위 북 즉 음 진 양 퇴 선 천 지 점 벽 야 음 변 양 화 후 천 지 대 벽 야 차 대 이 장 자 유 시 호 퇴 돈 고 차 지 이 돈 야

彖曰遯、亨、小利貞。洪水導鞞球、少利正固也。○象曰君子以、遠小人、不惡而嚴。臨下洧道也。初六、遯尾、厲。泄之尾閭有時也。

단 왈 돈 형 소 리 정 홍 수 도 비 구 소 리 정 고 야 상 왈 군 자 이 원 소 인 불 오 이 엄 임 하 유 도 야 초 육 돈 미 여 설 지 미 려 유 시 야

六二、執之用黃牛之革、莫之勝說。鞏而需、丑有言不橈也。九三、係遯、有疾、厲。泥小事或訛也。畜臣妾、吉、斷以大義也。九四、好遯、見幾明也。九五、嘉遯、貞、吉。隨時遯藏、終得位也。上九、肥遯。一人隱遯、終肥天下也。

육이 집지용황우지혁 막지승탈 공이수 축유언불요야 구삼 계돈 유질려 니소사혹와야 휵신첩길 단이대의야 구사호돈 견기명야 구오가돈정길 수시돈장 종득위야 상구비돈 일인은둔 종비천하야

豐字、象器之屬陽者有足、而下小上大也、故說文曰豆屬。爲卦雷動火旺、午會中節之時也。萬物風動而嘉會、晝日已舒而極盛大光明、豈有加於此哉。時和而年豐、人壽

풍자 상기지속양자유족 이하소상대야 고설문왈 두속 위괘뇌동화왕 오회중절지시야 만물풍동이가회 주일이서이극성대광명 기유가어차재 시화이연풍 인수

叩豐富、俎豆之禮、文明之樂動之、斯和之義也。且遯而藏聚、而豐物之情也、故此卦次於遯也。

彖曰豐、亨、王、假之、勿憂。富有天下、何憂之有也。宜日中、日月歸極也。日中則昃、月盈則食。閏會也。○象曰君子以、折獄致刑。囹圄乃空也。初九、遇其配主。己甲互宅也。雖旬、无咎。雖曰大變革、三百六旬而已也。六二、豐其蔀、日中見斗。良目判非、泥閏不見也。往、得疑疾。疑不疑追悔莫及也。九三、豐其沛、日中見沫。火熾水竭、沛然下泄、只存漚沫也。折其右肱、无咎。決西南也。九四、遇其夷主、吉。无不化也。六五、來章、有慶譽、吉。平章百姓而无爲也。
(기이주길 무불화야 육오 내장 유경예길 평장백성이무위야)

上六、豐其屋、蔀其家。崚宇雕牆、昏暗也。闚其戶、闃其无人、三歲、
(상육 풍기옥 부기가 능우조장 혼암야 규기호 격기무인 삼세)

不覿、凶。國破君亡、終无義士也。
(부적흉 국파군망 종무의사야)

䷷

旅字取人止旗下、旗下之人、軍旅也、羈旅也、故軍伍
(려자취인지기하 기하지인 군려야 기려야 고군오)

之五百人曰旅。爲卦离上艮下、火起山上。盖軍人所在之處、
(지오백인왈려 위괘리상간하 화기산상 개군인소재지처)

火明斥堠登高指揮、傳所謂起火巴山之類是也。且兵火熾
(화명척후등고지휘 전소위기화파산지류시야 차병화치)

盛、則人皆離散、不克家食、亦寄旅之象也。而物之豐富、人之
(성즉인개이산 불극가식 역기려지상야 이물지풍부 인지)

所欲、至有以師旅相爭、故此卦次於豐也。
(소욕 지유이사려상쟁 고차괘차어풍야)

彖曰旅、小亨。兵不可窮極、大用也。旅貞、吉。師行以中正也。
(단왈려 소형 병불가궁극 대용야 려정 길 사행이중정야)

○象曰君子以、明愼用刑、而不留獄。聲而討之、不可姑息也。
(상왈군자이 명신용형 이불유옥 성이토지 불가고식야)

初六、旅瑣瑣。陰柔不才、軍政煩苛也。六二、旅即次、懷其資、得童僕貞。師行而糧食、安其所舍而幕僚貞正也。九三、旅焚其次、喪其童僕貞、厲。動以失幾也。九四、旅予處、得其資斧。我心不快、志在得位也。六五、射雉一矢亡。跋扈權貴、一擧而赫除也。上九、鳥焚其巢、兵猶火不戢自焚也。先笑后號眺。兵驕見敗也。喪牛于
(초육 려쇄쇄 음유부재 군정번가야 육이 려즉차 회기자 득동복정 사행이양식 안기소사이막료정정야 구삼 려분기차 상기동복정 려 동이실기야 구사 려우처 득기자부 아심불쾌 지재득위야 육오 사치일시망 발호권귀 일거이혁제야 상구 조분기소 병유화부집자분야 선소후호도 병교견패야 상우우)

易、上元王師欲攻、則必凶也。
이상원왕사욕공즉필흉야

䷧

解字合角刀牛三字、以刀解牛之義、故傳曰解牛而
해자합각도우삼자 이도해우지의 고전왈해우이
鋩刃不鈍。爲卦與屯正相反、雷動於下則爲屯難未亨、雷奮
망인부둔 위괘여둔정상반 뇌동어하즉위둔난미형 뇌분
於上則爲解析和暢。其唯動激出險水、折退邊之時也。而軍
어상즉위해석화창 기유동격출험수 절퇴변지시야 이군
旅之久勞于外者、以時解還、故此卦次於旅也。
려지구로우외자 이시해환 고차괘차어려야

彖曰解、利西南。澤注西南也。无所往、其來復、吉。天一生水、而水
단왈해 이서남 택주서남야 무소왕 기래복 길 천일생수 이수
窮反本也。有攸往、夙、吉。道有當行、宜早習之也。○象曰君子以、
궁반본야 유유왕 숙 길 도유당행 의조습지야 상왈군자이

赦過宥罪。許其自新也。初六、无咎。動於地中也。九二、田獲三狐。
(사과유죄 허기자신야 초육 무구 동어지중야 구이 전획삼호)
爰定三方也。得黃矢、貞、吉。獲此土沃、旣富且穀也。六三、負且乘、
(원정삼방야 득황시 정 길 획차토옥 기부차곡야 육삼 부차승)
致寇至。險暗居上、敵來革之也。九四、解而拇。出險安行、如
(치구지 험암거상 적래혁지야 구사 해이무 출험안행 여)
縛斯解也。朋至、斯孚。與類相信也。六五、君子、維有解、吉、有孚于
(박사해야 붕지 사부 여류상신야 육오 군자 유유해 길 유부우)
小人。愷悌君子、解紛推信也。上六、公用射隼于高墉之上、獲之、
(소인 개제군자 해분추신야 상육 공용사준우고용지상 획지)
无不利。地球平而動掃不善也。
(무불리 지구평이동소불선야)

䷦

蹇、在文從寒從足。足有寒疾、偏跛不仁者、難於進
(건 재문종한종족 족유한질 편파불인자 난어진)

步、故取寒水在前、足止而不進之義也。爲卦上水下山、盖洪
보 고취한수재전 족지이부진지의야 위괘상수하산 개홍
水懷山、大禹治之、手足胼胝之時也。至水土平、則爲比卦也、
수회산 대우치지 수족변지지시야 지수토평 즉위비괘야
而解釋之初、必有蹇難險阻、故此卦次於解也。
이해석지초 필유건난험조 고차괘차어해야

彖曰蹇、利西南、不利東北。水性就下也。利見大人、貞、吉。旣見聖
단왈건 이서남 불리동북 수성취하야 이견대인 정길 기견성
厥功成矣。○象曰君子以、反身修德。以竣治平也。初六、往、蹇、來、
궐공성의 상왈군자이 반신수덕 이준치평야 초육 왕건내
譽。去不才而績成也。六二、王臣蹇蹇、匪躬之故。焦思煎心、欲濟天
예 거부재이적성야 육이 왕신건건 비궁지고 초사전심 욕제천
下也。九三、往、蹇、來、反。降邱宅土也。九四、往、蹇、來、連。重險難涉、
하야 구삼 왕건내반 강구택토야 구사 왕건내연 중험난섭
來依連山也。九五、大蹇、朋來。水潮南天、欲治者衆也。上六、往、蹇、
내의연산야 구오 대건붕래 수조남천 욕치자중야 상육 왕건

來、碩。吉裨退環外、尊厥中域也。利見大人、算勳錫封也。
(내 석 길 비 퇴 환 외 존 궐 중 역 야 이 견 대 인 산 훈 석 봉 야)

䷹

兌字取坎卦之文、而中畫象老陽。體象、則上下皆澤、取坎水而塞其下流也。夫先天卦位澤注東南、其外堅塞爲子會之天政、至下泄退之爲丑會之地政也。而兌、西方之卦、四九之金、金上金下、西南互宅之象也。且蹇險難進、莫如水澤之重複、故兌所以次蹇也。
(태 자 취 감 괘 지 문 이 중 획 상 노 양 체 상 즉 상 하 개 택 취 감 수 이 색 기 하 류 야 부 선 천 괘 위 택 주 동 남 기 외 견 색 위 자 회 지 천 정 지 하 설 퇴 지 위 축 회 지 지 정 야 이 태 서 방 지 괘 사 구 지 금 금 상 금 하 서 남 호 택 지 상 야 차 건 험 난 진 막 여 수 택 지 중 복 고 태 소 이 차 건 야)

彖曰兌、亨、利貞。水道得正也。○象曰君子以、朋友講習。從革成
(단 왈 태 형 이 정 수 도 득 정 야 상 왈 군 자 이 붕 우 강 습 종 혁 성)

器、在乎鍛鍊也。初九、和兌、吉。下流通兌也。九二、孚兌、吉、悔亡。信其將亨、何悔之有乎。六三、來兌、凶。水逆上行、无所不通也。九四、商兌未寧、介疾、有喜。重金受鑠如疥、而終必革新也。九五、孚于剝、有厲。搏水過顙也。上六、引兌。牽金南行也。

䷸ 巽、在文從己從辰而重之。辰、土也、巳、己巳也。下象虛而生風之義也。爲卦上下皆風、先后天之天風地風之運行也。而巽變爲艮、艮變爲巽、故曆象之甲庚、先后天之理、互

見於蠱卦矣。夫巽、順也、兌、說也。說而應之之道、在乎巽順、
견어고괘의 부손 순야 태 열야 열이응지지도 재호손순
巽所以次兌也。
손소이차태야

彖曰巽、小亨。居皇極之位也。利有攸往、利見大人。天道廣運、依
단왈손소형 거황극지위야 이유유왕 이견대인 천도광운 의
人而行之也。○象曰君子以、申命行事。隨時申之也。初六、進
인이행지야 상왈군자이 신명행사 수시신지야 초육 진
退。閏五正一也。利武人之貞、助己正位也。九二、巽在牀下。曆數
퇴 윤오정일야 이무인지정 조기정위야 구이 손재상하 역수
未光也。用史巫紛若、吉、无咎。稽疑而致誠也。九三、頻巽、吝。再
미광야 용사무분약 길 무구 계의이치성야 구삼 빈손 인 재
斯可矣、何必三乎。六四、悔亡、田獲三品。巽以終始、三極之道也。
사가의 하필삼호 육사 회망 전획삼품 손이종시 삼극지도야
九五、无初有終。始无極終有象也。先庚三日、后庚三日、吉。會丁、
구오 무초유종 시무극종유상야 선경삼일 후경삼일 길 회정

丁丑星用癸亥、陽曆成矣。上九、巽在牀下。遜上反下也。喪其資斧、貞、凶。剛斷不足、雖善心凶也。

정축성용계해양력성의상구손재상하손상반하야상기자부정흉강단부족수선심흉야

䷑

程子曰蠱、在文爲蟲皿、皿之有蟲、蠱壞之義。又朱子曰皿蟲爲蠱、言器中盛那蟲、敎他自相幷是那積畜到那壞爛底意思。爲卦艮上巽下、而艮八當起甲之位、巽一起數丁之宮、先天之九二錯綜、后天之十一歸體之理蘊矣。曆紀壞弊、革而復治之象也。且甲庚辛丁之度、與巽畧同、故次巽也。

정자왈고재문위충명명지유충고괴지의우주자왈명충위고언기중성나충교타자상병시나적축도나괴란저의사위괘간상손하이간팔당기갑지위손일기수정지궁선천지구이착종후천지십일귀체지리온의역기괴폐혁이복치지상야차갑경신정지도여손약동고차손야

彖曰蠱、元亨、利涉大川。極則反之、樂其退險也。先甲三日、后甲
단왈고원형이섭대천극즉반지낙기퇴험야선갑삼일후갑
三日。辛金丁火於西南、而正易一元之終始也。○象曰君子以、
삼일신금정화어서남이정역일원지종시야상왈군자이
振民育德。敎舞蹈而歌詠、養性情也。初六、幹父之蠱、有子、考无
진민육덕교무도이가영양성정야초육간부지고유자고무
咎。一而承十、天尊无爲也。厲、終吉。變而得中也。九二、幹母之蠱、
구일이승십천존무위야여종길변이득중야구이간모지고
不可貞。行吳五之政、變其宜矣。九三、幹父之蠱、小有悔、无大咎。
불가정행오오지정변기의의구삼간부지고소유회무대구
三子從事、先難后易也。六四、裕父之蠱。承以爲姤、寬无剛斷也。
삼자종사선난후이야육사유부지고승이위구관무강단야
往、見吝。各有分節、當退而退之也。六五、幹父之蠱、用譽。有子中
왕견린각유분절당퇴이퇴지야육오간부지고용예유자중
正、孰敢毁之。上九、不事王侯、高尙其事。闡无極之至人也。
정숙감훼지상구불사왕후고상기사천무극지지인야

䷐ 隨(수)、在文爲陽左旋而陰隨(재문위양좌선이음수)、夫唱婦隨之道也(부창부수지도야)。爲卦雷動澤中(위괘뇌동택중)、澤隨而變革之象(택수이변혁지상)。又兌金震木(우태금진목)、說而相隨(열이상수)、遇克成器之義也(우극성기지의야)。而凡有蠱壞(이범유고괴)、則隨以變易不易之理(즉수이변역불역지리)、故隨所以次蠱也(고수소이차고야)。

彖曰隨(단왈수)、元亨(원형)、利貞(이정)、无咎(무구)。隨時從道也(수시종도야)。○象曰君子以(상왈군자이)、嚮晦入宴息(향회입연식)。體十有晦(체십유회)、天下歸宿也(천하귀숙야)。初六(초육)、官有渝(관유유)、貞(정)、吉(길)。居下得民善變也(거하득민선변야)。出門交有功(출문교유공)、普結賢俊也(보결현준야)。六二(육이)、係小子(계소자)、失丈夫(실장부)。枙小失大也(이소실대야)。六三(육삼)、係丈夫(계장부)、失小子(실소자)。志遠而忽近也(지원이홀근야)。隨(수)、有求(유구)、得(득)、利居貞(이거정)。動極而(동극이)

說、宜其由正也。九四、隨、有獲、貞、凶。耽天之功而歸己也。有孚、
열의기유정야 구사수유획정흉 탐천지공이귀이야 유부

在道、以明、何咎。旣明且哲也。九五、孚于嘉、吉。君旣嘉禮、邦國
재도이명하구 기명차철야 구오부우가길 군기가례방국

有慶也。上九、拘係之、乃從維之。欲變而未能也。王用亨于西山。
유경야 상구구계지내종유지 욕변이미능야 왕용향우서산

王道周遍于崑西也。
왕도주편우곤서야

䷮

困字、自困字而來。困、圓稟也、稟中无禾、困乏之義、
곤자 자곤자이래 곤 원름야 름중무화 곤핍지의

故說文曰悴也、力乏窮蹙。爲卦水在澤下、枯涸天水、其唯子
고설문왈췌야 역핍궁축 위괘수재택하 고학천수 기유자

丑終始之會、水竭土旺、火明金革之象也。而變困爲亨、在乎
축종시지회 수갈토왕 화명금혁지상야 이변곤위형 재호

隨時從道、困所以次隨也。
수시종도 곤소이차수야

彖曰困、亨、貞、大人、吉、无咎。處困得中也。有言、不信。逆推元會、
단왈곤형정대인길무구 처곤득중야 유언불신 역추원회

衆所不知也。○象曰君子以、致命遂志。復命承寵也。初六、臀困
중소부지야 상왈군자이치명수지 복명승총야 초육둔곤

于株木。民受刑木也。入于幽谷、三歲、不覿。隱倫卓往、久而不出
우주목 민수형목야 입우유곡삼세부적 은륜탁왕구이불출

也。九二、困于酒食、朱紱、方來。躬耕而食、愼出處也。利用享祀、
야 구이곤우주식주불방래 궁경이식신출처야 이용향사

征、凶、无咎。質之神明、不變所守也。六三、困于石、據于蒺藜。
정흉무구 질지신명불변소수야 육삼곤우석거우질려

進退麗難也。入于其宮、不見其妻、凶。困于兵燹、喪其配耦也。
진퇴여난야 입우기궁불견기처흉 곤우병선상기배우야

九四、來徐徐、困于金車、吝、有終。金火旣易而未推始佩終隨也。
구사내서서곤우금거인유종 금화기역이미추시패종수야

九五、劓刖。用肉刑以威天下也。困于赤紱、乃徐有說。悴於求賢、
구오 의월 용육형이위천하야 곤우적불 내서유열 췌어구현

逸於得賢也。利用祭祀、終主神民也。上六、困于葛藟、于臲卼。
일어득현야 이용제사 종주신민야 상육 곤우갈류 우얼올

水涸草蔓難行也。曰動悔、有悔、征、吉。口險覺悔、宜續行也。
수학초만난행야 왈동회 유회 정길 구험각회 의속행야

䷯

井字、象穴地出水之處、方且正也、故鑿地曰井、得水
정자 상혈지출수지처 방차정야 고착지왈정 득수

曰泉。泉、在文爲白水也。爲卦水在上、木在下、判木甃井、綆
왈천 천 재문위백수야 위괘수재상 목재하 판목추정 경

水上出之象。又天一壬水、萬折必東、灌漑天下之田、畫井徹
수상출지상 우천일임수 만절필동 관개천하지전 획정철

助也。而井地小則民困、大則民樂、井所以次困也。
조야 이정지소즉민곤 대즉민락 정소이차곤야

彖曰井、改邑、不改井、无喪无得、往來、井井。天命靡常、井地則仍
단왈정 개읍 불개정 무상무득 왕래 정정 천명미상 정지즉잉
舊也。汔至亦未繘井、羸其瓶、凶。幾成濟天下之功、而由口興戎
구야 흘지역미귤정 이기병 흉 기성제천하지공 이유구흥융
也。○象曰君子以、勞民勸相。作爲田制、使民相助也。初六、井泥
야 상왈군자이 노민권상 작위전제 사민상조야 초육 정니
不食。水涸泥陷、不得遽耕也。舊井、无禽。人物鮮少也。九二、井谷、
불식 수학이함 부득거경야 구정 무금 인물선소야 구이 정곡
射鮒。習隱漁樵也。甕敝漏。尾穴漸泄也。九三、井渫不食、爲我心
석부 습은어초야 옹폐루 미혈점설야 구삼 정설불식 위아심
惻、可用汲。潔身居下、上必汲引也。王明、幷受其福。君既聰明、俱
측 가용급 결신거하 상필급인야 왕명 병수기복 군기총명 구
得禄位也。六四、井甃。治水理井也。九五、井洌寒泉食、君臨天下、
득녹위야 육사 정추 치수리정야 구오 정열한천식 군림천하
食公田也。上六、井收勿幕、坎口不揜、澤流天下也。
식공전야 상육 정수물막 감구불엄 택류천하야

䷳
艮、在文從坤從止。止、山也、坤、土也、故其象爲山字
간 재문종곤종지 지 산야 곤 토야 고기상위산자
與文倂、取坤土而隆其上也。又上下皆山、象大開之山、已崧
여문병 취곤토이융기상야 우상하개산 상천개지산 이숭
而在上、地闢之山、湧出而止下、是固道統之終始、萬物之生
이재상 지벽지산 용출이지하 시고도통지종시 만물지생
成之正方也、而天下井井之道、由艮始之、艮所以次井也。
성지정방야 이천하정정지도 유간시지 간소이차정야

彖曰艮其背、不獲其身。山起西北、未見全體也。行其庭、不見其
단왈간기배 불획기신 산기서북 미견전체야 행기정 불견기
人。家天下而化外夷也。○象曰君子以、思不出其位。廣天下之
인 가천하이화외이야 상왈군자이 사불출기위 광천하지
思慮也。初六、艮其趾、无咎、利永貞。肇判而止下、限其水汐也。
사려야 초육 간기지 무구 이영정 조판이지하 한기수석야
六二、艮其腓。止爲中岳也。不拯其隨、其心不快。導山初載、不得
육이 간기비 지위중악야 부증기수 기심불쾌 도산초재 부득

隨出、所以不樂也。九三、艮其限、列其夤、厲薰心。水泄山峙、絕其限、夤、凛慄也。六四、艮其身、无咎。田彼菑墾也。六五、艮其輔、言有序。生此艮國時、然后語之也。上九、敦艮、吉。敦厚永終、七小八大也。

(수출 소이불락야 구삼 간기한 열기인 여훈심 수설산치 절기한 인 늠률야 육사 간기신 무구 전피치간야 육오 간기보 언유서 생차간국시 연후어지야 상구 돈간 길 돈후영종 칠소팔대야)

䷲

震、在文爲雨辰、辰、東方也。雷動東北、陰陽和而爲雨之義也。爲卦上下皆雷有奮發、震動而上下驚懼之象也。又主器莫若長子、而宮四則不能主器、宗六然后、始乃主器。

(진 재문위우진 진 동방야 뇌동동북 음양화이위우지의야 위괘상하개뇌유분발 진동이상하경구지상야 우주기막약장자 이궁사즉불능주기 종육연후 시내주기)

易所謂復則无妄是也。宗長主器、止一不變者、无極宮之體
역소위복즉무망시야 종장주기지일불변자 무극궁지체

象、震所以次艮也。
상진소이차간야

彖曰震、亨。帝出于震。亨、莫大焉。震來、虩虩、笑言、啞啞。天威方
단왈진형 제출우진 형막대언 진래혁혁소언액액 천위방

怒、自以爲安也。震驚百里、不喪匕鬯。倒地飜天、得主宗器也。
노자이위안야 진경백리불상시창 도지번천득주종기야

○象曰君子以、恐懼修省。敬天作人也。初九、震來虩虩、后、笑言
상왈군자이공구수성 경천작인야 초구진래혁혁후소언

啞啞、吉。危然后安也。六二、震來厲、億喪貝。動以大闢、億國革
액액길 위연후안야 육이진내려억상패 동이대벽억국혁

命也。躋于九陵、勿逐、七日得。□×盪動、己日乃正也。六三、震蘇
명야 제우구릉물축칠일득 탕동기일내정야 육삼진소

蘇、震行、无眚。散而復蘇、恩威幷摯也。九四、震、遂泥。海變成泥
소진행무생 산이부소은위병지야 구사진수니 해변성니

也。六五、震、往來厲、億、无喪有事。往征來服、惕厲甚矣。而百億君
야 육오 진 왕래려 억 무상유사 왕정내복 척려심의 이백억군
長、濟世安民也。上六、震、索索、視矍矍、征、凶。天下消索而不安、
장 제세안민야 상육 진 삭삭 시확확 정 흉 천하소삭이불안
宜其更張也。震不于其躬、于其隣、无咎、婚媾、有言。動不由我、何
의기경장야 진불우기궁 우기린 무구 혼구 유언 동불유아 하
嫌多口乎。
혐다구호

䷕

賁、在文從卉從貝、有百艸之文綵、寶貝之光熠底意
비 재문종훼종패 유백초지문채 보패지광습저의
思。凡天下賁飾之道、盖取諸此。爲卦艮山止而不動、离日照
사 범천하비식지도 개취저차 위괘간산지이부동 리일조
于其下、是亦崑爲中岳、貞明之日、无所不照之象也。而宗長
우기하 시역곤위중악 정명지일 무소부조지상야 이종장

主器、然后天下文明、故此卦次於震也。
주기연후천하문명고차괘차어진야

彖曰賁、亨、小利有攸往。質多文小、行而有譽也。觀乎天文、以察
단왈비형소리유유왕질다문소행이유예야관호천문이찰

時變。治曆元而驗之也。觀乎人文、以化成天下。乃訖聲樂也。○
시변치역원이험지야관호인문이화성천하내흘성악야

象曰君子以、明庶政、无敢折獄。恐有寃獄也。初九、賁其趾、舍車
상왈군자이명서정무감절옥공유원옥야초구비기지사거

而徒。樂在其中也。六二、賁其須。需于中正也。九三、賁如濡如、永
이도낙재기중야육이비기수수우중정야구삼비여유여영

貞、吉。水火旣協、終之以文明也。六四、賁如皤如、白馬翰如。文而
정길수화기협종지이문명야육사비여파여백마한여문이

質素、中午遄行也。匪寇、婚媾。上下燮應也。六五、賁于丘園、束帛、
질소중오천행야비구혼구상하섭응야육오비우구원속백

戔戔。志士賁隱、得則有慶也。上九、白賁、无咎。白首退老也。
잔잔지사비은득즉유경야상구백비무구백수퇴로야

䷔ 噬嗑、說文頤中有物曰噬、齧以合之曰嗑、故其爲字
(서합 설문이중유물왈서 설이합지왈합 고기위자)
從口從筮。嗑盍何不也。筮、稽度也。凡所在口之物、何不細度
(종구종서 합합하불야 서계도야 범소재구지물 하불세도)
其剛柔而齧合之義也。且天人之道、賁而亨、然后可㠯相合、
(기강유이설합지의야 차천인지도 비이형 연후가이상합)
故此卦次於賁也。
(고차괘차어비야)

彖曰噬嗑、亨、利用獄。日中爲市、市有刑禁也。○象曰先王以、
(단왈서합형 이용옥 일중위시 시유형금야 상왈선왕이)
明罰勑法。君天下之規範也。初九、屨校、滅趾、无咎。戒其妄動也。
(명벌칙법 군천하지규범야 초구 구교멸지무구 계기망동야)
六二、噬膚、滅鼻。飽于中球也。六三、噬腊肉、遇毒。外柔內剛、易
(육이 서부멸비 포우중구야 육삼 서석육우독 외유내강 이)
觸其毒也。九四、噬乾胏、得金矢、利艱貞。肉食有猷、位非妄求也。
(촉기독야 구사 서간치득금시 이간정 육식유유 위비망구야)

六五、噬乾肉、得黃金、貞厲。爭富貴動金革君后惕厲也。上九、何校滅耳。不以貴廢法也。

䷚

頤字、象頁下有口、虛而受物也。爲卦上止下動、則凡天下之事物、各止其所當止、而動作云爲實副、求食之正道也。且噬之以頤瓔之然象之著、故此卦次於噬嗑也。

象曰頤、貞、吉、觀頤、自求口實。天生萬物、各有養正也。○象曰君子以、愼言語、節飮食。動止有節也。初九、舍爾靈龜、觀我、朶頤。

匪无藝智、而溺於求食也。六二、顚頤、拂經、于丘頤、征、凶。貞正自守、可以趨吉也。六三、拂頤貞、凶。始汐漭蒼也。十年勿用、无攸利。紀乃耕食、不利于過去會也。六四、顚頤、吉、虎視耽耽、其欲逐逐。養威如虎、其欲无量也。六五、拂經、居貞、吉、不可涉大川。守文中辟、睿非平險也。上九、由頤、厲、吉。頤之在土而始闢也。利涉大川、濟世而安民也。

䷛ 大字、見上。過在文從咼從辵、有尋訪經過之義。又有口戾不正之義、故誤失曰罪過、傳所謂語言薄過是也。爲卦上澤下風、風起澤橈而困拆上下、水折于歸之象也。且上元之頤養天下之道、有大過於古昔者、故此卦次頤也。

彖曰大過、棟、橈、利有攸往、亨。橈極出地、水有所往也。○象曰君子以、獨立不懼、遯世无悶。奉天順命、所立卓爾也。初六、藉用白茅。望秩于山川也。九二、枯楊、生稊。逢春回甦也。老夫、得其女妻、无不利。乃生子、子晩受福无量也。九三、棟、橈、凶。南北激盪、物其魚矣。九四、棟隆、吉。塞下而處高也。九五、枯楊、生華。衰世之元良也。老婦、得其士夫。陽陰淫泆、失其對待也。上六、過涉滅頂。逆天冒險、火熄輪破也。

(원량야 노부 득기사부 양음음일 실기대대야 상육 과섭멸정 역천모험 화식윤파야)

䷿ 未在文從土從木、爲十土八木、故用之上元。而說文又曰不也。濟字取人與水、齊其臍則可以渡水也。盖火水、日月也、晝夜也、潮汐也、陰陽也、而開子以還、不克協調、故閏易、下經終之以旣濟未濟。至萬象成度爲正易、故變之以未濟旣濟、終之上經、而火水互相衝激潮汐有大過之象、此卦

(미재문종토종목 위십토팔목 고용지상원 이설문 우왈불야 제자취인여수 제기제즉가이도수야 개화수 일월야 주야야 조석야 음양야 이개자이환 불극협조 고윤역 하경종지이기제미제 지만상성도위정역 고변지이미제기제 종지상경 이화수호상충격조석유대과지상 차괘)

所以次大過也。
소이차대과야

彖曰未濟、亨、小狐汔濟、濡其尾、无攸利。尾穴險溢、地利不盡也。
단왈미제형소호흘제유기미무유리 미혈험일지리부진야

○象曰君子以、愼辨物、居方。際其未交、居不可不擇也。初六、濡
상왈군자이신변물거방 제기미교거불가불택야 초육유

其尾、吝。无治儉之才而先犯、宜其見溺也。九二、曳眞輪、貞、吉。
기미인 무치검지재이선범의기견닉야 구이예기륜정길

火車同軌、賴我以濟也。六三、未濟、征、凶、利涉大川。火烈溟沸、
화거동궤뇌아이제야 육삼미제정흉이섭대천 화열명비

動之有時也。九四、震用伐鬼方、三年、有賞于大國。鬧港蠻戎、如
동지유시야 구사진용벌귀방삼년유상우대국 요항만융여

鬼如蜮、我武維揚、則應時而定之也。六五、君子之光、有孚、吉。道
귀여역아무유양 즉응시이정지야 육오군자지광유부길도

人運籌、光被四極也。上九、有孚于飮酒。需其克濟、飮飽宴安也。
인운주광피사극야 상구유부우음주 수기극제음포연안야

濡其首、有孚、失是。溺而忘反、亦不足貴也。
유기수유부실시 익이망반 역부족귀야

䷾

旣在文從食從旡、食盡旡餘之義、故傳曰日蝕旣、且
기재문종식종무 식진무여지의 고전왈일식기 차

已然曰旣。文義與未正相反、盖上元之水火、已交月日同道。
이연왈기 문의여미정상반 개상원지수화 이교월일동도

潮汐退邊陽陰暢燮之象、所以次未濟也。濟字見上
조석퇴변양음창섭지상 소이차미제야

彖曰旣濟、亨、小、利貞、初吉、終亂。天開會上、亂必由治也。○象
단왈기제 형 소 이정 초길 종란 천개회상 난필유치야 상

曰君子以、思患而豫防之。文以守之、武以慄之也。初九、曳其輪、
왈군자이 사환이예방지 문이수지 무이율지야 초구 예기륜

濡其尾。輪船古港、輪車始行、必有粘泥也。六二、婦喪其茀、勿逐、
유기미 윤선고항 윤거시행 필유점니야 육이 부상기불 물축

七日、得。姤變爲升、己日乃行也。九三、高宗、伐鬼方、三年克之、
칠일 득 구변위승 기일내행야 구삼 고종 벌귀방 삼년극지

小人勿用。重險旣平、君子在上也。六四、繻、有衣袽、終日戒。坎
소인물용 중험기평 군자재상야 육사 수 유의여 종일계 감

水下泄、焉用袽補乎。九五、東隣殺午、不如西隣之禴祭、實受其
수하설 언용여보호 구오 동린살우 불여서린지약제 실수기

福。導東汐北各享于帝、而受祐不同也。上六、濡其首、厲。天下已
복 도동석북각향우제 이수우부동야 상육 유기수 여 천하이

濟而和、易惕若勿溺也。
제이화 역척약물닉야

正易下經 (정역하경)

䷁

巛字、象陽炁貫陰也。乾陽⚊而實、巛陰⚋而虛、容得天許多炁之透乎其中之理也。坤字、從土從申。申、西也。土、未也。姬聖八卦再交而坤退、未申間之義也。夫註經之三畫六畫卦之名、朱子皆以巛字書之、而用之子會者坤字也、則包羲始交之坤、文王再交之坤、至理存焉。一體一用而易有閏正、且正易泰來之度、故巛爲下經之首也。

(곤자상양기관음야 건양이실 곤음이허 용득천허다기지투호기중지리야 곤자종토종신 신서야 토미야 희성팔괘재교이곤퇴 미신간지의야 부주경지삼획육획괘지명 주자개이곤자서지 이용지자회자곤자야 즉포희시교지곤 문왕재교지곤 지리존언 일체일용이역유윤정 차정역태래지도 고곤위하경지수야)

彖曰巛、元亨、利牝馬之貞、道泰起丑、地德光午也。君子、有攸往、
단왈곤원형이빈마지정도태기축지덕광오야군자유유왕
得行其道也。先、迷、后、得。巛先而理會、坤后而象著也。西南、
덕행기도야선미후득곤선이이회곤후이상저야서남
得朋。陰宗正位也。東北、喪朋、安貞、吉。陽居陽位、陰類相從也。
득붕음종정위야동북상붕안정길양거양위음류상종야
○象曰君子以、厚德、載物。后妃之聖德也。初六、履霜、堅氷、至、
상왈군자이후덕재물후비지성덕야초육이상견빙지
天風生陰也。六二、直方大、不習、无不利。理之自然也。六三、含
천풍생음야육이직방대불습무불리리지자연야육삼함
章可貞、或從王事、无成有終。宮五配十、內助終彰也。六四、栝囊、
장가정혹종왕사무성유종궁오배십내조종창야육사괄낭
无咎、无譽。土囊生風、戒其陰旺也。六五、黃裳、元吉。地政有時也。
무구무예토낭생풍계기음왕야육오황상원길지정유시야
上六、龍戰于野。四方中央備而爲✕、雷動交薄也。其血、玄黃。巛
상육용전우야사방중앙비이위뇌동교박야기혈현황곤

變亥宮、水玄土黃也。用六。陰爻名六、老則用變、而生數六老、成數✕老也。利永貞。㕯之乾而位北、上元无量也。文言之文、文字之文、釋其字義也。

䷀

乾字、取天行健。自一日至十日、自十日而又至十日、重複不息、以東方甲乙之氣化生萬物、而人爲首出也。俗稱朝朝仡仡之象亦一義也。而獨陰不能生成萬物、故乾所以次㕯也。

彖曰乾、元、亨、利、貞。十土始闢、乃見其正、固之極也。○象曰君
단왈건원형이정 십토시벽내견기정고지극야 상왈군

子以、自彊不息。聖人之體大也。初九、潛龍、勿用。少不可變也。
자이자강불식 성인지체대야 초구잠룡물용 소불가변야

九二、見龍在田。陽德文明、運値□✕也。利見大人。應時首出、由
구이현룡재전 양덕문명운치 야 이견대인 응시수출유

下而升上也。九三、君子、終日乾乾、夕惕若、厲、无咎。人行天道、晝
하이승상야 구삼군자종일건건석척약려무구 인행천도주

鍛夜鍊而慥慥也。九四、或躍在淵、无咎。陽獻大淵、陰曆之時也。
단야련이조조야 구사혹약재연무구 양헌대연음력지시야

九五、飛龍在天。戊兮己兮、御天而親政也。利見大人。天下得君
구오비룡재천 무혜기혜어천이친정야 이견대인 천하득군

也。上九、亢龍、有悔。□變爲⚋、當日復之巳元也。用九。陽爻名九、
야 상구항룡유회 변위 당일복지사원야 용구 양효명구

龍則老變、而生數九老、成數□老也。見羣龍、无首、吉。戰乎乾史、
룡즉노변이생수구노성수 노야 견군룡무수길 전호건곤

互變而爲正也。文言見上。
(호변이위정야 문언견상)

䷥

睽在文從目從揆。盖心怒而以目揆度者、例皆側反
(규재문종목종규 개심노이이목규도자 예개측반)

其目也、故說文曰反目。爲卦离火宮南、兌澤位北、互相衝激、
(기목야 고설문왈반목 위괘리화궁남 태택위북 호상충격)

而澤之下流塞而不泄、先天之天度、故睽所以次乾也。
(이택지하류색이불설 선천지천도 고규소이차건야)

彖曰睽、小事、吉。政以陰曆、終一元而乃革也。天地睽、男女睽、萬
(단왈규 소사길 정이음력 종일원이내혁야 천지규 남녀규 만)

物睽。睽戾而變、變變而得正也。○象曰君子以、同而異。體同革卦、
(물규 규려이변 변변이득정야 상왈군자이 동이이 체동혁괘)

而用各不同也。初九、喪馬勿逐、自復、見惡人、无咎。水旺火休、先
(이용각부동야 초구 상마물축 자복 견악인 무구 수왕화휴 선)

天也。而午會當來、小人自退也。九二、遇主于巷、无咎。仍睽而革、
천야이오회당래소인자퇴야구이우주우항무구잉규이혁

英俊際遇也。六三、見輿曳、其牛掣、其人、天且劓。同軌丑日、人換
영준제우야육삼견여예기우제기인천차의동궤축일인환

一番也。无初有終。革而新之也。九四、睽孤、遇元夫、交孚、厲、无
일번야무초유종혁이신지야구사규고우원부교부여무

咎。陷險相救、危而旋安也。六五、厥宗、噬膚、往、何咎。睽戾寡助、
구함험상구위이선안야육오궐종서부왕하구규려과조

親戚叛之、旣往莫說也。上九、睽孤、見豕負塗、載鬼一車、先張之
친척반지기왕막설야상구규고견시부도재귀일거선장지

弧、后說之弧。禮壞德衰、方區爭長而交合也。匪寇、婚媾、往遇雨、
호후탈지호예괴덕쇠방구쟁장이교합야비구혼구왕우우

則吉。反睽爲和、雨火而天下平也。
즉길반규위화우화이천하평야

䷤家在文從宀從豕。盖人之至愚如豕、而在宇宙內之義
가재문종우종시 개인지지우여시 이재우주내지의
也。人在文爲⚍、坤字之右邊二畫也。爲卦火內風外、風自火出。
야 인재문위 곤자지우변이획야 위괘화내풍외 풍자화출
盖火熾風猛、水汐天邊、土得正位、然后自天子至於庶人、正
개화치풍맹 수석천변 토득정위 연후자천자지어서인 정
家之風、風動天下、古所謂胡越夷狄一變、至道天下一家而文
가지풍 풍동천하 고소위호월이적일변 지도천하일가이문
明之化、巽順之道、繼二南普洽周遍於五百四十萬里之區域
명지화 손순지도 계이남보흡주편어오백사십만리지구역
者此也。而反睽得正、正家爲先、故次於睽也。
자차야 이반규득정 정가위선 고차어규야

彖曰家人、利女貞。无極會上、地政正固也。○象曰君子以、言有
단왈가인 이여정 무극회상 지정정고야 상왈군자이유언
物而行有恒。推有認无、行形化之大道也。初九、閑有家、悔亡。下
물이행유항 추유인무 행형화지대도야 초구 한유가 회망 하

民无家而有家、恩威始行也。六二、无攸遂、在中饋、貞吉。后妃之
민무가이유가 은위시행야 육이 무유수 재중궤 정길 후비지
德化也。九三、家人、嗃嗃、悔厲、吉、婦子嘻嘻、終吝。季之一元、失
덕화야 구삼 가인 학학 회려 길 부자희희 종린 계지일원 실
其家齊也。六四、富家、大吉。典午陰功、旣富且穀也。九五、王假有
기가제야 육사 부가 대길 전오음공 기부차곡야 구오 왕격유
家、勿恤、吉。內有賢妃、以正天下也。上九、有孚、威如、終吉。以嚴
가 물휼 길 내유현비 이정천하야 상구 유부 위여 종길 이엄
治平也。
치평야

䷢

晉字、取日出地上、麗天而益明之義、故爲卦离上坤
진자 취일출지상 여천이익명지의 고위괘리상곤
下、麗天之日、歸于中極而照臨下土、與明夷正相反。明夷、先
하 여천지일 귀우중극이조림하토 여명이정상반 명이 선

天之日、見蝕之象。晉卦、后天之日、大明之道也。且日月貞明、然后家人正而天下平、故此卦次於家人也。

象曰晉、康侯、用錫馬蕃庶、晝日三接。王于建康、用敷錫日、午之福慶、天人相感也。○象曰君子以、自昭明德。心法之學性理之道、隨時自明也。初六、晉如摧如、貞、吉、罔孚、裕、无咎。牖喑而欲明之、莫如寬裕也。六二、晉如愁如、貞、吉、受茲介福于其王母。入承君統、先天之幼辟也。六三、衆允、悔亡。天下信之、事已成也。九四、晉如鼫鼠、貞、厲。汐而妨穡、子水創厲也。六五、悔亡、失得、

勿恤、往、吉、无不利。從事乎丑日、无憂也必矣。上九、晉其角、
(물휼 왕 길 무불리 종사호축일 무우야 필의 상구 진기각)

維用伐邑、厲、吉、无咎、貞、吝。聽角而交戰、新則吉、而舊則吝也。
(유용벌읍 여 길 무구 정인 청각이교전 신즉길 이구즉린야)

䷣

明字、象日月並明而光耀也。夷字、從大從弓、有見傷
(명자 상일월병명이광요야 이자 종대종궁 유견상)

於大弓之義、故爲卦日入地中、傷其明輝矣。且見傷而貞明、
(어대궁지의 고위괘일입지중 상기명휘의 차견상이정명)

理之循環、故此卦次於晉也。
(리지순환 고차괘차어진야)

彖曰明夷、利艱貞。閏日薄蝕、終有貞明也。以蒙大亂。能正其志、
(단왈명이 이간정 윤일박식 종유정명야 이몽대란 능정기지)

厄窮而韜晦也。○象曰君子以、莅衆、用晦而明。君臨下民、祛暗
(액궁이도회야 상왈군자이 이중 용회이명 군림하민 거암)

向明也。初九、明夷于飛、垂其翼。陽鳥見傷也。君子于行、三日不
향명야 초구 명이우비 수기익 양조견상야 군자우행 삼일불
食、有攸往、主人、有言。小人在上、君子退藏也。六二、明夷、夷于左
식 유유왕 주인 유언 소인재상 군자퇴장야 육이 명이 이우좌
股。九道左旋、日有蝕之也。用拯馬壯、吉。日午而文明也。九三、明
고 구도좌선 일유식지야 용증마장 길 일오이문명야 구삼 명
夷于南狩、得其大首、不可疾貞。化无南巡、戊甲遽禪也。六四、入
이우남수 득기대수 불가질정 화무남순 무갑거단야 육사 입
于左腹、獲明夷之心。天心明月與日合中也。于出門庭。朝元于无
우좌복 획명이지심 천심명월여일합중야 우출문정 조원우무
極也。六五、箕子之明夷、利貞。金火曆日、大明乎艮國也。上六、不
극야 육오 기자지명이 이정 금화역일 대명호간국야 상육 불
明、晦、初登于天、后入于地。三旬晦天、月窟于辰也。
명 회 초등우천 후입우지 삼순회천 월굴우진야

䷌ 同字、中外象老陽而中畫之上、加少陽一畫、陽性上
동자중외상노양이중획지상가소양일획양성상
升、乾离皆同之義也。仝通仝、在文從人從功、有天功人其代
승건리개동지의야동통동재문종인종공유천공인기대
之底意思、人字見上。爲卦乾上离下、雨火自天而天反見闢
지저의사인자현상위괘건상리하우화자천이천반견벽
之象也。且入地之明、必有昇天、故此卦次於明夷也。
지상야차입지지명필유승천고차괘차어명이야

彖曰同人于野、亨、利涉大川、利君子、貞。天下會同、一濟可治也。
단왈동인우야형이섭대천이군자정천하회동일제가치야
○象曰君子以、類族、辨物。區別萬區也。初九、同人于門、无咎。
상왈군자이유족변물구별만구야초구동인우문무구
人出四門、天下始交也。六二、同人于宗、吝。趨勢挾貴、其志鄙也。
인출사문천하시교야육이동인우종인추세협귀기지비야
九三、伏戎于莽、升其高陵、三歲不興。天下興戎、而已乃揚武、三
구삼복융우망승기고릉삼세불흥천하흥융이이내양무삼

歲可定也。九四、乘其墉、弗克攻、吉。敵雖乘勢、不敢攻我也。九五、同人、先號咷而后笑、大師克、相遇。火燃人、困一戎、而大捷也。上九、同人于郊、无悔。蒐閱于我疆、而威克厥愛也。

(세가정야 구사 승기용 불극공 길 적수승세 불감공아야 구오 동인 선호도이후소 대사극 상우 화연인 곤일융 이대첩야 상구 동인우교 무회 수열우아강 이위극궐애야)

䷍

有在文從右從月。右、萬物成熟之方。月、物之圓滿者也。九有富有之義、盖取諸此、大字見上。爲卦火在天上、中位之日、无所不照、而同類相聚、然后可以存其富大、故次於同人也。

(유재문종우종월 우 만물성숙지방 월 물지원만자야 구유부유지의 개취저차 대자현상 위괘화재천상 중위지일 무소부조 이동류상취 연후가이존기부대 고차어동인야)

彖曰大有、元亨。上元文明、物无不亨也。○象曰君子以、遏惡揚
단왈대유원형 상원문명물무불형야 상왈군자이알악양

善、順天休命。武禦而文守也。初九、无交害、匪咎、艱則无咎。
선순천휴명 무어이문수야 초구무교해비구간즉무구

居下獨善、與物无關也。九二、大車以載、有攸往、无咎。載之兵車、
거하독선여물무관야 구이대거이재유유왕무구 재지병거

往正有罪也。九三、公用亨于天子、小人、弗克。億域朝元、唯君
왕정유죄야 구삼공용향우천자소인불극 억역조원유군

子能之也。九四、匪其彭、无咎。位高才盛、而謙退不伐也。六五、
자능지야 구사비기방무구 위고재성이겸퇴불벌야 육오

厥孚交如、威如、吉。君明臣剛、不威自慄也。上九、自天祐之、
궐부교여위여길 군명신강불위자율야 상구자천우지

吉无不利。日中于天、人受福无彊也。
길무불리 일중우천인수복무강야

䷖

剝字、取以刀削錄盛之義也。爲卦艮上坤下、上下皆土。盖先天之陽、陰銷剝變、以爲后天之地政、而己戊正位也。

(박자 취이도삭록성지의야 위괘간상곤하 상하개토 개선천지양 음소박변 이위후천지정 이기무정위야)

且天地之理流行无常、自豊有而有剝銷、故次於大有也。

(차천지지리유행무상 자풍유이유박소 고차어대유야)

象曰剝、不利有攸往。爰稼普土、不尚往來也。○象曰上、以、厚下、安宅。包下以仁、安其所處也。初六、剝牀以足、蔑貞、凶。闢地自下、无道必斃也。六二、剝牀以辨、蔑貞、凶。汐而襄廬、人塡于壑也。六三、剝之无咎。化而爲土也。六四、剝牀以膚、凶。山頹地平、无高不剝也。六五、貫魚、以宮人寵、无不利。陳以魚貫、歸順者吉

(상왈박 불리유유왕 원가보토 불상왕래야 상왈상 이 후하 안택 포하이인 안기소처야 초육 박상이족 멸정 흉 벽지자하 무도필폐야 육이 박상이변 멸정 흉 석이양려 인전우학야 육삼 박지무구 화이위토야 육사 박상이부 흉 산퇴지평 무고불박야 육오 관어 이궁인총 무불리 진이어관 귀순자길)

也。上九、碩果不食。種之后天、生生不窮也。君子得輿。天下同覲
야 상구석과불식 종지후천 생생불궁야 군자득여 천하동근

也。小人剝廬。革心歸化也。
야 소인박려 혁심귀화야

䷗

復字、取人能窮日之行、而反命之義也。夫先天之陽
복자 취인능궁일지행 이반명지의야 부선천지양

一爻、成度於子月、有七日來復之理與后天亥月當日復正
일효 성도어자월 유칠일내복지리여후천해월당일복정

相反。盖地雷長子、幹母之事、太陰之度也。天雷宗長、承父之
상반 개지뢰장자 간모지사 태음지도야 천뢰종장 승부지

統、太陽之一元也。而窮上反下、剝復之理、故次於剝也。
통 태양지일원야 이궁상반하 박복지리 고차어박야

彖曰復、亨、出入、无疾。一會之循環也。朋來、无咎。當日而成六位
단왈복 형 출입 무질 일회지순환야 붕래 무구 당일이성육위

也。反復其道、七日、來復、利有攸往。太陽度成、己日乃復也。○
야 반복기도 칠일 내복 이유유왕 태양도성 기일내복야

象曰先王、以、至日、閉關、商旅不行、后不省方。君子在下而固窮、
상왈선왕 이 지일 폐관 상려불행 후불성방 군자재하이고궁

衆小人誤我幼冲之辟、防微杜漸、不可不愼也。初九、不違復、无
중소인오아유충지벽 방미두점 불가불신야 초구 불원복 무

祗悔、元吉。全復不遠、吉莫大焉。六二、休復、吉。四象成而來復、
지회원길 전복불원 길막대언 육이 휴복길 사상성이내복

大善之道也。六三、頻復、厲、无咎。三變而易、始危終吉也。六四、中
대선지도야 육삼 빈복 여무구 삼변이역 시위종길야 육사중

行、獨復。配耦已成、何必獨復乎。六五、敦復、无悔。復理換革、敦
행 독복 배우이성 하필독복호 육오 돈복무회 복리환혁 돈

仁者存也。上六、迷復、凶、有災眚、用行師、終有大敗。復當退位、爭
인자존야 상육 미복흉 유재생 용행사 종유대패 복당퇴위 쟁

之何益也。以其國、君、凶、至于十年、不克征。己日乃正也。
지하익야 이기국 군흉 지우십년 불극정 기일내정야

䷋否在文從不從口、**口**老陽、陽不交陰、天地定位而隔
비재문종불종구 노양양불교음천지정위이격

絕之象。且天氣上升、地氣下降、否而不交、然后復之之理生
절지상차천기상승지기하강비이불교연후복지지리생

焉、故次復也。
언고차복야

彖曰否之匪人、不利君子貞、大往小來。治少亂多也。上下不交
단왈비지비인불리군자정대왕소래치소난다야상하불교

而天下无邦、亂極思治天下无禮樂之國也。○象曰君子以、儉
이천하무방난극사치천하무예악지국야상왈군자이검

德辟亂、不可榮以祿。需其道泰也。初六、拔茅茹、以其彙、貞、吉、
덕피란불가영이록수기도태야초육발모여이기휘정길

亨。**坤**之以乾變、則永貞也。六二、包承、小人、吉、大人、否、亨。上
형곤지이건변즉영정야육이포승소인길대인비형상

交不諂、終亨之睽也。六三、包羞。世乏良才、否之羞吝也。九四、
교불첨종형지규야육삼포수세핍양재비지수인야구사

有命、无咎、疇離祉。革否而泰、幷受天祿也。九五、休否、大人、吉、
유명 무명 주이지 혁비이태 병수천록야 구오 휴비 대인 길
其亡其亡、繫于苞桑。推亾固存、桑海一新也。上九、傾否、先否、
기망기망 계우포상 추망고존 상해일신야 상구 경비 선비
后喜。否往泰來、后天之善變也。
후희 비왕태래 후천지선변야

䷊

泰字、因陽大之大、而重之二畫、三陽回泰、而人生於
태자 인양대지대 이중지이획 삼양회태 이인생어
寅之義也。內合水字。水、水也。陽水生於亥、十五乾坤之陽陰
인지의야 내합수자 수수야 양수생어해 십오건곤지음양
交和而宮南位北、后天之象也。且陰陽之度否先泰后、故次
교화이궁남위북 후천지상야 차음양지도비선태후 고차
於否也。
어비야

彖曰泰、小往、大來、吉、亨。戊讓己尊、泰道无量也。〇象曰后以、
(단왈태소왕대래길형 무양기존태도무량야 상왈후이)

財成天地之道、輔相天地之宜、以左右民。无爲而汐、民樂其所
(재성천지지도보상천지지의이좌우민 무위이석민락기소)

也。初九、拔茅茹、以其彙、征、吉。君子幷進也。九二、包荒、用憑河、
(야 초구발모여이기휘정길 군자병진야 구이포황용빙하)

不遐遺。聲敎无外、訖于黃河之西也。朋亡、得尚于中行。打吾眞
(불하유 성교무외흘우황하지서야 붕망득상우중행 타오진)

朋者、无兹易種、信其愷悌也。九三、无平不陂、无往不復、艱貞、
(붕자무자이종신기개제야 구삼무평불피무왕불복간정)

无咎。際其否泰、誡之誡之也。勿恤、其孚、于食、有福。剛而能斷、終
(무구 제기비태계지계지야 물휼기부우식유복 강이능단종)

受福慶也。六四、翩翩、不富以其隣、不戒以孚。說而相從也。六五、
(수복경야 육사편편불부이기린불계이부 열이상종야 육오)

帝乙歸妹、以祉、元吉。上乙會而帝出、陰陽交和而降祿也。上六、
(제을귀매이지원길 상을회이제출음양교화이강록야 상육)

城성復복于우隍황、勿물用용師사、自자邑읍告고命명、貞정、吝인。天천地지再재闢벽誥고曉효、而이天천下하革혁命명也야。

䷆

師사在재文문從종阜부從종帀잡。帀잡、周주也야、阜부、大대也야。大대道도周주遍편、作작之지師사於어天천下하也야。又우水수由유地지中중、周주帀잡於어大대陸륙之지外외也야。蓋개水수土토旣기平평、新신換환一일番번、則즉當당有유聖성人인者자作작爲위君군師사於어天천下하、懲징之지以이軍군旅려之지威위、敎교之지以이聖성神신之지道도、率솔土토之지濱빈、莫막不불被피法법師사之지化화、而이同동軌궤同동道도、萬만億억年년偃언武무修수文문之지象상也야。而이天천地지交교泰태、然연后후君군師사作작人인之지

化、可以周遍、故次於泰也。
彖曰師、貞、丈人、吉、無咎。師道貞正、武文並斌也。能以衆正、
可以王矣。首出之君道也。〇象曰君子以、容民畜衆。容而
敎之、愛而育之也。初六、師出以律、否、藏、凶。水戰之勝敗也。
九二、在師、中、吉。大夫行師也。王三錫命。寵之以殊錫也。六三、
師或輿尸、凶。水上六、戊運已去矣。六四、師左次、无咎。敎化无外
而八軍止東也。六五、田有禽、利執言。所向无敵也。長子帥師。主
器於后天也。弟子輿尸、貞、凶。先天之多門也。上六、大君、有命、

화가이주편고차어태야
단왈사정장인길무구사도정정무문병빈야능이중정
가이왕의수출지군도야상왈군자이용민휵중용이
교지애이육지야초육사출이율부장흉수전지승패야
구이재사중길대부행사야왕삼석명총지이수석야육삼
사혹여시흉수상육무운이거의육사사좌차무구교화무외
이팔군지동야육오전유금이집언소향무적야장자솔사주
기어후천야제자여시정흉선천지다문야상육대군유명

開國承家、小人勿用。聖賢君王、命之承之、小人道銷也。
(개국승가 소인물용 성현군왕 명지승지 소인도소야)

䷇

北、太陰水方、故比之爲字、從北從水、水土比化、盖
(북태음수방 고비지위자 종북종수 수토비화 개)
水在地之上下同宮、而親比之義也。且師卦有治水下泄之
(수재지지상하동궁 이친비지의야 차사괘유치수하설지)
理、比卦水溢于地上、有將退之象、故次師也。
(리비괘수일우지상 유장퇴지상 고차사야)

彖曰比、吉、原筮、元永貞、无咎。逆推知來、正道无窮也。不寧、方
(단왈비길 원서 원영정 무구 역추지래 정도무궁야 불녕방)
來、後、夫、凶。水土轉覆、而欲平緩必有凶也。○象曰先王以、建萬
(래후부흉 수토전복 이욕평완필유흉야 상왈선왕이 건만)
國、親諸侯。紀綱乎后天也。初六、有孚比之、无咎。水由地中、行而
(국친제후 기강호후천야 초육유부비지무구 수유지중행이)

无害也。六二、比之自內、貞、吉。地有內外間之裨瀛也。六三 比之匪人。勿親其溯、流而來也。六四、外比之、貞、吉。臣亦擇君也。九五、顯比、王用三驅、失前禽。王師寬仁也。邑人不誡、吉。推我信誠、比道廣也。上六、比之无首、凶。浪賊獻馘也。

䷫ 姤在文爲女后。后、君也、君遇長女、陽陰之和也。且有女后幹父之事、政於月窟之義也。爲卦與復正相反、而復爲小人在上、姤爲君子在上也、則午會文明之象、已闡之於先天復姤也。而親比而相說之道、莫切於陽陰、故次於比也。
선천복구야 이친비이상열지도 막절어양음 고차어비야

彖曰姤、女壯、勿用取女。抑陰之辭也。○象曰后以、施命誥四方。
단왈구 여장 물용취녀 억음지사야 상왈후이 시명고사방

大闢會上、无遠不及也。初六、繫于金柅、貞、吉、有攸往、見凶。乾
대벽회상 무원불급야 초육 계우금니 정 길 유유왕 견흉 건

金有革、止而持之也。羸豕孚蹢躅。用亥有時也。九二、包有魚、无
금유혁 지이지지야 이시부척촉 용해유시야 구이 포유어 무

咎、不利賓。海錯漸少、賓不綱利也。九三、臀无膚、其行、次且、厲、
구 불리빈 해착점소 빈불강리야 구삼 둔무부 기행 차저 여

无大咎。秋來見蘇也。九四、包无魚、起凶。上違乎天、下失乎民也。
무대구 추래견소야 구사 포무어 기흉 상위호천 하실호민야

九五、以祀包瓜、含章、有隕自天。夏之已至、聖人得位也。上九、姤
구오 이기포과 함장 유운자천 하지이지 성인득위야 상구 구

其角、吝、无咎。頭東近南、角變无光也。
기각 인 무구 두동근남 각변무광야

䷪ 夬、分決也、故其爲字取決字、而滅其從水、有決澤而
(쾌 분결야 고기위자취결자 이감기종수 유결택이)
灌漑天下之象。且姤、遇也。夬、決也、相遇、然后有可決之理、
(관개천하지상 차구우야 쾌결야 상우 연후유가결지리)
故次於姤也。
(고차어구야)

彖曰夬、揚于王庭。子海勇決、辰壤正位也。孚號有厲。安而易危
(단왈쾌 양우왕정 자해용결 진양정위야 부호유려 안이역위)
也。告自邑、不利卽戎。保民以王也。利有攸往。與天合德也。○
(야 고자읍 불리즉융 보민이왕야 이유유왕 여천합덕야)
象曰君子以、施祿及下。下无窮民也。居德則忌。尚之道德、而
(상왈군자이 시록급하 하무궁민야 거덕즉기 상지도덕 이)
猶戒惕忌也。初九、壯于前趾、往、不勝、爲咎。革金兵動、咎其首倡
(유계척기야 초구 장우전지 왕 불승 위구 혁금병동 구기수창)
也。九二、惕號、莫夜、有戎、勿恤。長夜欲曙、何憂戎狄乎。九三、壯
(야 구이 척호 막야 유융 물휼 장야욕서 하우융적호 구삼 장)

于頄、有凶。九頁暴客、吾必馘之也。獨行遇雨、君子夬夬、若濡有慍、无咎。超然相和、慍于羣小也。九四、臀无膚、其行次且。椉馬欲行、而前有水澤也。牽羊、悔亾。金入火鄕也。聞言、不信。小人之情狀也。九五、莧陸夬夬、中行、无咎。升自咬菜、而若固有之也。上九、无號、終有凶。大澤方決、凶盡吉來也。

䷵

歸在文爲婦女歸于夫家而止也。妹、女弟未成婚之稱也。爲卦配之以長男少女、有野合之義。且澤水之性、就下決必有歸、故次於夬也。
결필유귀고차어쾌야

彖曰歸妹、征、凶、无攸利。二幼三成、待其正偶也。○象曰君子以、
단왈귀매정흉무유리이유삼성대기정우야상왈군자이

永終、知敝。定有六禮也。初九、歸妹以娣、跛能履、征、吉。娣雖有
영종지폐정유육례야초구귀매이제파능리정길제수유

疾、宜其家人也。九二、眇能視、利幽人之貞。苟有其德、何嫌獨眼
질의기가인야구이묘능시이유인지정구유기덕하혐독안

乎。六三、歸妹以須、反歸以娣。爲夫所棄也。九四、歸妹愆期、遲歸。
호육삼귀매이수반귀이제위부소기야구사귀매건기지귀

有時男宜擇室、女何先嫁乎。六五、帝乙歸妹。帝于乙元婚姻以時
유시남의택실여하선가호육오제을귀매제우을원혼인이시

也。其君之袂、不如其娣之袂良。冠衣文物、燦之於后天也。月幾
야기군지몌불여기제지몌량관의문물찬지어후천야월기

望、吉。月魄成午、天地交感也。上六、女承筐无實、士刲羊无血、无
망길월백성오천지교감야상육여승광무실사규양무혈무

攸利。夫婦失和、家道索矣。
유리 부부실화 가도색의

䷴

漸在文從水從斬、截而濟水者、驗其淺深、不可遽進
점재문종수종참 절이제수자 험기천심 불가거진

之義也。爲卦與蠱相反、而義則同。風敎聲樂、蠱壞於艮方而
지의야 위괘여고상반 이의즉동 풍교성악 고괴어간방이

終之者、先天也。風動之休起、自艮國而始之、東漸西被訖于
종지자 선천야 풍동지휴기 자간국이시지 동점서피흘우

天下者、后天也。且萬折于歸之水、其來有漸。漸次於歸妹也。
천하자 후천야 차만절우귀지수 기래유점 점차어귀매야

彖曰漸、女歸吉、利貞。男女正位也。○象曰君子以、居賢德、
단왈점여귀길이정 남녀정위야 상왈군자이거현덕

善俗。宅仁由義化、天下之風俗也。初六、鴻漸于干。无海天空、
선속 택인유의화 천하지풍속야 초육 홍점우간 무해천공

遵彼江干也。小子厲、有言、无咎。雖有怨言於我、无咎也。六二、鴻
(준피강간야소자려유언무구수유원언어아무구야육이홍)
漸于盤、飮食、衎衎、吉。天下措安、含哺樂天也。九三、鴻漸于陸、
(점우반음식간간길천하조안함포낙천야구삼홍점우륙)
水泄地堅也。夫征、不復、婦孕、不育、凶。一終一始、兵燹慘矣。利
(수세지견야부정불복부잉불육흉일종일시병선참의이)
禦寇、陣以三極、化被歸順也。六四、鴻漸于木、或得其桶、无咎。
(어구진이삼극화피귀순야육사홍점우목혹득기용무구)
火激水濫、升高而避之也。九五、鴻漸于陵。水猶未平、止于邱陵
(화격수람승고이피지야구오홍점우릉수유미평지우구릉)
也。婦三歲、不孕、終莫之勝、吉。經歲乃種、淡必勝醎也。上九、鴻
(야부삼세불잉종막지승길경세내종담필승함야상구홍)
漸于陸。水土已平也。其羽可用爲儀、吉。萬區文章、儀于中邦也。
(점우륙수토이평야기우가용위의길만구문장의우중방야)

䷘

无、有之對、取大道貫天之夫字、而縮撆之直下、象
(무 유 지 대 취 대 도 관 천 지 부 자 이 축 내 지 직 하 상)
貫天固无形跡也。且天人化无於火位十一歸體、然后土得
(관 천 고 무 형 적 야 차 천 인 화 무 어 화 위 십 일 귀 체 연 후 토 득)
中正、故一作无示火土化人、禪家所謂南无是也。妄在文
(중 정 고 일 작 무 시 화 토 화 인 선 가 소 위 남 무 시 야 망 재 문)
爲亡女、女若動不以禮、則自亡其身也。爲卦宗長承乾主器、
(위 망 녀 여 약 동 불 이 례 즉 자 망 기 신 야 위 괘 종 장 승 건 주 기)
政於上元、而進之有漸、不可遽爲、故次於漸也。
(정 어 상 원 이 진 지 유 점 불 가 거 위 고 차 어 점 야)

彖曰无妄、元亨、利貞。子承父道也。其匪正、有眚。誡具循理也。不
(단 왈 무 망 원 형 이 정 자 승 부 도 야 기 비 정 유 생 계 구 순 리 야 불)
利有攸往、一止於正易會上也。○象曰先王以、茂對時、育萬物。
(리 유 유 왕 일 지 어 정 역 회 상 야 상 왈 선 왕 이 무 대 시 육 만 물)
聖人之極功也。初九、无妄、往、吉。雷薄亥天也。六二、不耕、穫、不
(성 인 지 극 공 야 초 구 무 망 왕 길 뇌 박 해 천 야 육 이 불 경 확 불)

菑、畬。地皆肥沃也。利有攸往。愈久愈好也。六三、无妄之災、或
치여지개비옥야리유유왕유구유호야육삼무망지재혹

繫之牛、行人之得、邑人之災。天壞牛出、子宮退位也。九四、可貞、
격지우행인지득읍인지재천괴우출자궁퇴위야구사가정

无咎。行之有常也。九五、无妄之疾、勿藥、有喜。老成君王、壽而且
무구행지유상야구오무망지질물약유희노성군왕수이차

康也。上九、无妄、行、有眚、无攸利。極於无妄、復何求也。
강야상구무망행유생무유리극어무망부하구야

䷙

畜在文爲玄田。玄、水之正色、流行之紋也。水入田
축재문위현전현수지정색유행지문야수입전

中、止而畜聚之義、大字見上。爲卦艮上乾下、象水出山下、灌
중지이축취지의대자견상위괘간상건하상수출산하관

漑天下之田而所畜至大也。且度回无妄、然后畜道乃極、故
개천하지전이소축지대야차도회무망연후축도내극고

次於无妄也。
차어무망야

彖曰大畜、利貞、不家食、吉。化家爲國也。利涉大川。克濟艱險也。
단왈대축이정불가식길화가위국야이섭대천극제간험야

○象曰君子以、多識前言往行、以畜其德。文獻足徵、可以養性情
상왈군자이다식전언왕행이축기덕문헌족징가이양성정

也。初九、有厲、利已。天下初定、己位獨尊也。九二、輿說輹。億國息
야초구유려이이천하초정기위독존야구이여탈복억국식

肩也。九三、良馬逐、利艱貞。午適其半、利在耐窮守正也。日閑輿
견야구삼양마축이간정오적기반리재내궁수정야일한여

衛、利有攸往。閑習戰陣、往必正之也。六四、童牛之牿、元吉。丑乃
위이유유왕한습전진왕필정지야육사동우지곡원길축내

蕃順、偕之大道也。六五、豶豕之牙、吉。亥宮之和柔也。上九、何天
번순해지대도야육오분시지아길해궁지화유야상구하천

之衢、亨。四極正宇、先天之衢歟。后天之衢歟、亨通无碍也。
지구형사극정우선천지구여후천지구여형통무애야

節在文從竹從即。即、只也。竹、有節也。凡事只宜有
절 재 문 종 죽 종 즉 즉 지 야 죽 유 절 야 범 사 지 의 유
節、文不宜過分限、說文所謂竹節時節之節是也。且畜聚之
절 문 불 의 과 분 한 설 문 소 위 죽 절 시 절 지 절 시 야 차 축 취 지
道、雖極其廣大、猶有分限節度、故次於大畜也。
도 수 극 기 광 대 유 유 분 한 절 도 고 차 어 대 축 야

彖曰節、亨、苦節、不可貞。乾道革、而水落而時、而節亦各有變也。
단 왈 절 형 고 절 불 가 정 건 도 혁 이 수 락 이 시 이 절 역 각 유 변 야

○象曰君子以、制數度、議德行。作曆授時、德化大行也。初九、不
상 왈 군 자 이 제 수 도 의 덕 행 작 력 수 시 덕 화 대 행 야 초 구 불
出戶庭、无咎。塞下不流、脚出无益也。九二、不出門庭、凶。二人同
출 호 정 무 구 새 하 불 류 각 출 무 익 야 구 이 불 출 문 정 흉 이 인 동
德、不合不吉也。六三、不節若、則嗟若、无咎。動必入險也。六四、安
덕 불 합 불 길 야 육 삼 부 절 약 즉 차 약 무 구 동 필 입 험 야 육 사 안
節、亨。隨時擇君也。九五、甘節、吉、往、有尙。醎泄甘湧、武節有功
절 형 수 시 택 군 야 구 오 감 절 길 왕 유 상 함 설 감 용 무 정 유 공

也。(야) 上六、苦節、貞、凶、悔、亡。(상육 고절 정흉 회망) 天命靡常、順之則有喜也。(천명미상 순지즉유희야)

䷺

渙在文爲水奐。(환재문위수환) 奐、大也。(환대야) 大水之險、汎濫於天下者、(대수지험 범람어천하자) 風以散之之義也。(풍이산지지의야) 且水漾澤上、塞下不流者、節卦之象也。(차수양택상 새하불류자 절괘지상야) 而水得下泄、風又從以散之者、渙卦之象、渙次節也。(이수득하설 풍우종이산지자 환괘지상 환차절야)

彖曰渙、亨、王假有廟。(단왈환형 왕격유묘) 中興而孚廟也。(중흥이부묘야) 利涉大川、利貞。(이섭대천 이정) 治水以正也。(치수이정야) ○象曰先王以、享于帝、立廟。(상왈선왕이 향우제 입묘) 郊焉而神格、廟焉而鬼享也。(교언이신격 묘언이귀향야)

初六、用拯、馬壯、吉。(초육 용증마장 길) 午旺子休也。(오왕자휴야) 九二、渙、奔其机、悔亡。(구이 환 분기궤 회망) 烈澤(열택)

而糞之、散者復合也。六三、渙其躬、无悔。散而躬耕、可以頤養也。六四、渙其群、元吉。協謨濟時也。渙、有丘。潮落山出也。匪夷所思。匪等夷之人、思慮所及也。九五、渙、汗其大號。風伯一怒、敵皆汗踵也。渙、王居、无咎。仍其舊殿也。上九、渙、其血。水去无害也。逖出、无咎。遠征有動也。

䷈

小畜二字見上。爲卦以陰畜陽、陽同宜先而爲陰畜止者、陽以陰爲基、先用陰曆之理也。且澳散之也、畜聚之也、散而復聚者、先小后大、故次於渙也。
산이복취자 선소후대 고차어환야

彖曰小畜、亨、密雲不雨、自我西郊。火入金鄉、天竭雨水也。○
단왈소축형 밀운불우 자아서교 화입금향 천갈우수야

象曰君子以、懿文德。體健而用順也。初九、復、自道、何其咎、吉。
상왈군자이 의문덕 체건이용순야 초구복자도하기구길

一生十成、須時而復之也。九二、牽復、吉。德不孤與類也。九三、
일생십성 수시이복지야 구이 견복 길 덕불고여류야 구삼

輿說輻。休其天政也。夫妻反目。陰陽相薄也。六四、有孚、血去、惕
여탈복 휴기천정야 부처반목 음양상박야 육사유부혈거척

出、无咎。火生土而水土成度、必无惕厲也。九五、有孚、攣如、富以
출 무구 화생토이수토성도 필무척려야 구오유부연여부이

其隣。方區信之、而同樂也。上九、既雨既處。平水宅土也。尚德、載。
기린 방구신지 이동락야 상구기우기처 평수택토야 상덕재

好德者受任也。婦貞、厲。歷若陰永、倒傷天理也。月幾望、君子征、
호덕자수임야 부정 려 역약음영 도상천리야 월기망 군자정

凶。月魄成午、然後可行也。
(흉 월백성오 연후가행야)

䷉

履在文爲尸復。復、反報也。尸、死人也。人之所行合
(리재문위시복 복반보야 시사인야 인지소행합)
於天理、則死後必有報施之福祿也。爲卦天下有澤、澤及天
(어천리 즉사후필유보시지복록야 위괘천하유택 택급천)
下而物皆畜潤之義。且物畜以禮、然後可以履行天下、故次
(하이물개축윤지의 차물축이례 연후가이이행천하 고차)
於小畜也。
(어소축야)

彖曰履虎尾、不咥人、亨。危行而言巽、保身之明哲也。○象曰
(단왈이호미부질인형 위행이언손보신지명철야 상왈)
君子以、辯上下、定民志。元上元下、使人知之也。初九、素履、往、
(군자이변상하정민지 원상원하사인지지야 초구소이왕)

无咎。素貧賤而行乎貧賤也。九二、履道坦坦、幽人、貞、吉。人
무구 소빈천이행호빈천야 구이 이도탄탄 유인 정 길 인
不知而不慍也。六三、眇能視、跛能履。小人之眩能也。履虎尾、
부지이불온야 육삼 묘능시 파능리 소인지현능야 이호미
咥人、凶。欲害君子、反受其殛也。武人、爲于大君。剛不得中也。
질인 흉 욕해군자 반수기극야 무인 위우대군 강부득중야
九四、履虎尾、愬愬、終吉。始寅終辰也。九五、夬履、貞、厲。毅宗殉
구사 이호미 삭삭 종길 시인종진야 구오 쾌리 정 려 의종순
其社稷也。上九、視履、考祥、其旋、元吉。誄謚表楔、終有福履也。
기사직야 상구 시이 고상 기선 원길 뇌시표설 종유복리야

䷒

臨、二陽長而大、故在文爲人臣品、示陽之臨陰、即人
림 이양장이대 고재문위인신품 시양지임음 즉인
臣之品尊者、臨下之義、故說文曰以尊適卑。又莅也、監也。盖
신지품존자 임하지의 고설문왈이존적비 우리야 감야 개

其音義、從監字來。爲卦澤上有地、地皆臨水、水皆灌地、而耕
기음의 종감자래 위괘택상유지 지개임수 수개관지 이경
食之象也。且禮之大者、莫如君臨天下、故次於履也。
식지상야 차예지대자 막여군림천하 고차어리야

彖曰臨、元亨、利貞。上帝臨予心、必貞正也。至于八月、有凶。八風
단왈림 원형이정 상제임여심 필정정야 지우팔월 유흉 팔풍
風物、及其快也。○象曰君子以、敎思无窮、容保民、无疆。君天下
풍물 급기쾌야 상왈군자이 교사무궁 용보민 무강 군천하
之大道也。初九、咸臨、貞、吉。壬水比化、可以漑根也。九二、咸臨、
지대도야 초구 함림 정 길 임수비화 가이개근야 구이 함림
吉、无不利。地无隱球、民食无量也。六三、甘臨、无攸利、旣憂之。
길 무불리 지무은구 민식무량야 육삼 감림 무유리 기우지
无咎。言之不信、憂之有紓也。六四、至臨、无咎。承天寵育下民也。
무구 언지불신 우지유서야 육사 지림 무구 승천총육하민야
六五、知臨、大君之宜、吉。君臨萬邦、易得得正也。上六、敦臨、吉、
육오 지림 대군지의 길 군림만방 이득득정야 상육 돈임 길

无咎。極其坤厚之德也。
(무구 극기곤후지덕야)

䷓ 觀、二陽在上、爲下瞻仰、故在文從雚從見、注目仰視之義也。爲卦風行地上、地球大闢而乃休風動之象。且觀感而化之者、臨民之大道、故次於臨也。
(관 이양재상 위하첨앙 고재문종관종견 주목앙시지의야 위괘풍행지상 지구대벽이내휴풍동지상 차관감이화지자 임민지대도 고차어림야)

彖曰觀、盥而不薦、有孚、顒若。誠敬之及人也。觀天之神道而四時、不忒。天降聖人、始造陽曆也。聖人、以神道設敎而天下服。神而化之、乃无缺舌也。
(단왈관 관이불천 유부 옹약 성경지급인야 관천지신도이사시 불특 천강성인 시조양력야 성인 이신도설교이천하복 신이화지 내무격설야)

○象曰先王以、省方觀民、設敎。勞於宣化
(상왈선왕이 성방관민 설교 노어선화)

也。初六、童觀、小人、无咎、君子、吝。觀化之道、不大也。六二、闚觀、
(야 초육 동관 소인 무구 군자 인 관화지도 부대야 육이 규관)
利女貞。視之而不見、守其宜矣。六三、觀我生、進退。觀亦多術也。
(이여정 시지이불견 수기의의 육삼 관아생 진퇴 관역다술야)
六四、觀國之光、利用賓于王。萬邦革而有光、无思不服也。九五、
(육사 관국지광 이용빈우왕 만방혁이유광 무사불복야 구오)
觀我生、君子、无咎。王者之修己也。上九、觀其生、君子、无咎。生靈
(관아생 군자무구 왕자지수기야 상구 관기생 군자무구 생령)
觀感、何咎之有乎。
(관감하구지유호)

中孚、象天氣貫地之中、而方正也。孚字從釆從子。子
(중부 상천기관지지중이방정야 부자종변종자 자)
有玉如之釆、則信而愛之之義也。爲卦木遇金而成器、有光
(유옥여지변 즉신이애지지의야 위괘목우금이성기 유광)

采之象。且觀而感之、感而化之者、在中心信慕、故次於觀也。
채지상 차관이감지 감이화지자 재중심신모 고차어관야

彖曰中孚、豚魚、吉。河豚江魚、不可勝食也。利涉大川、利貞。溯
단왈중부 돈어길 하돈강어 불가승식야 이섭대천 이정 소

截江河、而无憂風利也。○象曰君子以、議獄緩死。減獄省刑也。
절강하 이무우풍리야 상왈군자이 의옥완사 감옥생형야

初九、虞、吉、有他、不燕。商度元會、矢靡之他、則安且吉也。九二、
초구 우길 유타불연 상도원회 시미지타 즉안차길야 구이

鳴鶴、在陰、其子和之。伕仙相和、儒道在中也。我有好爵、吾與爾
명학재음 기자화지 불선상화 유도재중야 아유호작 오여이

縻之。三道歸于一也。六三、得敵、或鼓或罷或泣或歌。椉木鏖戰、得
미지 삼도귀우일야 육삼 득적 혹고혹파혹읍혹가 승목오전 득

孚唱凱也。六四、月幾望、馬匹、亡、无咎。帶月獻捷失風馬何咎乎。
부창개야 육사 월기망 마필망 무구 대월헌첩실풍마하구호

九五、有孚攣如。止其所止、革而能信也。上九、翰音、登于天、貞、
구오 유부연여 지기소지 혁이능신야 상구 한음 등우천 정

凶。天鷄唱曙、拳寅必凶也。
(흉 천계창서 권인필흉야)

䷽

小過二字見上。爲卦起於起、止於止者、雷也。雷動山屹、天下既平、則陰會否促而過去、陽元泰舒而當來之義也。
(소과이자견상 위괘기어기 지어지자 뇌야 뇌동산흘 천하기평 즉음회부촉이과거 양원태서이당래지의야)

且事之過常過分者、非篤信之、君子莫能行之、故次於中孚也。
(차사지과상과분자 비독신지 군자막능행지 고차어중부야)

彖曰小過、亨、利貞。一陰之運行、利其正終也。可小事、不可大事。陰陽之數度也。飛鳥遺之音、不宜上、宜下、大吉。鳥翼化陣、不宜
(단왈소과형이정 일음지운행 이기정종야 가소사불가대사 음양지수도야 비조유지음 불의상의하대길 조익화진불의)

犯上也。○象曰君子以、行過乎恭、喪過乎哀、用過乎儉。務本
범상야 상왈군자이행과호공상과호애용과호검 무본
也。初六、飛鳥、以凶。兵遁鳥喧也。六二、過其祖、遇其妣。休戊甲
야 초육비조이흉 병둔조훤야 육이과기조우기비 휴무갑
而當己癸也。不及其君、遇其臣、无咎。側陋人傑、銓之於大臣也。
이당기계야 불급기군우기신무구 측루인걸전지어대신야
九三、弗過防之、從或戕之、凶。實而虛、虛而實、戒不可不過也。
구삼불과방지종혹장지흉 실이허허이실계불가불과야
九四、无咎、弗過、遇之。无過不及、剛柔相遇也。往、厲、必戒、勿用
구사무구불과우지 무과불급강유상우야 왕여필계물용
永貞。輕動必敗、勿矜常勝也。六五、密雲不雨、自我西郊。金火冶
영정 경동필패물긍상승야 육오밀운불우자아서교 금화야
西、時適水涸也。公、弋取彼在穴。一發五弧也。上六、弗遇、過之、飛
서시적수학야 공익취피재혈 일발오호야 상육불우과지비
鳥離之、凶、是謂災眚。老却而不附、鳳翼也。
조리지흉시위재생 노각이불부봉익야

䷝ 離在文從离從隹。隹、物之火類也。离、象六爻陽陰之
리재문종리종치 치물지화류야 리상육효양음지

老少動變也。爲卦上有先天之日、下有后天之日。日、一而已
노소동변야 위괘상유선천지일 하유후천지일 일 일이이

也、而生成數度、各不同於先后天之理也。且天地日月有差
야 이생성수도 각부동어선후천지리야 차천지일월유차

過於數度、則必推測而正之、故次於小過也。
과어수도 즉필추측이정지 고차어소과야

彖曰離、利貞、亨、畜牝牛、吉。日月貞明、丑會之吉運也。○象曰
단왈리 이정형 축빈우길 일월정명 축회지길운야 상왈

大人以、繼明、照于四方。天下歷一、明无不照也。初九、履錯然、敬
대인이계명조우사방 천하역일 명무부조야 초구 이착연 경

之、无咎。道雖不同、誠敬何咎乎。六二、黃離、元吉。火熾文明、地
지무구 도수부동 성경하구호 육이 황리원길 화치문명지

政大吉也。九三、日昃之離、不鼓缶而歌、則大耋之嗟、凶。歷數窮
정대길야 구삼 일측지리 불고부이가 즉대질지차 흉 역수궁

而欲終、雖善必敗也。九四、突如其來如、焚如、死如、棄如。應天椉
이욕종수선필패야구사돌여기래여분여사여기여응천승

幾、氣焰赫懍也。六五、出涕沱若、戚嗟若、吉。宗社不覆也。上九、王
기기염혁름야육오출체타약척차약길종사불복야상구왕

用出征、有嘉。天吏之順時也。折首、獲匪其醜、无咎。誅其君而吊
용출정유가천리지순시야절수획비기추무구주기군이조

其民也。
기민야

䷜

坎在文爲土欠。欠、人之張口也。土、水土同宮而深險
감재문위토흠흠인지장구야토수토동궁이심험

之地也。衆人陷深險、驚而張口也。習字從羽從白、象飛鳥始
지지야중인함심험경이장구야습자종우종백상비조시

生白羽、重複馴習也。爲卦上有先天之月、二十九日之天心
생백우중복순습야위괘상유선천지월이십구일지천심

月是也。下有后天之月、三十日之皇中月是也。且坎之離而
(월시야 하유후천지월 삼십일지황중월시야 차감지리이)

爲日、離之坎而爲月、大明於天下之理、前聖后聖闡之詳矣。
(위일 리지감이위월 대명어천하지리 정성후성천지상의)

而匪習慣於推行者、不克繼之、故次於離也。
(이비습관어추연자 불극계지 고차어리야)

彖曰習坎、有孚、維心亨、行有尚。月合于中也。天險、不可升、地
(단왈습감유부유심형 행유상 월합우중야 천험불가승지)

險、山川丘陵。表裡裨瀛也。王公、設險、以守其國。球少相爭、
(험산천구릉 표리비영야 왕공설험이수기국 구소상쟁)

制險而禦之也。○象曰君子以、常德行、習敎事。武文幷用、
(제험이어지야 상왈군자이상덕행습교사 무문병용)

重複習熟也。初六、習坎、入于坎窞、凶。泄下益深、溢其澤隩也。
(중복습숙야 초육습감 입우감담흉 설하익심일기택오야)

九二、坎、有險、求、小得。處險而收衆、終必大得也。六三、來之、坎
(구이감유험구소득 처험이수중종필대득야 육삼내지감)

坎、險、且枕、入于坎窞、勿用。水溢益深、治匪其人也。六四、樽酒、
감 험 차 침 입 우 감 담 물 용 수 일 익 심 치 비 기 인 야 육 사 준 주

簋貳、用缶。飮食以禮、而尤尚質慤也。納約自牖、終无咎。啓其聰
궤 이 용 부 음 식 이 례 이 우 상 질 각 야 납 약 자 유 종 무 구 계 기 총

明也。九五、坎不盈、祇旣平、无咎。退之大瀛、水土抵平、縱厲无怨
명 야 구 오 감 불 영 지 기 평 무 구 퇴 지 대 영 수 토 저 평 종 려 무 원

也。上六、係用徽纆、寘于叢棘、三歲、不得、凶。行險而徼倖者、終受
야 상 육 계 용 휘 묵 치 우 총 극 삼 세 부 득 흉 행 험 이 요 행 자 종 수

殛刑也。
극 형 야

도천선외지포천자부주

朱夫子天包地外先天圖

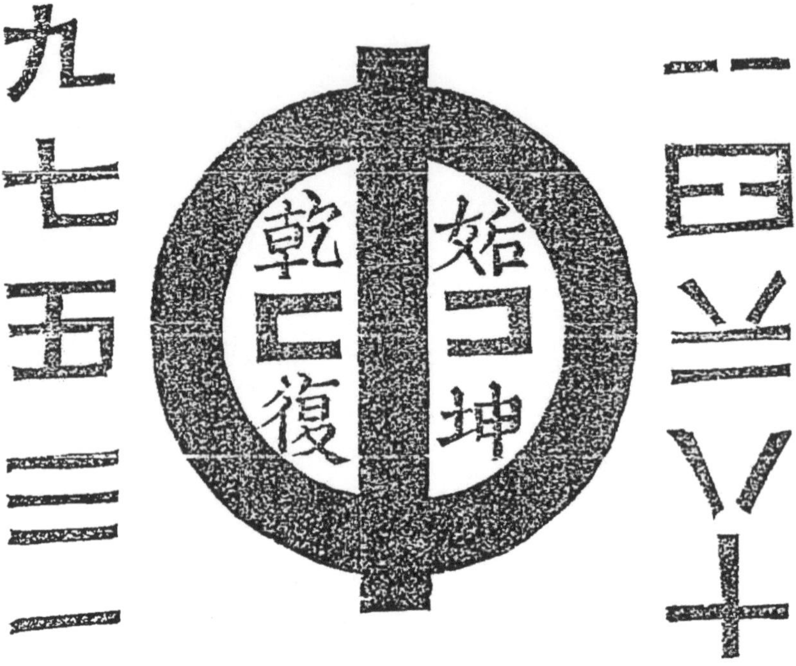

乾南坤北、天地定位、
(건남곤북 천지정위)

而一三五七九在東、
(이일삼오칠구재동)

二四六八十在西、復姤之兩儀之理也。
(이사육팔십재서 복구지양의지리야)

與先天太極圖、相爲表裏。
(여선천태극도 상위표리)

透叏之炁貫出乎上下、而成十。十、地十也。叏、天五也、故有地包天之后天之理。且上出者道之苗、下出者道之根也。天地之苗根、通乎无形之外而貞固、故斡之左右不捨晝夜、而不曾陷下、不曾壞了耳。
(수곤지기관출호상하 이성십 십 지십야 곤 천오야 고유지포천지후천지리 차상출자도지묘 하출자도지근야 천지지묘근 통호무형지외이정고 고알지좌우불사주야 이부증함하 부증괴료이)

주부자지포천외천후천도

朱夫子地包天外天后天圖

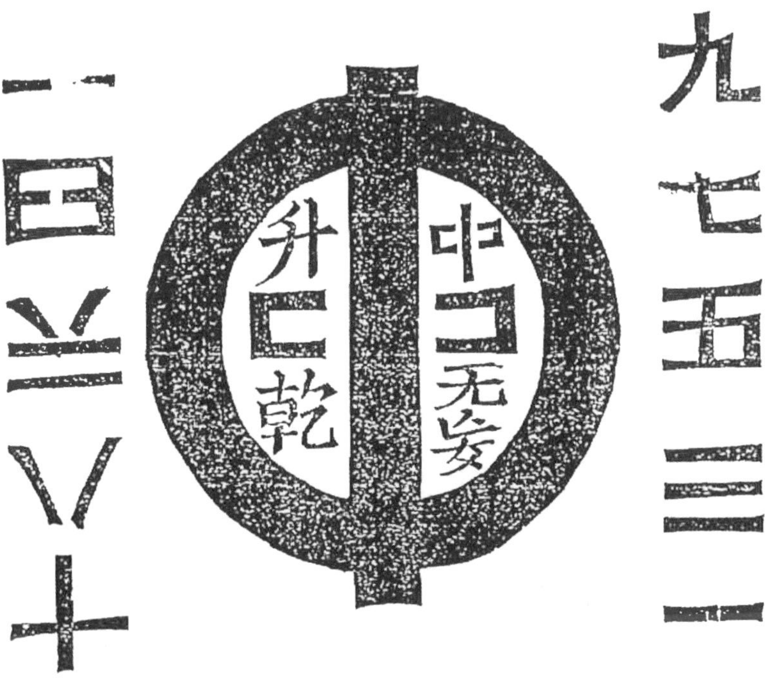

坤南乾北、地天交泰、而二四六八十在東、一三五七九在西、升无妄之四象之像也。與后天太極圖、相爲表裡。

右二圖、除卦位與天五地五之數而觀之、則陽氣貫陰之圖也。○朱子曰天便是一、地便是二、天之形雖包乎地之外、而其氣實透乎其中、故乾一而實、地雖一塊物事、在天之中然其中實虛容得天許多氣、故坤╍而虛、詳見乾卦小註。

陽氣貫陰圖
(양기관음도)

余嘗竊取夫子之意、畫二圖而表弁之、猶恐后學冥行未悟、
(여상절취부자지의、화이도이표변지、유공후학명행미오、)

又畫⚍、擧⚊貫⚋、明示其氣化形化之陽陰之構精之象。佛子
(우획 、거 관 、명시기기화형화지양음지구정지상。불자)

所謂表詮、孔聖所謂指掌也。且一楺而圈之、則天包地外之圖也。
(소위표전、공성소위지장야。차일유이권지、즉천포지외지도야。)

夫⚍先天之兩儀也。儀、可象。象、法之也。⚌⚏朱子曰四象也。无
(부 선천지양의야。의、가상。상、법지야。 주자왈사상야。무)

字音至。三畫成卦、各有命名焉。□✕之老於巳亥、變於子午者、先
(자음지。삼획성괘、각유명명언。 지노어사해、변어자오자、선)

天之二至也。老於辰戌、復於巳亥者、后天之二化也。○重交單
(천지이지야。노어진술、복어사해자、후천지이화야。 중교단)

坼之老少、虛實之自然法象、詳見閏易筮儀。

朱子曰八卦之名、始於包犧、六十四卦之名、文王衍之、愚之衍義、在序卦。○易之爲經也、假四聖之手畫出來、而程叔子原經註之、故曰傳。子朱子本其義而釋之、故曰本義。而四聖應四象、程朱協兩儀、兩儀四象之陰陽五行之先天易、成度於濂洛關閩云爾。○有四靈曰龍鳳龜麟、懸象於大易、而龍能聽角、鳳能協音、龜能神知、麟能仁壽。易所謂仁者、麟之像也。樂者、鳳之音也。變化者龍之玅也。知來者、龜之神也。而於皇宮中用之以五、龜朋

之龜之類是也。化无宮中用之以十、龜或益之十之類是也。美哉、
지귀지류시야 화무궁중용지이십 귀혹익지십지류시야 미재

四靈之昭昭於先后天也。
사령지소소어선후천야

卦名衍義以下、无經可附、故於三圖下而書之。
괘명연의이하 무경가부 고어삼도하이서지

繫辭上傳 (계사상전)

天尊地卑、乾坤定矣。閏易卦位之乾南坤北也。卑高以陳、貴賤、位矣。陽貴陰賤、而尊之有先后也。動靜有常、剛柔斷矣。陽剛陰柔之易、斷之於太初也。方以類聚、物以羣分。元有上下、各定主宰而吉凶相隨也。在天成象、在地成形、變化見矣。天地政令、隨時變易、而依人行之也。○剛柔相摩、八卦相盪。生成老少之交易變易也。○鼓之以雷霆、潤之以風雨。子午之復姤、巳亥之升无妄也。日月運行、一寒一暑。歷以閏正、各主冬夏也。
(복구 사해지승무망야 일월운행 일한일서 역이윤정 각주동하야)

○乾道成男、坤道成女。□✕之互變也。
(건도성남 곤도성녀 지호변야)

○乾知大始、坤作成物。炁化而始之、形化而終之也。
(건지대시 곤작성물 기화이시지 형화이종지야)

○乾以易知、坤以簡能。二五之運、刻定四時也。
(건이이지 곤이간능 이오지운 각정사시야)

○可久則賢人之德、可大則賢人之業。道人所以有希聖之功也。
(가구즉현인지덕 가대즉현인지업 도인소이유희성지공야)

○天下之理、得而成位乎其中。道人所以參爲三極也。右第一章
(천하지리 득이성위호기중 도인소이삼위삼극야)

聖人設卦、觀象繫辭。天人相感、然后奉而行之也。
(성인설괘 관상계사 천인상감 연후봉이행지야)

○剛柔相推、而生變化。推陰而閏之、演陽而正之也。
(강유상추 이생변화 추음이윤지 연양이정지야)

○吉凶悔吝。神明所以必
(길흉회린 신명소이필)

改人心也(개인심야)。○變化者(변화자)、進退之象(진퇴지상)。陽進而陰退(양진이음퇴)、歲在己日也(세재기일야)。剛柔(강유)者(자)、晝夜之象(주야지상)。晝短夜長(주단야장)、陰曆之度也(음력지도야)。夜短晝長(야단주장)、陽元之元也(양원지원야)。六爻(육효)之動(지동)、三極之道(삼극지도)。化之无極(화지무극)、該之有象(해지유상)、而建用於天中也(이건용어천중야)。○易之序(역지서)、爻之辭(효지사)。悟其道而氣有浩然也(오기도이기유호연야)。○自天祐之(자천우지)、吉无不利(길무불리)。德合上帝(덕합상제)、帝乃眷顧也(제내권고야)。右第二章

彖象(단상)、爻變(효변)。時假口於聖神也(시가구어성신야)。○无咎者(무구자)、善補過(선보과)。過而遄改(과이천개)、道人(도인)之不貳也(지불이야)。○貴賤(귀천)、小大(소인)、吉凶(길흉)。先后天之所不可闕者也(선후천지소불가궐자야)。○憂悔(우회)吝(린)、震无咎(진무구)。自天子至庶人(자천자지서인)、人一其揆於上元也(인일기규어상원야)。○各指其所之(각지기소지)。

子水險而有去之之理、丑土易而有闢之之理也。右第三章
자수험이유거지지리 축토역이유벽지지리야

能彌綸天地之道。分六層而象之、以導陰陽也。○仰觀俯察。耳目之聰明也。知鬼神之情狀。凡百云爲匪鬼神之玅、則不克生成也。
능미륜천지지도 분육층이상지 이도음양야 앙관부찰 이목지총명야 지귀신지정상 범백운위비귀신지묘 즉불극생성야

○與天地相似。聖人之性理也。範圍天地之化而不過。包貫於无形之外也。曲成萬物而不遺。廣大周遍、理氣囿焉也。通乎晝夜之道而知。萬億年之日至、可坐而算之也。神无方、易无體。神以明之、爲閏爲正也。右第四章
여천지상사 성인지성리야 범위천지지화이불과 포관어무형지외야 곡성만물이불유 광대주편 리기유언야 통호주야지도이지 만억년지일지 가좌이산지야 신무방 역무체 신이명지 위윤위정야

一陰一陽之謂道。曆數讓已也。○繼之者善、成之者性。囿后天之
일음일양지위도 역수양이야 계지자선 성지자성 유후천지

萬物而言之也。○君子之道、鮮矣。仁知山水也、而蒙昧而不知
(만물이언지야 군자지도 선의 인지산수야 이몽매이부지)
也。○不與聖人同憂。天地之所不能也。○生生之謂易。天地不曾
(야 불여성인동우 천지지소불능야 생생지위역 천지부증)
壞了也。○成象之謂乾、效法之謂巛。天政垂虛、影之事。地政彰
(괴료야 성상지위건 효법지위곤 천정수허 영지사 지정창)
實、體之業也。○極數知來之謂占、通變之謂事。无數无變、原易
(실체지업야 극수지래지위점 통변지위사 무수무변 원역)
從何處認出來乎。○陰陽不測之謂神。曆之陰陽、有促短舒長之
(종하처인출래호 음양불측지위신 역지음양 유촉단서장지)
度。大哉、神之所以爲神也。右第五章
(도 대재 신지소이위신야)
以言乎遠則不禦。大瀛之環、无思不服也。以言乎邇則靜而正。至
(이언호원즉불어 대영지환 무사불복야 이언호이즉정이정 지)
人之方寸、不回不撓也。以言乎天地之間則備矣。子開而丑闢、乃
(인지방촌 불회불요야 이언호천지지간즉비의 자개이축벽 내)

无餘蘊也。○四營而成易、十有八變而成卦。先天陰陽、復之之度也。九營而成爻、五十四營而成卦、后天陽陰、復之之理也。○是以大生焉、是以廣生焉。闢之以地十、四方中央備矣。○配天地、配四時、配日月、配至德。先生之光華也。右第六章

崇效天、卑法地。二七乾坤之開闢乎指掌也。○天地設位、而易、行乎其中。十五乾坤之成度於中指也。成性存存、道義之門。性情正而義理直、出入乎十无之門也。右第七章

聖人、有以見天下之賾、而擬諸其形容。幽深而難見者、洞見而細

推以博、正易之義也。○而觀其會通。推衍乎元會運世年、乃可通(추이박정역지의야 이관기회통 추연호원회운세년내가통)
變也。○而不可惡也、而不可亂也。出類拔萃、示之以井井之道(변야 이불가오야 이불가란야 출류발췌시지이정정지도)
也。○擬議、以成其變化。由辭闡意、然后克成其變易之度也。○(야 의의이성기변화 유사천의연후극성기변역지도야)
言行、君子之樞機。表裏交正、不涉妄誕、道人之木訥也。○二人(언행군자지추기 표리교정불섭망탄도인지목눌야 이인)
同心、其利斷金。同心之言、其臭如蘭。師弟之氣像也。○茅之爲(동심기리단금 동심지언기취여란 사제지기상야 모지위)
物、薄而用可重也。柔能制剛、剛而且愼、原易會之物、无不宜也。(물박이용가중야 유능제강강이차신원역회지물무불의야)
○君子愼密而不出。唯吾夫子能之也。○慢藏誨盜、冶容、誨淫。(군자신밀이불출 유오부자능지야 만장회도야용회음)
季世之情狀、可憎也。(계세지정상가증야) 右第八章

天地之數。自一至十、先天之生數也。自十至一、后天之成數也。
천지지수 자일지십 선천지생수야 자십지일 후천지성수야

○凡天地之數、五十有五。先后天之每一朔之五度之无月光之
범천지지수 오십유오 선후천지매일삭지오도지무월광지

法象也。○大衍之數、五十、其用、四十有九。先天五行生成於
법상야 대연지수 오십 기용 사십유구 선천오행생성어

五子會之初甲子故也。○乾坤之策、三百有六十、當朞之日。正
오자회지초갑자고야 건곤지책 삼백유육십 당기지일 정

曆之象數也。○二篇之策、當萬物之數。數以盡三極之變化也。
력지상수야 이편지책 당만물지수 수이진삼극지변화야

○八卦而小成。運之指上也。○引而伸之、觸類而長之、天下之能
팔괘이소성 운지지상야 인이신지 촉류이장지 천하지능

事畢矣。屈伸指掌、乃成乎先后天之八千一百九十二卦也。○可
사필의 굴신지장 내성호선후천지팔천일백구십이괘야 가

與酬酌、可與祐神。天上天下、地上地下之獨尊者能之也。○知變
여수작 가여우신 천상천하 지상지하지독존자능지야 지변

化之道者、其知神之所爲乎。一閏一正、匪人之私意也。右第九章
화지도자기지신지소위호 일윤일정비인지사의야

易有聖人之道、四焉。擴言其變易之度也。○无有遠近幽深、遂知
역유성인지도사언 확언기변역지도야 무유원근유심수지

來物。格爾泰筮、感之以神也。○參伍以變、錯綜其數、通其變、遂
내물격이태서감지이신야 삼오이변착종기수통기변수

成天地之文、極其數、遂定天下之象。三連之乾、三絶之坤、一崇一
성천지지문극기수수정천하지상 삼련지건삼절지곤일숭일

卑、如織布之有經緯、而爲大成度之原易八卦也。○寂然不動、感
비여직포지유경위이위대성도지원역팔괘야 적연부동감

而遂通天下之故。神明有正、與心默契也。○極深而研幾。超然乎
이수통천하지고 신명유정여심묵계야 극심이연기 초연호

今人之意襮也。○唯神也、故不疾而速、不行而至。唯豁然悟之
금인지의박야 유신야고부질이속불행이지 유활연오지

者、忽焉而能之也。右第十章
자홀언이능지야

以斷天下之疑。認之於无形、而示之以有跡也。○古之聰明叡知
이단천하지의 인지어무형 이시지이유적야 고지총명예지

神武而不殺者。啓其來今之神武也。○是興神物、以前民用。質之
신무이불살자 계기내금지신무야 시흥신물 이전민용 질지

神明也。○一闔一闢、謂之變。子水于歸、可見其闢丑之廣。廣大、
신명야 일합일벽위지변 자수우귀 가견기벽축지광 광대

大也。○易有太極、是生兩儀。无極而爲太極、兩儀而成四象者、
대야 역유태극 시생양의 무극이위태극 양의이성사상자

后天之不易之理也。○成天下之亹亹者、莫大乎蓍龜。四十九之
후천지불역지리야 성천하지미미자 막대호시귀 사십구지

用之先天、八十一之用之后天者、太陰太陽復之之理也。○河出
용지선천 팔십일지용지후천자 태음태양복지지리야 하출

圖、洛出書、聖人則之。子政有閏、丑政无閏、隨時變革而金火益
도 낙출서 성인칙지 자정유윤 축정무윤 수시변혁이금화익

彰也。○定之以吉凶、所以斷也。善則吉、而惡則凶、垂象而深誡
창야 정지이길흉 소이단야 선즉길 이악즉흉 수상이심계

之也。右第十二章
지야

天之所助者順、人之所助者信。天感而人應、自己求之也。○變而
천지소조자순 인지소조자신 천감이인응 자기구지야 변이

通之、以盡利。鹹變成陸、以利天下也。鼓之舞之以盡神。天下舞
통지이진리 함변성륙 이리천하야 고지무지이진신 천하무

蹈而彰神明之德也。○乾坤、成列而易、立乎其中。乾十坤五、錯宗
도이창신명지덕야 건곤성렬이역 입호기중 건십곤오 착종

而成正易。乾坤、毁則无以見易、易、不可見則乾坤、或幾乎息。反
이성정역 건곤훼즉무이견역 역 불가견즉건곤 혹기호식 반

覆詳說、以明其先天之乾一坤八之道、有時乎窮也。○形而上者、
복상설 이명기선천지건일곤팔지도 유시호궁야 형이상자

謂之道。氣化之爲先天也。形而下者、謂之器。形化之爲后天也。
위지도 기화지위선천야 형이하자 위지기 형화지위후천야

化而裁之、謂之變、推而行之、謂之通、擧而措之天下之民、謂之
화이재지 위지변 추이행지 위지통 거이조지천하지민 위지

事業。造之以曆之无量、使人知之也。○極天下之賾者、存乎卦、
사업 조지이력지무량 사인지지야 극천하지색자 존호괘

鼓天下之動者、存乎辭。研其卦辭、然后易曆得正也。○神以明
고천하지동자 존호사 연기괘사 연후역력득정야 신이명

之、存乎其人。上元无量之道、以聖繼聖也。默而成之、不言而信、
지 존호기인 상원무량지도 이성계성야 묵이성지 불언이신

存乎德行。畫之以至人之手、而吻合於性理之原也。右第十二章
존호덕행 획지이지인지수 이문합어성리지원야

繫辭下傳
계사하전

八卦成列。始於乾一、終於坤八者、先天之成列也。起於乾十、止
팔괘성렬 시어건일 종어곤팔자 선천지성렬야 기어건십 지

於巽一者、后天之成列也。象在其中。萬象悉具也。因以重之。交
어손일자 후천지성렬야 상재기중 만상실구야 인이중지 교

易變易之各爲六十四卦也。爻在其中。生成之六位也。○剛柔
역변역지각위육십사괘야 효재기중 생성지육위야 강유

相推、變在其中。三百八十四爻、悉爲□✕、遂成正易也。繫辭焉
상추 변재기중 삼백팔십사효 실위 수성정역야 계사언

而命之、動在其中。后天卦爻、亦有動變也。○吉凶悔吝者、生乎
이명지 동재기중 후천괘효 역유동변야 길흉회린자 생호

動者也。卦爻之有七情也。○剛柔者、立本者也。陽剛陰柔、閏正
동자야 괘효지유칠정야 강유자 입본자야 양강음유 윤정

之大本也。變通者、趣時者也。變易而隨時也。○吉凶者、貞勝者也。凶多吉少、先天之否往也。吉多凶少、后天之泰來也。○天地之道、貞觀者也。乾之坤、坤之乾、而爲大成度之原易、然后乃有久視之无量也。日月之道、貞明者也。光華乎上元度、无薄蝕也。○天下之動、貞夫一者也。動必大闢、而歸于一也。○夫乾、確然、示人易矣。⚊實而化之也。夫坤、隤然、示人簡矣。⚋虛而生之也。○爻也者、效此者也。象也者、像此者也。示人以效之像之之理也。○爻象、動乎內。□✕之三變也。吉凶、見乎外。善惡之辨報也。

功業、見乎變。有大勳勞而特著於變革會上也。聖人之情、見乎
공업 현호변 유대훈로이특저어변혁회상야 성인지정 현호
辭。至公无私而開來之心、溢於言外也。○天地之大德曰生。一元
사 지공무사이개래지심 일어언외야 천지지대덕왈생 일원
之醇而醇、徹上而徹下也。聖人之大寶曰位。卦有君位也。右第一章
지순이순 철상이철하야 성인지대보왈위 괘유군위야
始作八卦、以通神明之德。正易體象囿萃於閏易、神之妗用也。○
시작팔괘 이통신명지덕 정역체상유췌어윤역 신지금용야
作結繩而爲網罟。日午於仁壽之域、則人皆有不合圍之德也。○
작결승이위망고 일오어인수지역 즉인개유불합위지덕야
耒耜之利、以敎天下。湔鹹徹并、民受其極饒也。○日中爲市。午
뇌누지리 이교천하 전함철병 민수기극요야 일중위시 오
會天中、天下交易、風物和合於濟濟相讓之域也。○易、窮則變、
회천중 천하교역 풍물화합어제제상양지역야 역 궁즉변
變則通、通則久。所以有原易之无量也。大哉、乾坤之爲十五也。
변즉통 통즉구 소이유원역지무량야 대재 건곤지위십오야

○舟楫之利、以濟不通。極於輪船、化无不屆也。○服牛乘馬、引重致遠。丑旺午中之元、天下之般盛絡緯也。○重門擊柝、以待暴客。安不敢忘危、所以无爭戰於丑元也。○※舂杵之利、萬民以濟。精供之饒、始極於變、鹵爰稼也。○弧矢之利、以威天下。大定於己日、我武維揚也。○上棟下宇、以待風雨。櫛比於己戊、平而无疆也。○喪朞、无數。后必有三十六朔之定朞也。○后世聖人、易之以書契。□×⚍之觸類、生生者文字也。而極其功於大瀛之內也。右第二章

※ 계사전 원문은 절구 구臼이다.

是故、易者象也、象也者像也。觀象制器、乃極於電線也。○彖者、材也。斷而言之者、參爲三才也。○爻也者、效天下之動者也。爻有□✕、示其動變也。右第三章

(시고 역자상야 상야자상야 관상제기 내극어전선야 단자 재야 단이언지자 삼위삼재야 효야자 효천하지동자야 효유 시기동변야)

陽卦、多陰、陰卦、多陽。互宅之體象也。○陽卦、奇、陰卦、耦。生之於⚍故也。○一君而二民。后天之統於尊也。二君而一民。先天之爭其長也。右第四章

(양괘다음 음괘다양 호택지체상야 양괘기 음괘우 생지어 고야 일군이이민 후천지통어존야 이군이일민 선천지쟁기장야)

天下、何思何慮。己日之熙皞也。○寒暑相推而歲成焉。當朞之爲上元也。○屈伸、相感而利生焉。陰屈陽伸、曆元之利大矣。○

(천하하사하려 기일지희호야 한서상추이세성언 당기지위상원야 굴신상감이이생언 음굴양신역원지리대의)

窮神知化、德之盛。原易正之之化、在乎至人也。○語成器而動
궁신지화 덕지성 원역정지지화 재호지인야 어성기이동

者。益致其鍊、磨之功也。○不聰不仁、不畏不義。下元之末俗也。
자 익치기연마지공야 불치불인불외불의 하원지말속야

○惡積而不可掩、罪大而不可解。一番新換、天理之昭昭也。○
악적이불가엄 죄대이불가해 일번신환 천리지소소야

萬夫之望。及其至也、天下尊之也。○言致一也。萬殊一本、莫大
만부지망 급기지야 천하존지야 언치일야 만수일본 막대

於曆一也。○危而動、則民不與、懼而語、則民不應。當己神武、
어력일야 위이동 즉민불여 구이어 즉민불응 당이신무

必反於是也。右第五章
필반어시야

乾坤、其易之門。六宗運化、出入乎其中也。○其衰世之意耶。
건곤기역지문 육종운화 출입호기중야 기쇠세지의야

易道、三衰而三興也。○夫易、彰往而察來。戊子宮中始計己丑之
역도삼쇠이삼흥야 부역창왕이찰래 무자궁중시계기축지

數也。○因貳、以濟民行。先開后闢、以利生民也。右第六章
(수야 인이 이제민행 선개후벽 이리생민야)

作易者、其有憂患。一爻一錦也。
(작역자 기유우환 일유일금야)

○九卦之德。唯作易者能之也。右第七章
(구괘지덕 유작역자능지야)

不可爲典要、唯變所適。三代之易、變爲正易也。○其出入以度、
(불가위전요 유변소적 삼대지역 변위정역야 기출입이도)

外內、使知懼。乃使裨瀛之外內、懼而從道也。○无有師保、如臨
(외내 사지구 내사비영지외내 구이종도야 무유사보 여임)

父母。一元之人、咸知敬天也。○苟非其人、道不虛行。天生至人、
(부모 일원지인 함지경천야 구비기인 도불허행 천생지인)

大道貫天也。右第八章
(대도관천야)

六爻相雜、唯其時物。先天火水之理、后天金火之象、悉備矣。
(육효상잡 유기시물 선천화수지리 후천금화지상 실비의)

○初上本末。斷必有互宅之時也。○非其中爻、不備。中應四象、
초상본말 단필유호택지시야 비기중효 불비 중응사상

己日乃辨也。○二與四、同功而異位。揚陋明明、自各不同也。
기일내변야 이여사 동공이이위 양루명명 자각부동야

○三與五、同功而異位。三元爲否、五元爲泰也。右第九章
삼여오 동공이이위 삼원위비 오원위태야

物相雜、故曰文。經天緯地、文在其中也。右第十章
물상잡 고왈문 경천위지 문재기중야

危者、使平、易者、使傾。丑會之更革也。右第十一章
위자사평 이자사경 축회지갱혁야

乾坤之至健至順。大父母之體象也。○占事、知來。道人之格神
건곤지지건지순 대부모지체상야 점사지래 도인지격신

也。○以象告、以情言。所以推金火之互鄕也。右第十二章
야 이상고 이정언 소이추금화지호향야

說卦傳(설괘전)

幽贊於神明而生蓍。生滿百莖、以當己獨百之數也。○參天兩地
(유찬어신명이생시 생만백경 이당기독백지수야 삼천양지)

而倚數。先天之甲丙戊、天數、庚壬、地數也。后天之己辛癸、天數、
(이의수 선천지갑병무 천수 경임 지수야 후천지기신계 천수)

乙丁、地數也。屈伸指掌、則可見矣。右第一章
(을정 지수야 굴신지장 즉가견의)

易、六位而成章。先后天之十二位、文章之大成也。右第二章
(역 육위이성장 선후천지십이위 문장지대성야)

八卦相錯。羲氏之八卦、變以爲吾夫子之八卦也。○易、逆數也。
(팔괘상착 희씨지팔괘 변이위오부자지팔괘야 역 역수야)

逆以推之、知有陽曆也。右第三章
(역이추지 지유양력야)

成言乎艮。箕子適來、孔聖之欲居者、實爲道統之終始、在乎艮東也。右第四章
(성언호간 기자적래 공성지욕거자 실위도통지종시 재호간동야)

旣成萬物。易爲正易、六宗對待而政令於地天之會、然后萬象成度也。右第五章
(기성만물 역위정역 육종대대이정령어지천지회 연후만상성도야)

六十四卦彖象之傳、上下繫辭傳之別、匪大關於后天者、不在枚釋之例。下繫之旣成萬物章、以后體象材德畧同、故亦不在枚釋之例、后天序卦在經文云爾。
(육십사괘단상지전 상하계사전지별 비대관어후천자 부재매석지례 하계지기성만물장 이후체상재덕략동 고역부재매석지례 후천서괘재경문운이)

易說讀法制字窟(역설독법제자굴)

四字發筆畫數四先匕次ㅋ
五字發筆數五先三次ㅡ次ㅡ

九、數合(구수합)구、七、一倍(칠일배)칠、五、多四(오다사)오、三、直(삼직)삼、⚊、單(단)닐。

朱子曰畫卦音單、陽爻音九、衍數音(주자왈획괘음단양효음구연수음)닐。

十、衍數(십연수)시、八、餘偶(팔여우)팔、六、餘四(육여사)육、四、革(사혁)사、⚋、偶(우)니。

朱子曰畫卦音拆、陰爻音六、衍數音(주자왈획괘음탁음효음육연수음)니。盖一三五七九、積河圖之陽數也。二四六八十、積河圖之陰數也。畫以陽陰、原其制字、則伯程子所謂加倍法是也。(개일삼오칠구적하도지양수야이사육팔십적하도지음수야획이양음원기제자즉백정자소위가배법시야)○⚊老爲(노위)■、極於巳而變爲少陰(극어사이변위소음)、⚋老爲(노위)✕、

窮於亥而變爲少陽者、太陽太陰復之之理也。□✕⚊⚋、觸類長之、
궁어해이변위소양자태양태음복지지리야 촉류장지

以成六體之生生者、造字之原也。○字音之陽剛陰柔、內轉外轉、
이성육체지생생자조자지원야 자음지양강음유내전외전

轉舌反舌一字兩用、五音淸濁、四聲高低、諧聲諧音、紐字之玅、見
전설반설일자양용오음청탁사성고저해성해음뉴자지묘견

通志畧。○五行全數之自一至十爲先天河圖、太極是也。自十至一
통지략 오행전수지자일지십위선천하도태극시야자십지일

爲后天洛書、无極是也、故中域聖神之斅音義之初、解書圖之理、
위후천낙서무극시야고중역성신지효음의지초해서도지리

一乾之奇數曰單一、二坤之雙數曰偶二、三木數有曲直曰直三、四
일건지기수왈단일이곤지쌍수왈우이삼목수유곡직왈직삼사

金數有從革曰革四、經四有五曰多四五、當六前有四曰餘四六、原
금수유종혁왈혁사경사유오왈다사오당육전유사왈여사육원

一加一曰一倍七、進八前有二曰餘偶八、陽數合九曰數合九、大衍
일가일왈일배칠진팔전유이왈여우팔양수합구왈수합구대연

數合十曰衍數十。而箕聖中邦纘羲姒之統、而遜于艮場斆之以開
來、故余特書曰箕子本音云耳誕于。
天、陽之成形、莫大於天、故從一從大。○地、陰之成形者、土也、
故從土從也。也、泥也、象泥土之流而不剛、故俗稱잇기야、又
語之、餘助辭也。○人、賦於陰陽兩儀之構精而生者、故從臾字
之⚍也。○卦、筮也、筮而畫之、三變成畫、六畫成卦、故因土字
三畫而重之、示卜筮揲蓍之變易也。且先天筮儀、掛扐象閏、
故曰卦者掛也。后天无閏、故去手名之以卦也。○爻、象老陰而

重之、陰以成形之理也。○彖、豕之走者、蒙昧至遇之象、有決而
중지 음이성형지리야 단 시지주자 몽매지우지상 유결이
斷之之義、不曰斷而曰彖者、聖人之謙辭也。猶今文之以愚意
단지지의 불왈단이왈단자 성인지겸사야 유금문지이우의
斷之也。○象、如豕蒙昧而有目睹物之獸、又法之也。形容肖似
단지야 상 여시몽매이유목도물지수 우법지야 형용초사
也、與像同。不曰象而曰象者、亦謙辭也。蓋愚見有此像云爾、
야 여상동 불왈상이왈상자 역겸사야 개우견유차상운이
故孔子曰象、像也。○辭、從受從辛者、於受不甘之義。從辭從辛
고공자왈상 상야 사 종수종신자 어수불감지의 종사종신
者、以口固辭底意思又言也。文王周公所繫之辭、皆有言法、學
자 이구고사저의사우언야 문왕주공소계지사 개유언법 학
易者必究其言法察口頭、可得矣。○文、從六從爻、六爻、天地之
역자필구기언법찰구두 가득의 문 종육종효 육효 천지지
象也。人效六爻而行之、則有文彩光輝底道德、故經天緯地曰
상야 인효육효이행지 즉유문채광휘저도덕 고경천위지왈

文、文言之文、文字之文也。乾坤獨設文言、以釋陰陽剛柔元亨
문 문언지문 문자지문야 건곤독설문언 이석음양강유원형

利貞之類、幾箇關鍵緊要字、餘卦不必疊言、故无文言。○言、從
이정지류 기개관건긴요자 여괘불필첩언 고무문언 언 종

心從口、有聲生於心、而由口發之義也。○七、大衍之五字、統陽
심종구 유성생어심 이유구발지의야 칠 대연지오자 통양

數之合爲九、而中二畫爲七、七之爲字、欲成九而向之者、故曰
수지합위구 이중이화위칠 칠지위자 욕성구이향지자 고왈

少陽數。○八、⚋而向✕、微有欲變而生陽底意思、故程子曰八
소양수 팔 이향 미유욕변이생양저의사 고정자왈팔

則陽生至入而爲✕、四方中央備則爲老陰、在八則爲少陰數。
즉양생지입이위 사방중앙비즉위노음 재팔즉위소음수

○九、七字展而成乙。乙、東方木、行生物之元、故乾之爲字、盖
구 칠자전이성을 을 동방목 행생물지원 고건지위자 개

取諸此。老而爲口之義、見上。○六、從四加二、老而爲✕之義、
취저차 노이위구지의 견상 육 종사가이 노이위 지의

見上。●用、從口從手。口、老陽也、以手揲其陽陰之蓍策底意也。
견상 용 종 종수 노양야 이수설기양음지시책저의야

且九六、陽陰生數之老。衍圖作易之初、陽爻名九、陰爻名六、
차구육 양음생수지로 연도작역지초 양효명구 음효명육

至六爻已成老爲口✕、則用之以變也。○水、地之血、先天五
지육효이성노위 즉용지이변야 수 지지혈 선천오

行之首位居北、卦屬坎、故象坎卦之陽陰畫。○火、南方之
행지수위거북 괘속감 고상감괘지양음획 화 남방지

行、炎而上、質陽性陰、故象陽氣之出地上也。○木、東方位、
행 염이상 질양성음 고상양기지출지상야 목 동방위

盖取倒生之像也。○金、西方之行。西、陰方、故從陰從土、土生金
개취도생지상야 금 서방지행 서 음방 고종음종토 토생금

之義也。○土、從十從五、十五土之全體也。又爲十一之合、无極
지의야 토 종십종오 십오토지전체야 우위십일지합 무극

之歸體也。○元、從天從人。人、仁也。天、大也。天之所以至大至
지귀체야 원 종천종인 인 인야 천 대야 천지소이지대지

仁者、生生之元氣也。○亨、六陽訖了於化物、亨通之道也。○利、金旺禾成、金固宜禾、故從刀從禾。○貞、從正從貝。貝、海之介蟲、介必堅固、故說文曰貞正而固。又貝水蟲、故貞屬水。○春、三陽回泰、人生之日也。○夏、從頁從亥。亥、陽月也。頁、陽極也。太陽之政、當於巳亥、有極長極短之義。又五色曰夏、五行之物、嘉會於夏、故書曰夏雉。○秋、火星西流、禾成之時也。○冬、從亥從冫、亥水凍而不流之時也。○仁、天人之大用、統四端、兼萬善。○禮、從示從豊。豊、豆也、示、示之也。君子制禮、示人以籩、豆之節文也。○義、羊之爲物、得金氣而柔者也。我之所行、柔而能斷、得其宜之意也。○智、人心之知覺光明、如日之義、且知。智之用、人之所知、由口而大也。○信、人言爲信也。○東、日出方、木旺方、故從日從木。○西、從一從四、象四九金在西也。○南、太陽火方、又□×乾坤之位、故合□×午。午、七火也。○北、太陰水方、水土同宮、故從水從土。○宮、從宇從呂、呂律之聲、洋洋乎宇宙、而宮爲中聲之義、故音屬土。○商、從辛從兌、辛兌金、故音屬金。○角、象走獸所戴芒角也。音屬木。○徵、從往從致。致、極也。往、行也。五行之火、極旺於南、无止而爲政之義、故音屬火。○羽、象鳥舒翅也。○徵、音屬水。○靑、東方木色、故從東從丹、有間色之義。○赤、土火相薄、其色赤。○黃、土之正色、故全體從土。○白、四九金在西之正色、故從四從西。○玄、象六水之紋也。○禮、字義見上。○樂、木上調絲、其聲噭如之義、又八音總名。○䠶、從身從矢者、負矢立射之像、從身從寸者、貫侯而不失尺寸之義也。○御、人之使馬、行止有節也。○書、從聿從曰。曰、語也。聿、述也。述語而畫字曰書、書有六體八體、而詳見說文。且河曰圖、洛曰書。書、法之也。圖、像之

也。法象之著顯者、互見宜矣。畫亦書也、繪也。而橫畫曰畫、盖取
야 법 상 지 저 현 자 호 견 의 의 화 역 서 야 회 야 이 횡 획 왈 획 개 취

井田畫界之義也。○數、從婁從文。婁、幾倍也。文、天地之經緯也。
정 전 획 계 지 의 야 수 종 루 종 문 루 기 배 야 문 천 지 지 경 위 야

天五地五之經緯之數、衍幾倍而數之之義、且三極之道、擧便
천 오 지 오 지 경 위 지 수 연 기 배 이 수 지 지 의 차 삼 극 지 도 거 변

爲數、則六藝之最重者數也。而居末猶九容之有足也。○詠、
위 수 즉 육 예 지 최 중 자 수 야 이 거 말 유 구 용 지 유 족 야 영

言有長短高低曰歌、故書云歌永言。○歌、從哥從吹。哥、歌也。
언 유 장 단 고 저 왈 가 고 서 운 가 영 언 가 종 가 종 취 가 가 야

吹、噓也。噓其樂器、而相和之義也。○舞、象形也、而從無從舛。
취 허 야 허 기 악 기 이 상 화 지 의 야 무 상 형 야 이 종 무 종 천

有子會下元、勹象之舞、敎舛而不行、至无極上元、舞蹈而作
유 자 회 하 원 작 상 지 무 교 천 이 불 행 지 무 극 상 원 무 도 이 작

人之化、無舛於天下之義也。○蹈、踐也。踐其綴兆、右左憲致、
인 지 화 무 천 어 천 하 지 의 야 도 천 야 천 기 철 조 우 좌 헌 치

而手舞足蹈、故從足從陷、有不陷於舞、表外之義也。○己、象人
이수무족도 고종족종함 유불함어무 표외지의야 기 상인
之張口而坐、故曰身。先天位十干之中、中、十土也。后天宮十干
지장구이좌 고왈신 선천위십간지중 중 십토야 후천궁십간
之首、周子所謂无極而太極是也。古干名、屠維、黃、言陰氣殺物
지수 주자소위무극이태극시야 고간명 도유 황 언음기살물
也。○庚、先天十干之數、戊己尊空而更起、故曰庚、更也。古干
야 경 선천십간지수 무기존공이갱기 고왈경 갱야 고간
名、上章、言陰氣更萬物、且先天厥功告成于上帝之義也。二十
명 상장 언음기갱만물 차선천궐공고성우상제지의야 이십
年置七閏、氣朔分齊而曰一章者、倣此。○辛、十土爰稼、粒米狼
년치칠윤 기삭분제이왈일장자 방차 신 십토원가 입미낭
戾也。且土生金而味辛、故洪範曰從革作辛。古干名、重光、白、言
려야 차토생금이미신 고홍범왈종혁작신 고간명 중광 백 언
萬物辛氣方生、故朱子曰辛有新意。○壬、大也。盖取任字之義
만물신기방생 고주자왈신유신의 임 대야 개취임자지의

而位居北、有成終之大任。古干名、玄默、言陽氣壬養於下也。○癸、從水從天。天一生水、水六生木之義也。古干名、昭陽、黑、言萬物之情可揆度、故朱子曰癸所以揆度於其變之后。○甲、萬物孚甲剖坼、初出之象、先天十干之首、古干名、閼逢、始也。○乙、東方木、行始生物而軋軋芽之屈如乙字樣、故曰乙。古干名、旃蒙、青。○丙、南方陽火、且炎極於天、故從一從火、而象陽老。古干名、柔兆、陽道著明、溫柔億兆物之義也。○丁、象炎上而跋現、字樣猶紅星之縱橫。又今之盛火、具取諸此、古干名、强圉、赤、言

萬物丁壯也。又朱子曰丁所以丁寧於其變之前。○戊、先天中 (만물정장야 우주자왈정소이정녕어기변지전 무선천중)
央之位、萬物茂盛、故從茂去艸。古干名、著雍、言萬物之固也。○ (앙지위 만물무성 고종무거초 고간명 저옹 언만물지고야)
亥、十月之建先天純陰之月、老陰交而變、變之始則陽水生、故坤 (해시월지건선천순음지월 노음교이변 변지시즉양수생 고곤)
之上六曰其血玄黃。黃、土之正色、坤土之謂也。玄、水之正色、亥 (지상육왈기혈현황 황토지정색 곤토지위야 현수지정색 해)
水之謂也、故從玄從水。且水之始生、凍而未流、冬之爲字、盖取 (수지위야 고종현종수 차수지시생 동이미류 동지위자 개취)
諸此。古支名、大淵獻、言大獻萬物於天、陽氣深藏於下也。○子、 (저차 고지명 대연헌 언대헌만물어천 양기심장어하야 자)
象坎卦之陽陷坎水、故曰子者、滋也。古支名、困敦、言混沌也。○ (상감괘지양함감수 고왈자자자야 고지명 곤돈 언혼돈야)
丑、從十從五、地十天五之己戊數備焉。又土克水而生成萬物、土 (축 종십종오 지십천오지기무수비언 우토극수이생성만물 토)

牛送寒之類是也。古支名、赤奮若、言陽氣奮迅萬物、皆若其性、
(우송한지류시야 고지명 적분약 언양기분신만물 개약기성)
故曰丑者俱也。○寅、象木克土而始生者、姑未出地上也、亦猶
(고왈축자구야 인 상목극토이시생자 고미출지상야 역유)
草之爲屯也。古支名、攝提格、言萬物承陽而起演然而生也。○
(초지위둔야 고지명 섭제격 언만물승양이기연연이생야)
卯、象木之倒生者、展榦出地而根節盤于地中、故曰卯者、茂也。
(묘 상목지도생자 전간출지이근절반우지중 고왈묘자 무야)
古支名、單閼、言陽氣推萬物而生也。○辰、從天從艮。艮、東也、止
(고지명 단알 언양기추만물이생야 진 종천종간 간 동야 지)
也。天、日月之合宿、止於東之義也。且居四仲之位、故屬土。古支
(야 천 일월지합숙 지어동지의야 차거사중지위 고속토 고지)
名、執徐、言蟄伏者皆叙徐而起、故曰辰物有娠。○巳、陽極之月、
(명 집서 언칩복자개서서이기 고왈진물유신 사 양극지월)
象火氣之炎上也。古支名、大荒落、言萬物大出而荒落也。○
(상화기지염상야 고지명 대황락 언만물대출이황락야)

午、從⚋從十。十、土也。二、火也、火生土之義也。古支名、敦牂、言

萬物盛壯之意也。○未、從土從木。木、八木也。土、十土也。古

支名、協洽、言萬物和合而成也。○申、臾加中畫、土生金之義、

且始生之金柔韌、故曰납鐵、其氣爲賊物。古支名、涒灘、言垂萬

物吐之貌、即物之舒也。○酉、西方辰、故從西加一畫。古支名、

作噩、言萬物皆起之貌、即物之老也。○戌、土生金而金旺、肅殺

茂盛之物而滅之也、故從茂從滅。古支名、閹茂、言萬物皆淹冒

也。○干、從一從十、天干一十之義、又犯也。曆作幹。幹、木之體

十、幹爲乾之體之義也。榦、通又管通。○支、從十從又、地支十有
(십간위건지체지의야 간통우관통 지종십종우 지지십유)
二之義、又撐也。曆作枝。枝、木之用十二、支爲叏之用之義也。
(이지의 우탱야 역작지 지목지용십이 지위곤지용지의야)
夫天地之用、自東始之。而東、木位、故幹枝二字、盖取諸木也。
(부천지지용 자동시지 이동목위 고간지이자 개취저목야)
○陽、日月往來於大陸上之義也。○陰、旱大睦。大陸、地球也。
(양 일월왕래어대륙상지의야 음 한대목 대륙지구야)
今云地之義也。○日、太陽精十二時爲一日、象形也。○月、太陰
(금운지지의야 일 태양정십이시위일일 상형야 월 태음)
精三十日爲一月、象形也。○寒、從寅從冫。冫、凍水也。水生木
(정삼십일위일월 상형야 한 종인종빙 빙동수야 수생목)
而寒往之義、且二水、解凍之水、三水、汪洋之水也。○暑、日太
(이한왕지의 차이수 해동지수 삼수 왕양지수야 서 일태)
陽火精、照臨下土、而極熟之義也。○動、重其力者、能動之義
(양화정 조림하토 이극숙지의야 동 중기력자 능동지의)

也。○靜、從清從淨。清淨无爲之義、又動之反也。○剛、山之脊
야 정 종 청 종 정 청 정 무 위 지 의 우 동 지 반 야 강 산 지 척

曰岡。土之堅剛、難削之義也。○柔、木柔如茅之義也。○健、人之
왈 강 토 지 견 강 난 삭 지 의 야 유 목 유 여 모 지 의 야 건 인 지

亢然而立也、有彊斷之義。○順、頭容柔和、習馴之義也。○純、絲
항 연 이 립 야 유 강 단 지 의 순 두 용 유 화 습 순 지 의 야 순 사

之全青、如草穿地而始出之色也。○粹、米從淬淅而益精之義、
지 전 청 여 초 천 지 이 시 출 지 색 야 수 미 종 쉬 석 이 익 정 지 의

故說文曰不雜純粹。○上、人在一上也。○下、人在一下也。○始、
고 설 문 왈 부 잡 순 수 상 인 재 일 상 야 하 인 재 일 하 야 시

從女從胎、女之包胎、生物之始也。○終、續絲在冬之義、又竟也、
종 녀 종 태 여 지 포 태 생 물 지 시 야 종 속 사 재 동 지 의 우 경 야

卒也。○右、四九之老陽數、在西之義、故從在從口。○左、三八
졸 야 우 사 구 지 노 양 수 재 서 지 의 고 종 재 종 구 좌 삼 팔

數、在東之義、故從在從三。○中、天陽之氣、貫地中之象、又半
수 재 동 지 의 고 종 재 종 삼 중 천 양 지 기 관 지 중 지 상 우 반

也、正也。○正、從一從止、方直不曲、又有定底意思。○吉、從士從口、吉人之辭也。○凶、老陰老陽極而不變、凶之道也。○悔、從心從每、心每有思、悔過之意也。○吝、有過而文口不改、驕矜鄙嗇者也。○消、水旺有小月之義、與銷同鑠也。○息、凡物之消長動息、皆從心上起之義也。○長、陽畫、皆長陽長之意也。○盈、象器皿之充物也。○虛、象廿八宿之虛星也。○進、鳥之短尾者、飛則向前、故從隹從辵。○退、艮止也。止而走者、自后退去之義也。○屈、從尸從出、死歸之義、又直爲伸、曲爲屈。○伸、申鐵可伸可

屈、故合人字、示人之屈伸也。○鬼、厶陽也。陽大之氣散、則骨肉
歸土之義也。○神、示、祇也。申、伸也。陰陽不測之玅、伸之之謂也。
○往、主其行而行、必彳亍之義也。○來、三人同行而至之義、又
麥名。○存、子在不亾之道也。○亾、八欲✕而入、入則變、變則陰
逃之義也。○得、雖一寸之物、日行必取之謂也。○喪、長則消、消
則亾、理之常、故取老陰老陽、極則變之義也。變則亾也、失也、死
也。與喪同。○先、元氣首萬物、而始生之義也。○後、亥居先天、地
支之終。終、後也。行之有先後底意思。○本、象木之根柢也。○末、

象木之梢端也。○初、以刀裁衣也、始也。一初炁始太初。○内、大人在内之意也。○外、夕臥外堂之義也。○夫、大道貫天、男子之美稱也。○婦、女之歸于夫家者也。○父、交老陰之人也。○母、女之包陽陰而生子者也。○子、陽貫陰而生之者、母字之中畫也。○女、□變爲陰之象也。○男、老陽老陰交而生之者、貌似老陽也。○臣、一人之下、萬人之上、以口敷納者也。○妻、取女之于歸也。○聖、壬大也。口耳之言聽至大、大人中之睿神者也。○君、以口治人、有君國子民之德者也。○王、道貫三才也。○事、合□✕、丑

奉天時而有功之義也。○物、從牛從勿、有萬物之愚勿如牛之意
봉천시이유공지의야 물 종우종물 유만물지우물여우지의
也。○交、取六爻中之老陰爲✕也。○效、人效六效之義、故孔子曰
야 교 취육효중지노음위 야 효 인효육효지의 고공자왈
爻也者、效此者也。○以、從口從人、入天人之大道、由人口以之
효야자 효차자야 이 종구종인 입천인지대도 유인구이지
也。○卜、人用莫如龜卜、故從人從⚋。○筮、巫人用筵篿之義也。
야 복 인용막여귀복 고종인종 서 무인용연전지의야
○占、吉凶卜之、以人口也。○易、從日下月。○說、從言從兌。兌、
점 길흉복지 이인구야 역 종일하월 열 종언종태 태
悅也。說其言、樂其心、曰열。甘說其言而誘人曰세。又序述前言、
열야 열기언 낙기심 왈 감열기언이유인왈 우서술전언
而自說之曰설。○讀、從言從賣、有多識前言而講習之士則人必
이자설지왈 독 종언종매 유다식전언이강습지사즉인필
賈之、如得寶貝之義、又文絶處曰句讀音두。○法、從水從怯。怯、
가지 여득보패지의 우문절처왈구두음 법 종수종겁 겁

畏懼也。水、子會也。子會之制度刑律益多畏懼之意。古字從廌
외구야수자회야자회지제도형률익다외구지의고자종치

從法、法象也。廌、豸也、取獬豸觸其不直之義也。○制、從帝從刀。
종법법상야치치야취해치촉기부직지의야 제종제종도

帝王之作法御下畏之、如刀之意又造也、裁也。○字、男子冠而字
제왕지작법어하외지여도지의우조야재야 자남자관이자

之、講究文字之義、又愛也、乳也、畜牝也。○窟、孔穴也、土室也、故
지강구문자지의우애야유야축빈야 굴공혈야토실야고

從穴從屈、有屈處土穴底意思、而邵子月窟、張子理窟之命名之
종혈종굴유굴처토혈저의사이소자월굴장자리굴지명명지

義、則學者當以意逆志研奧鉤深、庶可默會矣。
의즉학자당이의역지연오구심서가묵회의

十清七記
십청칠기

淸橋主人閑居、二小子侍側、詠歌而舞蹈、客有冠圓梁衣方領綦
청교주인한거이소자시측영가이무도객유관원양의방령기

死午之皮綾折旋之步欵晝扃之扉出迎肅客、客涉級西階而升、
사오지피릉절선지보관주경지비출영숙객객섭급서계이승

撫席而坐、胥溫凉訖、客謂主人曰聖人旣沒、載籍隨燼、五帝之淳
무석이좌서온량흘객위주인왈성인기몰재적수신오제지순

風、極天而或墜、三代之美俗、掃地而无餘、聖學榛塞異說蜎興、
풍극천이혹추삼대지미속소지이무여성학진새이설연흥

衍河洛而羲姒之圖、舛推葳年而曆元之理、素此而不已、其不
연하락이희사지도천추위년이역원지리소차이불이기불

爲禽獸者、幾希矣。苟有秉彝之心、烏得无惕憐而憂之也哉。
위금수자기희의구유병이지심오득무척련이우지야재

余雖无淵博之學、請與子語之可乎。主人作而對曰噫、固所
여수무연박지학 청여자어지가호 주인작이대왈희 고소
願也。曰近耳之子、自孟陬以還、慨然有志於禮樂、歌之詠之、
원야 왈근이지자 자맹추이환 개연유지어예악 가지영지
舞之蹈之、倣吾夫子、龜山之均操學曾點也。浴沂之氣像、五
무지도지 방오부자 귀산지균조학증점야 욕기지기상 오
帝淳風、風之於今日、三代美俗、俗之於斯世。聖賢道統示之
제순풍 풍지어금일 삼대미속 속지어사세 성현도통시지
以分內事、異端源流黜之以方外物、不顧雌黃、殆若守白、子之
이분내사 이단원류출지이방외물 불고자황 태약수백 자지
志則尙矣。而人之惑則滋矣。人之惑則舍是而子之志則蠱矣。
지즉상의 이인지혹즉자의 인지혹즉사시이자지지즉고의
且夫差以毫釐謬以千里、安知非子之所謂認之以聖賢之道
차부차이호리유이천리 안지비자지소위인지이성현지도
統者、流入於異端之源流也耶。竊爲子惜之曰唯唯否否內則
통자유입어이단지원류야야 절위자석지왈유유부부내즉

曰十三舞勺歌勺、詩以節之十五、舞象歌象詩以奏之。朱夫子作小學、書擧而措之、又標題之辭曰小學之方、灑掃應對、入孝出恭、動罔或悖、行有餘力、誦詩讀書、詠歌舞蹈、思罔或踰。饒氏註曰詠歌以習樂之聲、舞蹈以習樂之容。又曰聖人作樂、養性情育人材、事神祇和上下、其體用功效、廣大深切、乃如此而今不復見可勝、歎哉。又曰敎童子先以舞者、欲其體柔而心和、心和而氣和、消融其查滓、此皆朱夫子之旨、后學之所先務也。豈局於數千載、不講之見、束閣如棄之耶。貿貿

不學之人、疑之以西賓、視之以東學、口口毁之、家家非之、所
(불학지인의지이서종시지이동학구구훼지가가비지소)
謂博學古今、畧知其禮樂之不可、斯須去身者、隨而刺之、目
(위박학고금약지기예악지불가사수거신자수이자지목)
之以僞學之魁。噫、箕大聖宣之以八條之敎、我列聖廟申之以
(지이위학지괴희기대성선지이팔조지교아열성묘신지이)
禮樂之化、薰陶五百年仁賢之域、何若是腌臢耶。然非道學之
(예악지화훈도오백년인현지역하약시엄잠야연비도학지)
咎、咎在吾不見信於人之責也。甘受之不暇、惡敢尤人曰然則
(구구재오불견신어인지책야감수지불가오감우인왈연즉)
子之詠歌也。何不以勺詩爲節、象詩爲奏。但以宮商角徵羽、
(자지영가야하불이작시위절상시위주단이궁상각치우)
循環反復、有似乎曼謳、而无節奏其舞蹈也。何不以鑽綴爲
(순환반복유사호만구이무절주기무도야하불이찬철위)
舞位之表文、則閑雅而不迫舞則擊刺而循環、每於九成而禮
(무위지표문즉한아이불박무즉격자이순환매어구성이예)

畢、徒以狂蕩无倫、撓手頓足、頗似乎接神病魔之人、聖賢之
필 도 이 광 탕 무 륜 요 수 돈 족 파 사 호 접 신 병 마 지 인 성 현 지

學、固如是乎。非獨堵看之噴飯子不能顧影而自笑乎。曰然、
학 고 여 시 호 비 독 도 간 지 분 반 자 불 능 고 영 이 자 소 호 왈 연

子之言也。請明語子乎。琴者、樂之宗也。聲者、琴之本也。五聲
자 지 언 야 청 명 어 자 호 금 자 악 지 종 야 성 자 금 지 본 야 오 성

生於心、有節於外謂之音。被之五絃爲薰殿之琴、曁于文武
생 어 심 유 절 어 외 위 지 음 피 지 오 현 위 훈 전 지 금 기 우 문 무

加之二絃卽變宮變徵也。七絃之作、端之於此而伶倫之律呂、
가 지 이 현 즉 변 궁 변 치 야 칠 현 지 작 단 지 어 차 이 영 륜 지 율 려

徵士之无絃、皆吻符於五聲七音、貴莫貴焉。而學樂之始則尤
징 사 지 무 현 개 문 부 어 오 성 칠 음 귀 막 귀 언 이 학 악 지 시 즉 우

貴乎自然之聲。雷霆驚天、風聲鶴唳、鷄鳴狵吠、總有自然之節
귀 호 자 연 지 성 뇌 정 경 천 풍 성 학 려 계 명 방 폐 총 유 자 연 지 절

奏。知音者、知之、況人賦天地之正氣、五聲七音皆在腔子裏乎、
주 지 음 자 지 지 황 인 부 천 지 지 정 기 오 성 칠 음 개 재 강 자 리 호

故考事新書備、載五聲六律之名義節目曰樂歌。腔[月周]以黃鍾宮一均爲例而起畢、必習之腔[月周]得其韻響、然后可以正樂。音所以詠歌之初、先以腔[月周]起調、洋洋興感之際、歌勺歌象是亦學樂之體用、惡得偏廢、然而體先用后、故必先以人聲已耳。纘綴九成、舞之終始、彬彬可觀、而方其下學之初、體柔氣和爲急務、宣其規矩爲餘事、故徒尚興感、舞之蹈之、想其氣像、安得无如醉如狂、神魔之使然哉。所以嶺儒書之、以別學識之以笑泣。清州士人、訟之以異端、是皆初目之心訝、故耳必家有塾

黨、有庠校學校興禮樂。春誦而夏絃、秋禮而冬詩、然后人之
당유상교학교흥예악 춘송이하현 추례이동시 연후인지
滋惑乃可破也、豈可以舌脣唔人也哉。曰歌舞之規、似然而子
자혹내가파야 기가이설진오인야재 왈가무지규 사연이자
之師門曉於束脩之利、不擇賢可否、不論有无識、來則教之云、
지사문효어속수지리 불택현가부 불론유무식 내즉교지운
是豈君子之道乎。吾必曰籍道而欺人、其中未必有也。且著无
시기군자지도호 오필왈적도이기인 기중미필유야 차저무
閏曆元會運世年、屈指計之。无閏之曆、古所未聞、洛書金火
윤력원회운세년 굴지계지 무윤지력 고소미문 낙서금화
之易、前聖所未發也。若有他理、古昔聖神、豈隱之而不言耶。
지역 전성소미발야 약유타리 고석성신 기은지이불언야
窮理修身之學、子朱子之所雅言而降生、末學惡可能之哉。黃帝
궁리수신지학 자주자지소아언이강생 말학오가능지재 황제
甲子不易之正易、三九置閏容成之所推、漢之太初、唐之大衍、
갑자불역지정역 삼구치윤용성지소추 한지태초 당지대연

元之授時、古之善曆而皆有一章之閏。洪武之甲子曆繼之以大
원지수시 고지선력이개유일장지윤 홍무지갑자력계지이대
統、萬曆之時憲曆用之者、三百年晦朔弦望以閏而不差。推此揆
통만력지시헌력용지자 삼백년회삭현망이윤이불차 추차규
之、曆之无閏、必无是理。治曆明時、大儒之所用功。孔夫子揚之
지역지무윤 필무시리 치력명시 대유지소용공 공부자양지
於易經、而當朞三百六十之數、揲扐二篇之策已耳、豈可揀此而
어역경이당기삼백육십지수 설륵이편지책이이 기가간차이
酷信哉。子之學可謂迂矣、余不知之矣。望望然若將浼焉。不復與
혹신재 자지학가위우의 여부지지의 망망연약장매언 불부여
語、振衣而去、主人塔然而志之。
어 진의이거 주인탑연이지지

太清太和戊己日月開闢二年己丑二月十五日十清李[illegible]奉書
태청태화무기일월개벽이년기축이월십오일십청이곤봉서

十清先生行狀
십청선생행장

先生姓李、諱坤、字景直、初名、象龍、號、十清、全州人、生於孔子
선생성이휘곤자경직초명상용호십청전주인생어공자
誕降二千四百〇一年庚戌九月十五日。性穎悟、十五通詩書易、
탄강이천사백영일년경술구월십오일성영오십오통시서역
以文名擅錦南。二十四復治易理、研究十餘載、未得要領、至
이문명천금남이십사부치역리연구십여재미득요령지
乙酉歲年三十六、始入艮城門下、大覺先后天變易之理、遂成无
을유세연삼십육시입간성문하대각선후천변역지리수성무
極會上大君子、作正易原義以詔后學。越己亥以僞學見捉就囚、
극회상대군자작정역원의이조후학월기해이위학견착취수
京師同志十一人俱繫、先生辨誣發明七月蒙、天恩再造放釋皈
경사동지십일인구계선생변무발명칠월몽천은재조방석반

家、是月二十九日病卒、壽五十。嗚呼、先生嘗曰程朱已上、上以
가시월이십구일병졸수오십오호선생상왈정주이상상이
爲君師於天下、故有作人之化、而行作人之敎。程朱已下、下以爲
위군사어천하고유작인지화이행작인지교정주이하하이위
固窮之君子、故有作人之規、而无作人之位。先生知其命、徂而自
고궁지군자고유작인지규이무작인지위선생지기명조이자
定、亦不免於先天炁數也、爾時。
정역불면어선천기수야이시

太淸太和戊己日月開闢二十年丁未十一月十一日、廉明三華奉書。
태청태화무기일월개벽이십년정미십일월십일일염명삼화봉서

夫大宗教者、合伏仕仗三道、而成无量宗教也。何則盖太初上
부대종교자 합불선유삼도 이성무량종교야 하즉개태초상
世、伏羲始畫八卦而爲先天易、中古文王之世、天道再變而爲后
세 복희시획팔괘이위선천역·중고문왕지세 천도재변이위후
天易、孔夫子大小象繫辭、程傳朱義註釋發明、惟仗道獨得其宗
천역 공부자대소상계사 정전주의주석발명 유유도독득기종
矣。至于季世、天道三變易之際、艮城金一夫夫子、以天縱之姿、
의 지우계세 천도삼변역지제 간성김일부부자 이천종지자
特奉。 上帝命令、創出千載不傳之學、詠歌舞蹈而俯仰地天探
특봉 상제명령창출천재부전지학 영가무도이부앙지천탐
躡根窟、著此五言正易以詔後學、受業諸賢、相繼而起、各有著
섭근굴 저차오언정역이조후학 수업제현 상계이기 각유저
述、而十清李先生以師門之宗匠、恐其后生之未發蘊奧、纂輯正
술 이십청이선생이사문지종장 공기후생지미발온오 찬집정
易原義、三極之推衍八卦之序次、詳細闡明、實是后天易之一枝
역원의 삼극지추연팔괘지서차 상세천명 실시후천역지일지

花也。粵自戊己開闢以后、斯門嫡統歸于貫夫河夫子、而八稜硯
화야월자무기개벽이후사문적통귀우관부하부자이팔릉연

廿九點、四稜硯三點、果是后天之河洛圖也。創立大宗敎堂於京
입구점사릉연삼점과시후천지하락도야창립대종교당어경

城西部月宮洞、而分派敎區於各道、以布宗敎爲己任、然以財力
성서부월궁동이분파교구어각도이포종교위기임연이재력

不贍刊行正易、而未及原義矣。其門人廉三華、常欲發刊、有志未
불섬간행정역이미급원의의기문인염삼화상욕발간유지미

就而天不憖遺、不幸涅槃、屹然砥柱無處、可望惟我永天崔法夫
취이천불은유불행열반흘연지주무처가망유아영천최법부

先生、早覺舞蹈之理、三十年修道之場創建龍華法殿、四時供享、
선생조각무도지리삼십년수도지장창건용화법전사시공향

誠不少懈、其所宣道之功、普濟之德、豈不偉哉。嘗宣言于敎中曰
성불소해기소선도지공보제지덕기불위재상선언우교중왈

今若不刊原義、則十清先師之道德、何以敭明乎、決意命送、趙亥
금약불간원의즉십청선사지도덕하이양명호결의명송조해

月、黃貫道、黃貫德、于中央本所、一遵大先生主指揮得竣剞劂之
월황관도황관덕우중앙본소일준대선생주지휘득준기궐지
功、非特斯道之燦明于世也。在天聖靈、亦必感應、而又況今年癸
공비특사도지찬명우세야재천성령역필감응이우황금년계
丑天地合德之年也。信乎三合大道、自此而大明於萬合世界也。
축천지합덕지년야신호삼합대도자차이대명어만합세계야

茲庸敢搆蕪辭弁于卷尾。
자용감구무사변우권미

太淸太和五化元始戊己日月開闢二十六年癸丑五月日、黃碁鳳謹識
태청태화오화원시무기일월개벽이십육년계축오월일황기봉근지

易範圖爲數之祖
(역범도위수지조)

河圖
(하도)

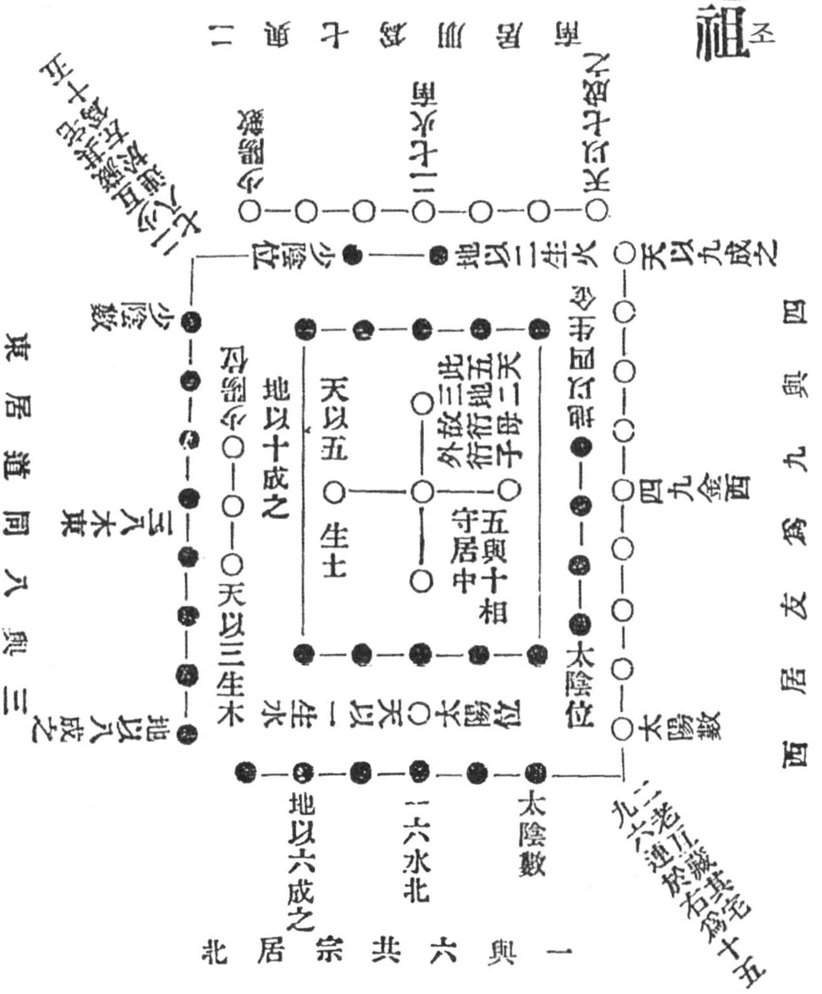

中一二三四五、五生數、外六七八九十、五成數。以五生數統五成數而同處其方、生成相合、交泰之義也。

중일이삼사오 오생수 외육칠팔구십 오성수 이오생수통오성수이동처기방 생성상합 교태지의야

天數二十五、地數三十、全數五十五。論其積實偶贏而奇乏、故主全。

천수이십오 지수삼십 전수오십오 논기적실우영이기핍 고주전

左左旋相生、水生木、木生火、火土土、金金水、水復生木。

좌좌선상생 수생목 목생화 화토토 금금수 수복생목

周易朱子圖說

주역주자도설

右繫辭傳曰河出圖洛出書、聖人則之。又曰天一地二天三地四
우계사전왈하출도낙출서성인칙지우왈천일지이천삼지사

天五地六天七地八天九地十、天數五、地數五、五位相得、而各有
천오지육천칠지팔천구지십천수오지수오오위상득이각유

合、天數二十有五、地數三十、凡天地之數五十有五、此所以成變
합천수이십유오지수삼십범천지지수오십유오차소이성변

化而行鬼神也。此河圖伏羲氏王天下、龍馬出河、遂則其文、以畫
화이행귀신야차하도복희씨왕천하용마출하수칙기문이획

八卦也。七前、六後、八左、九右也。
팔괘야칠전육후팔좌구우야

洛書
낙서

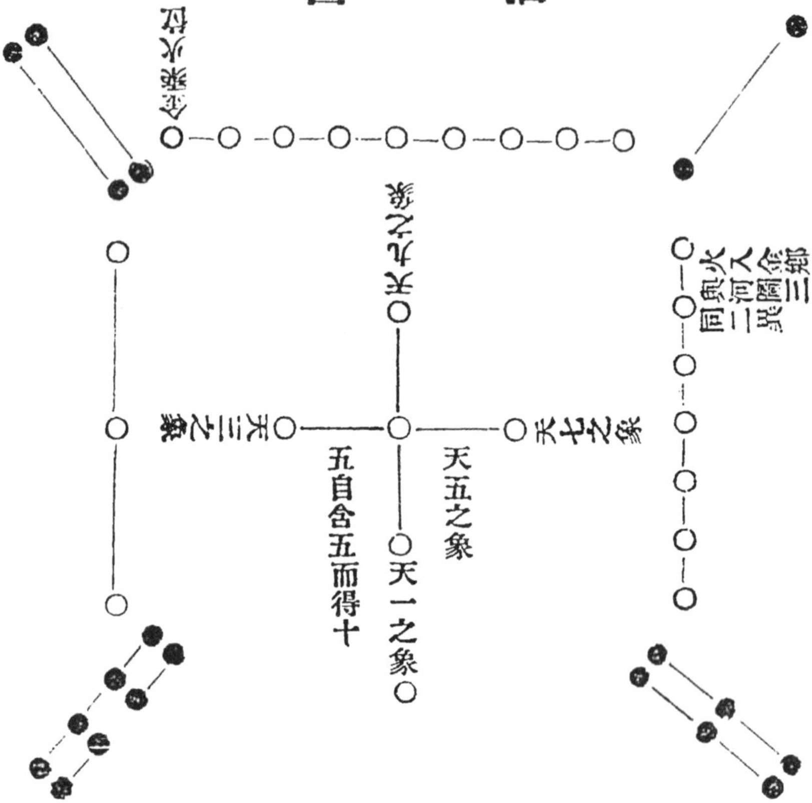

以五奇數統四偶數、而各居其所、陽正陰偏、正者爲君、側者爲臣、尊卑之位也。
(이오기수통사우수 이각거기소 양정음편 정자위군 측자위신 존비지위야)

洛書者、禹治水時、神龜負文而列於背、有數至九、禹遂因而第之、以成九類。其數戴九履一、左三右七、二四爲肩、六八爲足也。
(낙서자 우치수시 신귀부문이열어배 유수지구 우수인이제지 이성구류 기수대구이일 좌삼우칠 이사위견 육팔위족야)

복희팔괘방위도

伏羲八卦方位圖

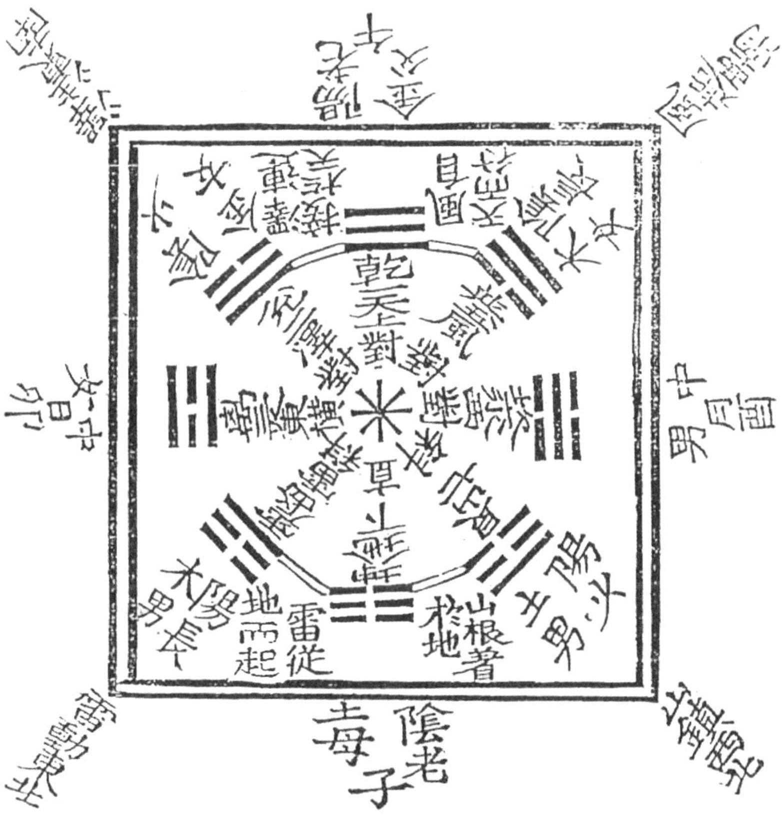

右、說卦傳曰天地定位、山澤通氣、雷風相薄、水火不相射、八卦相錯、數往者順、知來者逆。邵子曰乾南坤北离東坎西震東北兌東南巽西南艮西北。自震至乾爲順、自巽至坤爲逆、後六十四卦方位放此。

우 설괘전왈 천지정위 산택통기 뇌풍상박 수화불상사 팔괘상착 수왕자순 지래자역 소자왈 건남곤북리동감서진동북태동남손서남간서북 자진지건위순 자손지곤위역 후육십사괘방위고차

문왕팔괘방위도
文王八卦位次圖

右、見說卦傳。(우견설괘전)

邵子曰此文王八卦、乃入用之位、後天之學也。乾坤交而爲泰、坎离交而爲旣濟、乾生於子、坤生於午、坎終於寅、离終於申、以應天之時也。置乾於西北、退坤於西南、長子用事而長女代母、坎离得位而兌艮爲偶、以應地之方也。王者之法、其盡於是也。

(소자왈차문왕팔괘내입용지위후천지학야건곤교이위태감리교이위기제건생어자곤생어오감종어인리종어신이응천지시야치건어서북퇴곤어서남장자용사이장녀대모감리득위이태간위우이응지지방야왕자지법기진어시야)

정역팔괘방위도
正易八卦方位圖

右、見繫辭說卦傳。
우견계사설괘전

交泰而天地定位、水火相逮、
교태이천지정위수화상체

雷風不相悖、山澤通氣然後、
뇌풍불상패산택통기연후

能變化旣成萬物也。父母之
능변화기성만물야부모지

位而親政、三男三女各得其
위이친정삼남삼녀각득기

偶而正位、陰陽調而始分也。
우이정위음양조이시분야

朱子曰至其水火雷風山澤
주자왈지기수화뇌풍산택

之相偶、則又用伏羲卦。詳見
지상우즉우용복희괘상견

總目、文王卦小註。
총목문왕괘소주

금화정역도

金火正易圖

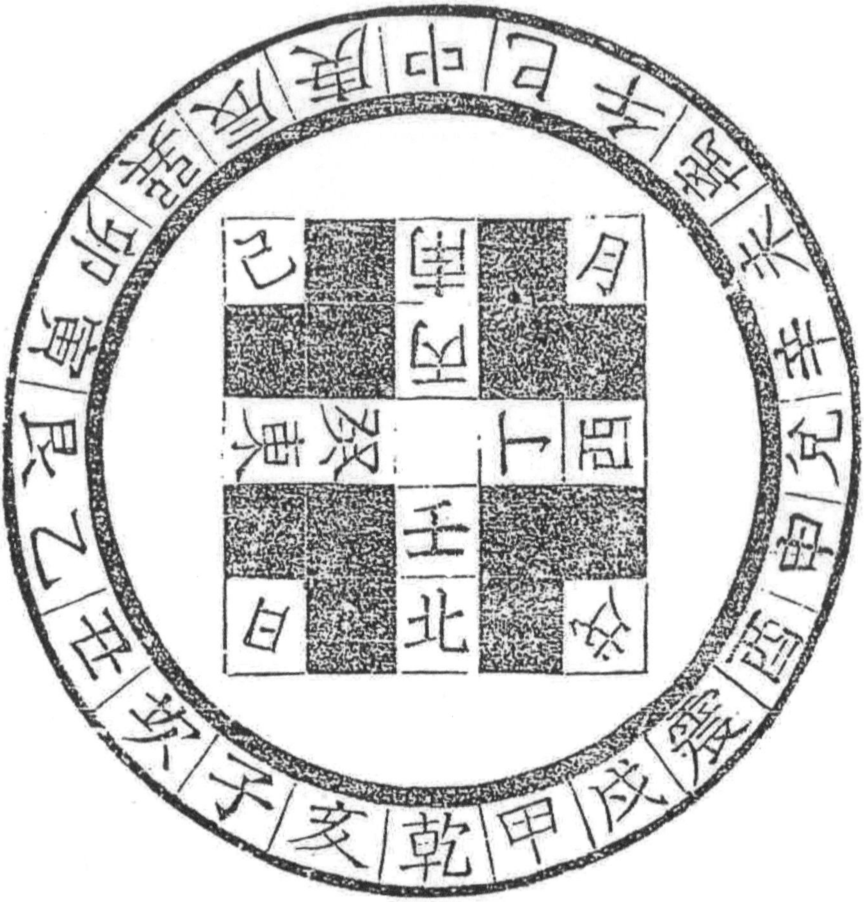

十干原度數
십간원도수

起頭 己丑 十年	庚	辛	壬	癸	甲	乙	丙	丁	戊
	四	九	一	六	八	三	七	二	五
生○癸亥時	○甲	乙	丙	丁	戊	巳	庚	辛	壬

十二支數
십이지수

丑	寅	○卯	辰	巳	午	未	申	酉	○戌	亥	子
十	三	八	五	二	七	八	九	四	五	六	一

干數五十五
支數六十八
五十五癸甲空
六十八卯戌空

기사위기축두기발해시용혹유시
己巳位己丑頭起癸亥時用或酉時

수토성도금화출입문
水土成度金火出入門

干癸甲空數干 支卯戌空數支

干數五十五 支數六十八

十十 己丑	四三 庚寅	九八 辛卯	一五 壬辰	六二 癸巳	八七 甲午	三八 乙未	七九 丙申	二四 丁酉	五五 戊戌
己亥 日窮	庚子 太陰胞	辛丑 初一度	壬寅 太陽生	癸卯	甲辰	乙巳	丙午 太陽胞 一七度	丁未	戊申 太陰胎復 一九度
己酉	庚戌	辛亥 太陽成 卅六度	壬子 太陰養 十三度	癸丑	甲寅 太陽胎 十五度	乙卯	丙辰	丁巳	戊午 太陽養 十九度
己未	庚申 太陰生 二十一度	辛酉	壬戌	癸亥	甲子	乙丑	丙寅 太陽化壬 二十七度	丁卯	戊辰 月窟
己巳 太陰生 太上老君 三十度	庚午	辛未	壬申	癸酉 天根	甲戌	乙亥	丙子	丁丑	戊寅
己卯	庚辰	辛巳	壬午	癸未	甲申	乙酉	丙戌	丁亥	戊子

數與卦名

十乾天	二天日	五臾地	七地月	一巽風	六震雷	三兌澤	八艮山	四坎水	九离火
八艮山	九离火	十乾天	一巽風	二天	三兌澤	四坎水	五臾地	六震雷	七地

一抱十而生數、十貫一而成數。
일포십이생수 십관일이성수

聖人觀河洛奇偶之數、變而通之。
성인관하락기우지수 변이통지

易窮則變、變則通、通則久。
역궁즉변 변즉통 통즉구

易曰神无方而易无體。神、屈伸往來之神。方、周圓无方之方也。
역왈신무방이역무체 신 굴신왕래지신 방 주원무방지방야

易、變易之易。體、互相體用之體。數者、陰陽鬼神往來之道路也。
역 변역지역 체 호상체용지체 수자 음양귀신왕래지도로야

卦者、均察陰陽鬼神之牧伯也。
괘자 균찰음양귀신지목백야

禮者、別內外尊卑之關鍵也、使神物各安其所。樂者、調人氣血之樞機也、使神物和而不悖。繫辭曰鼓之舞之以盡神、小學曰詠歌舞蹈思罔或逾。窮理、斯學之大。
예자 별내외존비지관건야 사신물각안기소 악자 조인기혈지추기야 사신물화이불패 계사왈고지무지이진신 소학왈영가무도사망혹유 궁리 사학지대

龍圖先天(용도선천) 一乾處於正南(일건처어정남) 逆數而生

八坤處於正北(팔곤처어정북) 順數而生

乾逆 坤順

然同生異類、皆逆生之理(연동생이류 개역생지리)

生長女兌置東南間(생장녀태치동남간)
生中女離置正東上(생중녀리치정동상)
生小男震置東北間(생소남진치동북간)

生長男艮置西北間(생장남간치서북간)
生中男坎置正北上(생중남감치정북상)
生小女巽置西南間(생소녀손치서남간)

老陽少陽太陽

老陰少陰太陰

八卦交相配合、先天方位生矣。父母生子女、嫁娶之道成矣。乾坤(팔괘교상배합 선천방위생의 부모생자녀 가취지도성의 건곤)父母之道、畢當龍之生龜、乾先退處于西北之維、長男之家也。坤(부모지도 필당용지생귀 건선퇴처우서북지유 장남지가야 곤)退處于西南之維、小女之家也。使坎離順其所受之性、俾處之南(퇴처우서남지유 소녀지가야 사감리순기소수지성 비처지남)正北正、平治水火之氣、使震兌亦順其所賦之性、處之東正西正、(정북정 평치수화지기 사진태역순기소부지성 처지동정서정)

以通日月之路、使艮處之東北維、管萬物之始終終始、使巽處之東南維、撓萬物而不折不廢、入萬物而能順其性理、乾坤偏處二維之位、不得正位、此所謂天傾西北、地不滿東北也。水火配而旣未、乾坤偏而否泰、雷風相磨、山澤不得通氣、神龜后天方位定而一治一亂之道生矣。

이통일월지로 사간처지동북유 관만물지시종종시 사손처지동남유 요만물이부절불폐 입만물이능순기성리 건곤편처이유지위 부득정위 차소위천경서북 지불만동북야 수화배이기미 건곤편이비태 뇌풍상마 산택부득통기 신귀후천방위정이일치일란지도생의

一乾天、初變上畫生長女兌、次變中畫生中女離、次合上中變生小男震。

일건천 초변상획생장녀태 차변중획생중녀리 차합상중변생소남진

八坤地、初變上畫生長男艮、次變中畫生中男坎、次合上中變生小女巽。

팔곤지 초변상획생장남간 차변중획생중남감 차합상중변생소녀손

一乾二兌三离四震五巽六坎七艮八坤之理如此。

일건이태삼리사진오손육감칠간팔곤지리여차

右河圖卦序、自上至下

乾坤之變、見化陰而往、化陽而來、君子入內、小人出外矣。一二三四、往。八七六五、來也。自一至四、逆。自八至五、順也。推未來曰逆、推已生曰順、然則河圖之理、陽逆陰順也。右先天順逆論

(건곤지변 견화음이왕 화양이래 군자입내 소인출외의 일이삼사왕 팔칠육오래야 자일지사역 자팔지오순야 추미래왈역 추이생왈순 연즉하도지리 양역음순야)

洛書則自下達上、陽自巽至艮、陰自震至兌、故亦曰陽逆陰順、而先天龍圖、天道而以上臨下自上變也順也。后天神龜、地道而自下達上自先變也逆也、故天道居右而左旋、地道居左而右旋。

(낙서즉자하달상 양자손지간 음자진지태 고역왈양역음순 이선천용도 천도이이상림하순야 후천신귀 지도이자하달상역야 고천도거우이좌선 지도거좌이우선)

右先后天通論
우선후천통론

河圖乾坤之卦、下一畫終不變、有動之名、无動之實、何也。乾之
하도건곤지괘 하일획종불변 유동지명 무동지실 하야 건지

下一畫不變者、天之賦與物雖多、下應地氣上升、畜物與地之理
하일획불변자 천지부여물수다 하응지기상승 축물여지지리

也。坤之下一畫不變者、地之生物雖多、承順天氣下降、生物載重
야 곤지하일화불변자 지지생물수다 승순천기하강 생물재중

之理也。若乾三畫、皆變爲陰、則地氣上升而上无應。若坤三畫、
지리야 약건삼획 개변위음 즉지기상승이상무응 약곤삼획

皆變爲陽、則天氣下降而下无承者矣、何以生物乎。有動之名者、
개변위양 즉천기하강이하무승자의 하이생물호 유동지명자

巽爲坤小女、震爲乾小男之謂也。无動之實者、下一畫終不變而
손위곤소녀 진위건소남지위야 무동지실자 하일획종불변이

成男女也。神龜后天、則有亢龍有悔之義耳。有此理故生女之人、
성남녀야 신귀후천 즉유항룡유회지의이 유차리고생녀지인
能生男、生男之人亦生女矣。乾生震、坤生巽、此理、大矣哉。
능생남 생남지인역생녀의 건생진 곤생손 차리대의재
龍圖則艮爲長男、神龜則以反對之理、震行長男之事、自下達上
용도즉간위장남 신귀즉이반대지리 진행장남지사 자하달상
之故也。龍則兌爲長女、龜則巽行長女之事、艮行小男之事、兌行
지고야 용즉태위장녀 귀즉손행장녀지사 간행소남지사 태행
小女之事、然誰知後來。中男爲長男、中女爲長女、艮兌爲中男
소녀지사 연수지후래 중남위장남 중녀위장녀 간태위중남
女、震巽爲小男女、乾坤爲土爲火乎。天之足在震、地之股在巽、
녀 진손위소남녀 건곤위토위화호 천지족재진 지지고재손
南北、乾坤交媾位、東西、日月出入門、艮兌人物化育主、巽震禽獸
남북 건곤교구위 동서 일월출입문 간태인물화육주 손진금수
變態源、△八則陽生者、八生艮七陽河圖也。天之首在兌、地之首
변태원 팔즉양생자 팔생간칠양하도야 천지수재태 지지수
在艮。
재간

一二三西五爲先、而一三五爲九陽也、二四爲六陰也。聖人本無私心、而何其陰多惡心、常抑陰存陽乎。天地之間彌滿者、陰陽二氣而陰多陽小、故小人多、君子小、治日常小、亂日常多、聖人常有抑陰之心、陰多者、八卦三十六宮、陽宮十二、陰宮二十四、陰加倍故也。

일이삼서오위선 이일삼오위구양야 이사위육음야 성인본무사심 이하기음다악심 상억음존양호 천지지간미만자 음양이기이음다양소 고소인다 군자소 치일상소 난일상다 성인상유억음지심 음다자 팔괘삼십육궁 양궁십이 음궁이십사 음가배고야

河圖四面

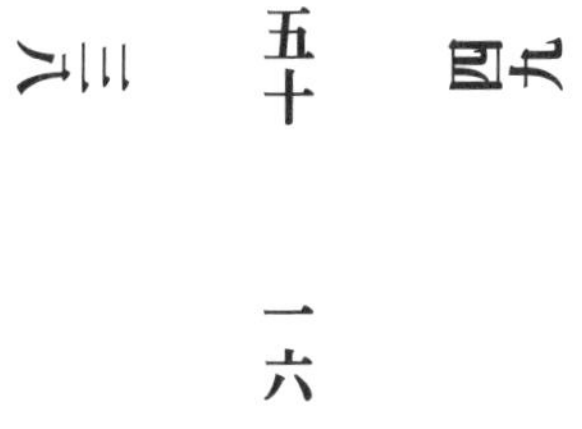

洛書分爲八方圖

居一連九者太陽也。(거일련구자태양야)
居四連六者太陰也。(거사련육자태음야)
居二連八者少陰也。(거이련팔자소음야)
居三連七者少陽也。(거삼련칠자소양야)

一六分而一居正北、六居維。二七合而爲九居乎正南、四以其類隨而居維。分而七居正西、二居維。三分八而三居正東、八居維。天陽之數、居四正。地陰之數、居四維。河圖乾位二七宮、坤位一六宮。洛書則乾位六、坤位二。

(일육분이일거정북 육거유 이칠합이위구거호정남 사이기류수이거유 분이칠거정서 이거유 삼분팔이삼거정동 팔거유 천양지수 거사정 지음지수 거사유 하도건위이칠궁 곤위일육궁 낙서즉건위육 곤위이)

乾道實而所生者虛、實中有虛也。坤道虛而所成實、虛中有實也。

(건도실이소생자허 실중유허야 곤도허이소성실 허중유실야)

艮爲龍馬、地道之始變、神龜天道之終。兌爲龍馬、天道之始變、神龜、地道之終。艮兌即天地之始終終始也夫。

(간위용마 지도지시변 신귀천도지종 태위용마 천도지시변 신귀 지도지종 간태즉천지지시종종시야부)

龍龜合圖(용귀합도) 人情付焉(인정부언)

八九之性

河馬往來屈伸

洛龜進退退進(낙귀진퇴퇴진)

洛龜卦變依數進退(낙귀괘변의수진퇴)

坤處二宮(곤처이궁) 進而先下、變爲三震(진이선하 변위삼진) 退而次中、變爲一坎(퇴이차중 변위일감) 進而合下中、變爲七兌(진이합하중 변위칠태)

乾處六宮(건처육궁) 退而先下、變爲四巽(퇴이선하 변위사손) 進而次中、變爲九离(진이차중 변위구리) 退而合下中、變爲八艮(퇴이합하중 변위팔간)

五是皇極、故不與焉。七九互易、金火互宅也。(오시황극 고불여언 칠구호역 금화호택야)

子午乾坤、交媾位者、天道左旋求地德、交媾於子生壬水。地道右旋求天德、交媾於午生丙火也。(자오건곤 교구위자 천도좌선구지덕 교구어자생임수 지도우선구천덕 교구어오생병화야)

黃帝因河圖而作甲子者、大衍五十五數中、八无位五算作六十化甲。(황제인하도이작갑자자 대연오십오수중 팔무위오산작육십화갑)

河洛變易
(하락변역)

休把乾坤天地觀 (휴파건곤천지관)
却將乾坤性情看 (각장건곤성정간)

龍圖自上龜書下 (용도자상구서하)
時則執中无悔端 (시즉집중무회단)

无量往來屈伸
(무량왕래굴신)

八卦化成十卦。○五地在上、雖土天也。十天在下、雖天地也。
(팔괘화성십괘 오지재상 수토천야 십천재하 수천지야)

三八、天地之中央、故土生於三入中指、其故何也。木極土、反之理也。
(삼팔 천지지중앙 고토생어삼입중지 기고하야 목극토 반지리야)

十乾九离八艮七坤六震五坤四坎三兌二乾一巽、此乃无量卦生序。
(십건구리팔간칠곤육진오곤사감삼태이건일손 차내무량괘생서)

天有三陽、初變中畫爲九离(천유삼양 초변중획위구리) ☲ 火金(화금)

十天 己亥 ☰ 金土

次變下畫爲八艮(차변하획위팔간) ☶ 土木(토목)

次變上畫爲七坤(차변상획위칠곤) ☷ 土火(토화)

次連下爻爲六震(차련하효위육진) ☳ 木水(목수)

地有三陽、初變中畫爲四坎(지유삼양 초변중획위사감) ☵ 水金辛酉(수금신유)

五地 戊辰 ☷

次變下畫爲三兌(차변하획위삼태) ☱ 金木甲申(금목갑신)

次變上畫爲二乾(차변상획위이건) ☰ 金火丁未(금화정미)

次終下畫爲一巽(차종하획위일손) ☴ 木水壬子(목수임자)

天地二卦、各生四卦、合成十卦、十卦相蕩、亦生百卦。(천지이괘 각생사괘 합성십괘 십괘상탕 역생백괘)

十卦生成順逆辨說
십괘생성순역변설

天地之理、順逆也、旣未也。自上而下曰順、自下而上曰逆。踏來
천지지리 순역야 기미야 자상이하왈순 자하이상왈역 답래
已生之數曰順、探去未來之數曰逆。一二三四五六七八九十、逆。
이생지수왈순 탐거미래지수왈역 일이삼사오육칠팔구십 역
十九八七六五四三二一、順。十乾九离八艮七坤六震五坤四坎
십구팔칠육오사삼이일 순 십건구리팔간칠곤육진오곤사감
三兌二乾一巽、順、未濟也。一巽二乾三兌四坎五坤六震七坤八
삼태이건일손 순 미제야 일손이건삼태사감오곤육진칠곤팔
艮九离十乾、逆、旣濟也。順呼則未濟、生卦之理也。逆呼則旣濟、
간구리십건 역 기제야 순호즉미제 생괘지리야 역호즉기제
成卦之理也。天之理、自上而下、故順生。地之理、自下而上、故逆
성괘지리야 천지리 자상이하 고순생 지지리 자하이상 고역

成(성)。生(생)卦(괘)之(지)序(서)、順(순)數(수)路(로)而(이)生(생)未(미)濟(제)、成(성)卦(괘)之(지)序(서)、逆(역)數(수)路(로)而(이)成(성)旣(기)濟(제)也(야)。十(십)天(천)生(생)九(구)離(리)、則(즉)五(오)地(지)生(생)四(사)坎(감)、十(십)天(천)生(생)八(팔)艮(간)、則(즉)五(오)地(지)生(생)三(삼)兌(태)、十(십)天(천)生(생)七(칠)坤(곤)、則(즉)五(오)地(지)生(생)二(이)乾(건)、十(십)天(천)生(생)六(육)震(진)、則(즉)五(오)地(지)生(생)一(일)巽(손)。

地(지)一(일)巽(손)木(목)成(성)體(체)、天(천)六(육)震(진)木(목)從(종)之(지)。地(지)二(이)乾(건)金(금)成(성)體(체)、天(천)七(칠)坤(곤)土(토)從(종)之(지)。地(지)三(삼)兌(태)金(금)成(성)體(체)、天(천)八(팔)艮(간)土(토)從(종)之(지)。地(지)四(사)坎(감)水(수)成(성)體(체)、天(천)九(구)離(리)火(화)從(종)之(지)。地(지)五(오)坤(곤)土(토)成(성)體(체)、天(천)十(십)乾(건)金(금)從(종)之(지)。

五指生卦例
오지생괘예

拇指食指中指(三指)合屈而作十乾三連、先伸中指生九离虛中、坎
무지식지중지 합굴이작십건삼련 선신중지생구리허중 감

伸食指生八艮上連、次伸拇指生七坤三絕、復屈拇指生六震下
신식지생팔간상련 차신무지생칠곤삼절 복굴무지생육진하

連、次屈食指則中指無名指小指(三指)齊伸而作五坤三絕、次屈中
련 차굴식지즉중지무명지소지 제신이작오곤삼절 차굴중

指生四坎中連、次屈無名指生三兌上絕、次屈小指生二乾三連、
지생사감중련 차굴무명지생삼태상절 차굴소지생이건삼련

復伸小指生一巽下絕、乾之親屬、坤之親屬、包含中指而生生、此
복신소지생일손하절 건지친속 곤지친속 포함중지이생생 차

邵子所謂天根月窟閒來往者也。
소자소위천근월굴한래왕자야

五指成卦例 (오지성괘예)

拇指食指中指三指合屈作老陽之體、先屈无名指成一巽下絕、次屈小指成二乾三連、復伸小指成三兌上絕、次伸无名指成四坎中連、次伸中指成五坤三絕、次伸食指成六震下連、次伸拇指成七坤三絕、復屈指成八艮上連、次屈食指成九离虛中、次屈中指成十乾三連、二老之親屬、包含中指而成成、此朱子所謂奇耦二畫包含變化、无有窮盡則可見者也。

(무지식지중지 합굴작노양지체 선굴무명지성일손하절 차굴소지성이건삼련 복신소지성삼태상절 차신무명지성사감중련 차신중지성오곤삼절 차신식지성육진하련 차신무지성칠곤삼절 복굴지성팔간상련 차굴식지성구리허중 차굴중지성십건삼련 이노지친속 포함중지이성성 차주자소위기우이획포함변화 무유궁진즉가견자야)

龍圖上先變、從天道也。龜書下先變、從地道也。无量則執中先變、
용도상선변종천도야 귀서하선변종지도야 무량즉집중선변

從人道也。處天地間受乾父坤母之澤、无量則三才合德成道、然
종인도야 처천지간수건부곤모지택 무량즉삼재합덕성도연

人在地上、必從地道右旋矣。
인재지상필종지도우선의

易之用无足之无字、西北有不足、故用此无足无字矣。无量則圓
역지용무족지무자서북유부족고용차무족무자의무량즉원

滿无不足之歎。自今以后、必用有足之无字也。
만무부족지탄자금이후필용유족지무자야

无量方位原掌圖 (무량방위원장도)

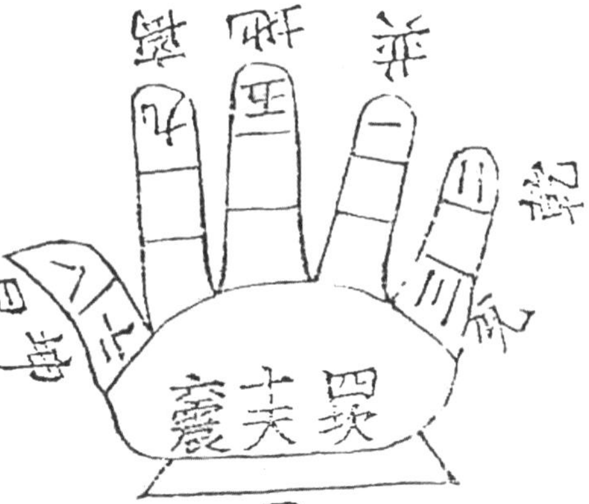

十干往來圖 (십간왕래도)

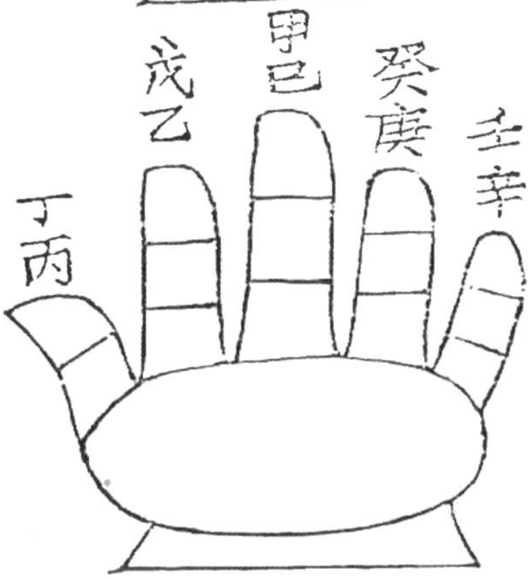

十二支屈伸往來圖 (십이지굴신왕래도)

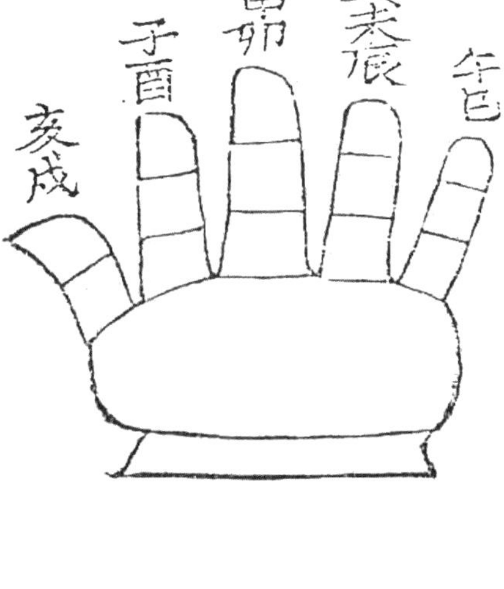

乾兌在小指、巽坎第四指、天地在中指屈伸、震离在第二指、坤艮在拇指。
(건태재소지 손감제사지 천지재 중지굴신 진리재제이지 곤간재 무지)

卯中主八中指、次次數之丑、自然到中指、與己合德爲六己頭。
(묘중주팔중지 차차수지축 자연도중지 여기합덕위육기두)

십괘원수도

十卦原數圖

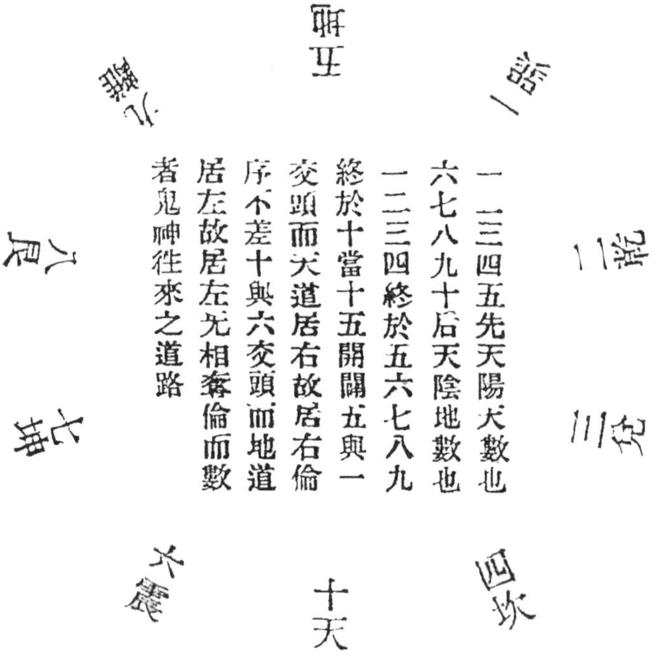

戊己位南北
莫作皇極看
天地換舊國
震巽同河馬

십오개벽간지각배합도

十五開闢干支各配合圖

堯舜禹之相傳相受、乾甲坤乙坎癸离壬震巽辛兌丁艮丙也、神无方而易无體也。夏殷周之傳子孫、亥壬子癸寅甲卯乙巳丙午丁申庚酉辛也、方以類、聚、物以羣分也。看十五開闢干支冲合相錯、可知无量世界壯觀也。

요순우지상전상수 건갑곤을감계리임진손신태정간병야 신무방이역무체야 하은주지전자손 해임자계인갑묘을사병오정신경유신야 방이유취 물이군분야 간십오개벽간지충합상착 가지무량세계장관야

无極圖 (무극도)

无位六十點 (무위육십점)
无極卽十更无 (무극즉십갱무)
進處故曰無極 (진처고왈무극)

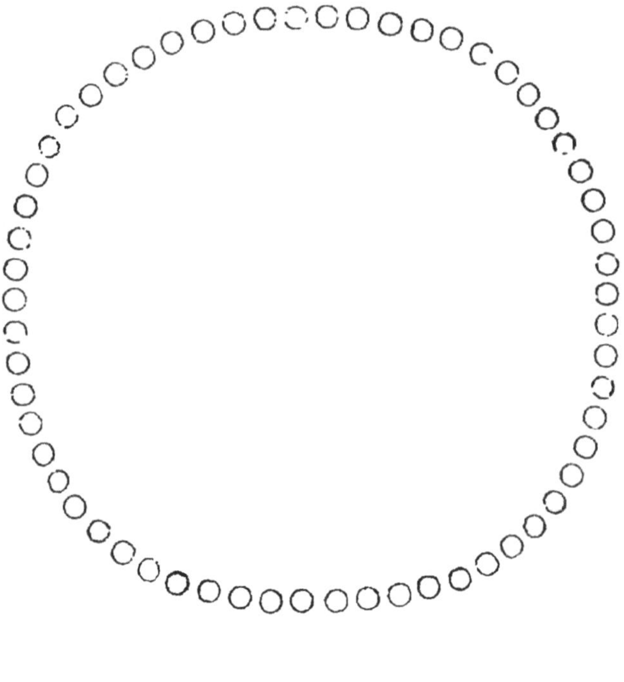

河洛太極六十甲子圖
하락태극육십갑자도

未開故首尾相連
미개고수미상련

무 량 무 기 지 천 개 벽 도

无量戊己地天開闢圖

水土之精、上凝爲天、濁者爲地。戊子、水土之輕淸者、己丑、土之純
(수토지정 상응위천 탁자위지 무자 수토지경청자 기축 토지순)
質者也。然則戊子天、己丑地、居于五十之中、氣數分而不開、龍馬
(질자야 연즉무자천 기축지 거우오십지중 기수분이불개 용마)
神龜不能開闢、但合德而生物、不成道而生物矣。當十五開闢己
(신귀불능개벽 단합덕이생물 불성도이생물의 당십오개벽기)
丑爲首、戊子爲尾、无量南北之理也。天地今玆開闢定位矣。河洛
(축위수 무자위미 무량남북지리야 천지금자개벽정위의 하락)
之世、氣雖開闢、數不開闢、人多暗昧、易之大道、幾乎衰矣。而幸
(지세 기수개벽 수불개벽 인다암매 역지대도 기호쇠의 이행)
賴夫子、不泯强明於世、天道循環、无量歲月、自來萬和世界。今日
(뢰부자 불민강명어세 천도순환 무량세월 자래만화세계 금일)
天地大闢之時、人豈不文明哉。甲午爲太陽、庚子爲太陰、天開戊
(천지대벽지시 인기불문명재 갑오위태양 경자위태음 천개무)
子后六度而生太陽、生太陽后六度而生太陰。太陽積三十六度
(자후육도이생태양 생태양후육도이생태음 태양적삼십육도)

而成道、太陽卦復之理生焉。太陰積三十度而成道、太陰卦復之理生焉。日月卦爻成道之數、足以互相發明矣。且己巳、日月會成道之宮也。
(이성도태양괘복지리생언 태음적삼십도이성도태음괘복지리생언 일월괘효성도지수족이호상발명의 차기사일월회성도지궁야)

先天甲子合德數、一百二十。
(선천갑자합덕수일백이십)

无量己戊道數、一百二十。
(무량기무도수일백이십)

大衍數无位數合、六十。
(대연수무위수합육십)

日體成度數、三十六。
(일체성도수삼십육)

月體成度數、三十。
(월체성도수삼십)

合三百六十六、无量當朞日。
(합삼백육십육무량당기일)

六己次序圖
(육기차서도)

地

己丑	庚寅	辛卯	壬辰	癸巳	甲午 太陽	乙未	丙申	丁酉	戊戌
己亥	庚子 太陰	辛丑	壬寅	癸卯	甲辰	乙巳	丙午	丁未	戊申
己酉	庚戌	辛亥	壬子	癸丑	甲寅	乙卯	丙辰	丁巳	戊午
己未	庚申	辛酉	壬戌	癸亥	甲子	乙丑	丙寅	丁卯	戊辰
己巳 日月成道	庚午	辛未	壬申	癸酉	甲戌	乙亥	丙子	丁丑	戊寅
己卯	庚辰	辛巳	壬午	癸未	甲申	乙酉	丙戌	丁亥	戊子

天

戊子己丑開闢、天皇地皇萬八年、旣濟未濟、未濟旣濟、否往泰來。
무자기축개벽천황지황만팔년기제미제미제기제비왕태래

未濟、未定之位、旣濟、旣定位也、天地上下定位。
미제미정지위기제기정위야천지상하정위

先天未濟、故天圓地方相違。无量旣濟、故天圓地圓一圓。錢之
선천미제고천원지방상위무량기제고천원지원일원전지

爲物、内方外圓、像天地之方圓矣。无量則内圓外圓、非一圓乎。
위물내방외원상천지지방원의무량즉내원외원비일원호

別名曰一圓錢、非此理歟

先天則戊己爲皇極、摠察十二支、故天之下、皇帝有一、而
선천즉무기위황극총찰십이지고천지하황제유일이

都中土十二諸侯來朝矣。无量后天則戊己五十土、開闢辭中土
도중토십이제후내조의무량후천즉무기오십토개벽사중토

位於南北、故天之下、君長皆稱皇帝而不相悖者、由和之故也。皇
위어남북고천지하군장개칭황제이불상패자유화지고야황

帝之皇字、卽皇極之皇字也。卯戌雖居中土、承順十干、有坤之德、
제지황자즉황극지황자야묘술수거중토승순십간유곤지덕

无乾健之道、此孔子所謂夷狄之有君、不如諸夏之无也。
무건건지도 차공자소위이적지유군 불여제하지무야

无量十卦方位原掌圖
무량십괘방위원장도

龜書二七合而爲九、未極乎南。一六分而爲一居于北。五居中土、以通八方、當十五開闢、九得一而極乎南、反居于下、此天地也。自五上升位南、理則地、數則天也。龍龜合而生无量世界、極反之理也。
귀서이칠합이위구 미극호남 일육분이위일거우북 오거중토 이통팔방 당오십개벽 구득일이극호남 반거우하 차천지야 자오상승위남 이즉지 수즉천야 용귀합이생무량세계 극반지리야

乾坤開闔等門扇(건곤개합등문선) 欲知此道光明日(욕지차도광명일)
人也最靈察隱微(인야최령찰은미) 艮兌講和細看機(간태강화세간기)

艮、地之首、兌、天之首、天下之艮、在大東國、天下之兌、在洋國、(간지지수태천지수천하지간재대동국천하지태재양국)
而天地之交媾、孰能見且知也。惟人情開和、然后始知天地相(이천지지교구숙능견차지야유인정개화연후시지천지상)
交矣。震、河圖小男、神龜長男、卽日國也、爲其父母、作媒日和則(교의진하도소남신귀장남즉일국야위기부모작매일화즉)
兌和、艮兌和則萬國之和成矣。艮兌和而此道明者、謂此故也、(태화간태화즉만국지화성의간태화이차도명자위차고야)
非他之謂也。(비타지위야)

先看人情之合、可識天地之合矣。天地將變合也、其日熟熟、其雨(선간인정지합가식천지지합의천지장변합야기일숙숙기우)

蒙蒙、此乾卦初變爲离卦、乾卦極乎南、而反居水鄕也。陰水翻騰、
몽몽차건괘초변위리괘건괘극호남이반거수향야음수번등
陽水注下、平地水高六丈矣。陰水儲水、海水也。陽水動水、雨水也。
양수주하평지수고육장의음수저수해수야양수동수우수야
六丈者、六爻之積也。坤卦初變爲坎水、故由此之理也。四海變爲
육장자육효지적야곤괘초변위감수고유차지리야사해변위
三澤、居于六地、三六十八之澤也、此坎變爲澤之理也。高山變爲
삼택거우육지삼육십팔지택야차감변위택지리야고산변위
肥厚之土、此艮變爲坤之理也。先天水會鍾之處、變爲叙陽之地、
비후지토차간변위곤지리야선천수회종지처변위서양지지
此澤卦變爲乾卦之理也。空谷變爲岡陵、此離卦變爲艮卦之理
차택괘변위건괘지리야공곡변위강릉차리괘변위간괘지리
也。其終也、撼之以風、鼓之以雷、此坤爲巽、乾爲震之理也。是乃理
야기종야감지이풍고지이뢰차곤위손건위진지리야시내리
之昭昭、余豈强之乎。
지소소여기강지호

右卦生推知來

요유구년지수 조수어별 교어중토자 천지지번복야 현귀
堯有九年之水、鳥獸魚鱉、交於中土者、天地之翻覆也。玄龜
출이방위 교역지소치야 대우인지 치수지어금일 인개불
出而方位、交易之所致也。大禹因之、治水至於今日、人皆不
오가탄 구년자 신귀용구 개구궁지조 양겸음자 이구언야
悟可歎。九年者、神龜用九、開九宮之兆、陽兼陰者、以九言也。
일이삼사오육칠팔 개구지소솔 고왈양겸음 음불겸양자 육재
一二三四五六七八、皆九之所率、故曰陽兼陰、陰不兼陽者、六在
구지내고야 십자 무극 무극궁용정 즉구팔칠육오사삼이일 개
九之內故也。十者、无極、无極宮用政、則九八七六五四三二一、皆
재십수지내 차음능겸양야 십무극용정지시 여기지지 이리추
在十數之內、此陰能兼陽也。十无極用政之時、余豈知之、以理推
지 청어인정 즉가지인심즉천심 청어인자즉청어천야 고자관
之、聽於人情、則可知人心卽天心、聽於人者卽聽於天也。古者官
설삼공육경구경 품불과구품 이응삼재육효 구궁용구용육의
設三公六卿九卿、品不過九品、以應三才六爻、九宮用九用六矣。

而今官設十部、此天用十數、故人亦用十數也、理不然乎。十者滿
(이금관설십부차천용십수고인역용십수야이불연호십자만)
數、滿極則必反、絶處逢生、故一根於十、十根於一、十一歸於一體、
(수만극즉필반절처봉생고일근어십십근어일십일귀어일체)
亦陰兼陽也。用九之時、五爲皇極、十一歸體、則六爲中央也。理雖如此、中乃空空
(역음겸양야용구지시오위황극십일귀체즉육위중앙야)

一月三十日 (일월삼십일)
往來手掌圖 (왕래수장도)

月朏 上弦

廿九	廿八	十九	十八	九	八
卅	廿七	二十	十七	十	七
廿六	廿一	十六	十一	六	一
廿五	廿二	十五	十二	五	二
廿四	廿三	十四	十三	四	三

下弦 始生魄

九二錯綜數

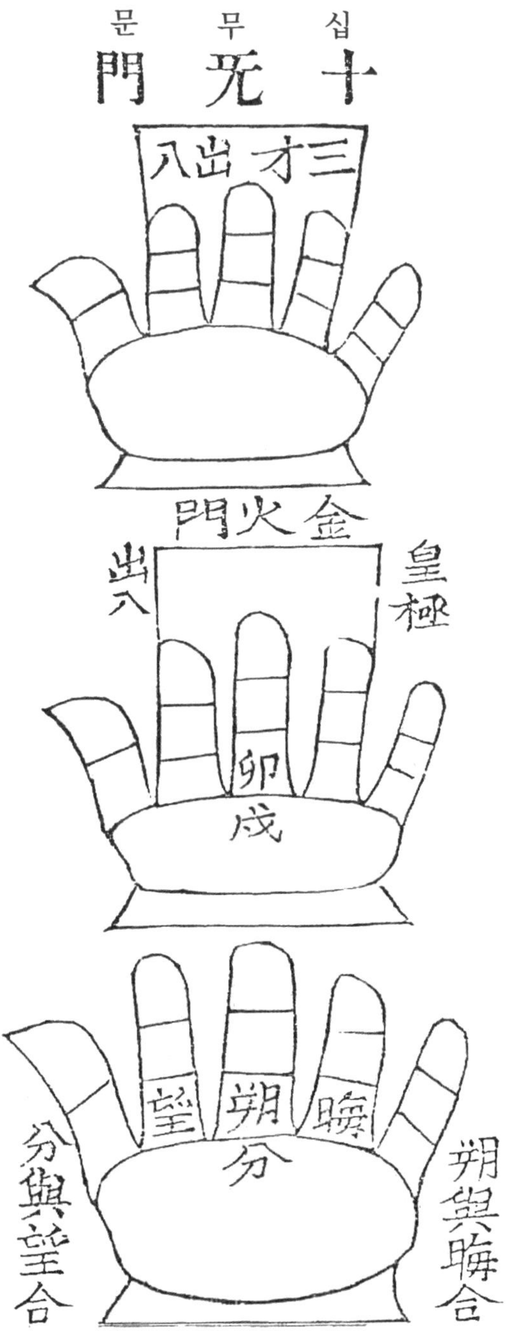

拇指與小指、合作十无門。十一同宮、五六同宮、各作十一歸體。水
(무지여소지 합작십무문 십일동궁 오육동궁 각작십일귀체 수)

土同宮、此三才出入門、故曰十无門。
(토동궁 차삼재출입문 고왈십무문)

右言十无門之理

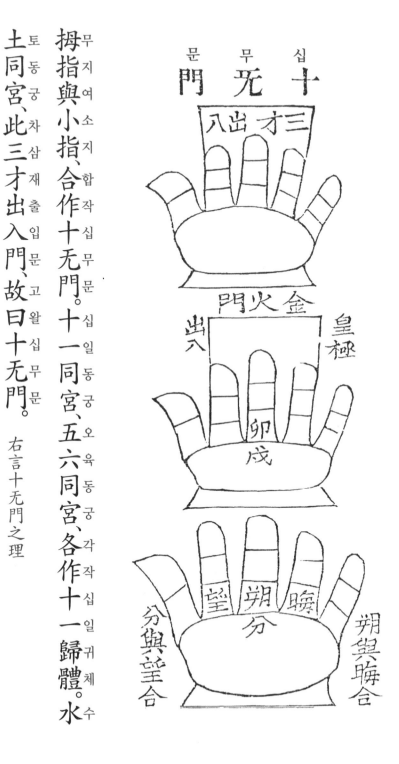

二四兩指合作金火門。九二同宮、四七同宮、各有十一歸體、金火
이사양지합작금화문 구이동궁사칠동궁각유십일귀체금화
互宅、故曰金火門、此皇極出入門。中指乃三八之宮、而八是十五
호택고왈금화문차황극출입문중지내삼팔지궁이팔시십오
之中、故卯八木爲黃極、嵬然而立、无量則卯戌爲中央、戊土極而
지중고묘팔목위황극외연이립무량즉묘술위중앙무토극이
戌反、與卯作合居中土也。
술반여묘작합거중토야

右言金火門之理

初一日爲朔、十六日爲分、朔分同宮、望晦相對、即貞悔相對
초일일위삭십육일위분삭분동궁망회상대즉정회상대
也。朔分居中、望晦居左右、分者分先后天也。初八、先天之中、
야삭분거중망회거좌우분자분선후천야초팔선천지중
廿三、后天之中、故月體半生於初八、半虧於廿三也。初三日、
입삼후천지중고월체반생어초팔반휴어입삼야초삼일
月魄始生者、前月三十日、有極復之理。絕之處、胞。初一日、
월백시생자전월삼십일유극복지리절지처포초일일

胎。初二日、養。初三日、生。此其理也。廿八日朏者、自晦而退、初三日之對月未盛明、向曙色而出、如初三日之月、與落照同出也。廿八日、病。廿九日、死。三十日、葬。又復晦者悔、悔故復也。

正易曰月合中宮之中位、十五十六之中也。先后天月爲一月之謂也。先天月后天月、后天月先天月、故一日朔、十六日分也。分卽后天之朔也。

九二錯綜十一歸體詩(구이착종십일귀체시)

人若禽中之鳳(인약금중지봉)

龍龜化爲鳳(용귀화위봉) 歌舞艮山首(가무간산수) 於皇大道當天心(오황대도당천심) 八變爲九九變十(팔변위구구변십)

大明二澤邊(대명이택변) 南天復北天(남천복북천) 道欲明兮帝出艮(도욕명혜제출간) 時乎時乎孰所願(시호시호숙소원)

无量歲月自來(무량세월자래) 陰曆兮月閏(음력혜월윤) 合德兮(합덕혜) 誰知龜背三五月(수지귀배삼오월)

萬化世界今日(만화세계금일) 陽曆兮日閏(양력혜일윤) 无量曆(무량력) 大明金火三十天(대명금화삼십천)

數之極、无如十、氣之極、无如天。十是數之无極、天是氣之无極、(수지극 무여십 기지극 무여천 십시수지무극 천시기지무극)
是故上天下地、坤居南上而乾居下、此極反之理也。乾卦初變、(시고상천하지 곤거남상이건거하 차극반지리야 건괘초변)

中爻離爲長女、次變下爻、二陰剝陽、艮爲中男、次變上爻、上窮
중효리위장녀 차변하효 이음박양 간위중남 차변상효 상궁
于天、乾爲坤、窮上反下、是曰六雷小男也。坤之初變、允執厥中、
우천 건위곤 궁상반하 시왈육뇌소남야 곤지초변 윤집궐중
坎爲長男、次變下爻、一陰在上、兌爲中女、次變上爻、坤爲乾、是曰
감위장남 차변하효 일음재상 태위중녀 차변상효 곤위건 시왈
極上澤變爲巽、極上反下、極反之理、如斯而已。 右言極反之理
극상택변위손 극상반하 극반지리 여사이이
曆非所敢議、至於二十八宿、天之體也。不敢違越、先天用后天
역비소감의 지어이십팔수 천지체야 불감위월 선천용후천
七九金火門、后天用先天二四金火門、互用也。八、是先天十五之
칠구금화문 후천용선천이사금화문 호용야 팔 시선천십오지
中、三、是后天十五之中、皆往來之中也。七九之中、二四之中、是
중 삼 시후천십오지중 개왕래지중야 칠구지중 이사지중 시
先天后天金火陰陽門、空空處也。一月三十日內兩日空、更何求
선천후천금화음양문 공공처야 일월삼십일내양일공 갱하구

之乎。天之運行、以二十八宿、運行體也。日麗于而行日天之周花甲付日周行日之用也。天之體、豈隨日用而自空乎。數之所在、人不可奪之、數自空空、理亦然矣。二四七九之中、是也。右言无量曆、下所係二十八宿

无量世界大於神龜世界、以理推之、見原卦圓圖之大則可知矣。天地合德、大衍之數五十有五、馬之用不過三十六、龜之用四十五、實不過四十、无量則皆用時乎時乎、聖人用之、乃天之命也。

六、陰之宗、九、陽之宗、六九相呼、會而爲五十四、閏而爲五百四十

而律二十四爻、數影而閏之、是爲呂得一萬二千九百六十分、此
(이율이십사효수영이윤지시위려득일만이천구백육십분차)

周天一歲律呂數、故每月一千八十分、每日三十六分、每時三分
(주천일세율려수고매월일천팔십분매일삼십육분매시삼분)

九宮、每宮一千四百四十分、是乃无量日法、除中宮一宮數、可當
(구궁매궁일천사백사십분시내무량일법제중궁일궁수가당)

神龜萬物數。
(신귀만물수)

右言律呂數

欲調陰陽用何物 陰陽生兮八卦成 陰陽調兮五行 律呂聲兮物樂樂三才兮和樂
(욕조음양용하물 음양생혜팔괘성 음양조혜오행 율려성혜물악악삼재혜화악)

八卦卦爻數相得 八卦成兮陰陽調 五行調兮律呂 物樂樂兮三才和 音牙於伊于
(팔괘괘효수상득 팔괘성혜음양조 오행조혜율려 물악악혜삼재화 음아어이우)

无量三十爻、以天五陽數乘得一百五十、陽策二十五
(무량삼십효이천오양수승득일백오십양책이십오)

无量三十爻、以地十陰數乘得三百、陰策五十
(무량삼십효이지십음수승득삼백음책오십)

양삼백효이이십오책승득칠천오백음삼백효이오십책승
陽三百爻、以二十五策乘得七千五百。陰三百爻、以五十策乘

득일만오천음양책합위이만이천오백차무량만물수야비어
得一萬五千、陰陽策合爲二萬二千五百、此无量萬物數也。比於

선천물지윤생일만구백팔십종
先天物之閏生一萬九百八十種。右以五十定无量萬物數

指掌決詩 (지장결시)

洞玄妙理少人知 (동현묘리소인지) 進退縱橫順逆世 (진퇴종횡순역세) 窩深地理方圓掌 (와심지리방원장) 借問无極是何物 (차문무극시하물)
三十六宮何處期 (삼십육궁하처기) 屈伸往來執中時 (굴신왕래집중시) 極反神功長矩枝 (극반신공장구지) 自一至十做一之 (자일지십주일지)

七絕 (칠절)

己戊開時卯戌空 (기무개시묘술공) 風濤歸定乾坤宅 (풍도귀정건곤택)
交通十榦尊居中 (교통십간존거중) 日月運行艮兌宮 (일월운행간태궁)

天无秋霜殺草之理、國无酷刑賜死之法、皆天地和合之所致也。(천무추상살초지리 국무혹형사사지법 개천지화합지소치야)
太陽之卦、成六爻也。一爻積六日而成一爻、全體作六分故也。然 (태양지괘 성육효야 일효적육일이성일효 전체작육분고야 연)

則六爻六爻六六三十六日、而成一卦全體、此天根之復也。
즉육효육효육육삼십육일이성일괘전체차천근지복야

太陰之卦、成六爻也。一爻積五日而成一爻、全體此作六分而
태음지괘성육효야일효적오일이성일효전체차작육분이

一分空虛、故六爻五六三十日而成一卦全體、此月窟之復也。
일분공허고육효오육삼십일이성일괘전체차월굴지복야

太陽卦十復則日積爲三百六十日、大陰卦十二復則日積亦爲
태양괘십복즉일적위삼백육십일대음괘십이복즉일적역위

三百六十日、此天地日月相會爲一年成道也。
삼백육십일차천지일월상회위일년성도야

太陽卦復之理、一七九三五一。
태양괘복지리일칠구삼오일

右言太陽太陰卦復之理
우언태양태음괘복지리

太陰卦復之理、一六一六一六。
태음괘복지리일육일육일육

晝夜、一日之闔闢。望晦、一月之闔闢。冬夏、一年之闔闢。
주야일일지합벽망회일월지합벽동하일년지합벽

子、一日之太極。午、一日之皇極。亥、一日之无極。太極靜而生陰、
자일일지태극 오일일지황극 해일일지무극 태극정이생음

動而生陽、故子有前后分。
동이생양 고자유전후분

須探月窟方知物。
수탐월굴방지물

(凡物之生、雖有雨露之澤、非寸土、無以資生、故曰須探月窟方知物。)

未躡天根豈識人。
미섭천근기식인

(凡人之生、雖資坤母、非乾父、无以成骨格、故得一点壬水、先凝腎臟、以成人之天根、然后次次成骨、故曰未躡天根豈識人。)

元者、始終也。貞者、終始也。元、物之始、然物之始生、次看歸藏始
원자시종야 정자종시야 원물지시 연물지시생 차간귀장시

終也。貞者、物之終、然結子落葉暗留、明春之細芽、終始也。天有
종야 정자물지종 연결자낙엽암류 명춘지세아 종시야 천유

三十六宮、地有三十六宮、人有三十六宮、(二十四髓右左肋十二) 天地人合百八
삼십육궁 지유삼십육궁 인유삼십육궁 천지인합백팔

宮、无量卽百八成道、故三十八萬八千八百年。
궁무량즉백팔성도 고삼십팔만팔천팔백년

无量天根卽地山謙卦、陽漸長陰、自謙退之理、君子進而小人退也。月窟卽天澤履卦、陰氣漸漸履滅陽氣之像、小人進而欲滅君子也。
(무량천근즉지산겸괘 양점장음 자겸퇴지리 군자진이소인퇴야 월굴즉천택리괘 음기점점이멸양기지상 소인진이욕감군자야)

謙卦(겸괘) ䷎　履卦(리괘) ䷉

盈虧者、月也、消長者、日也、冬至與朔同、夏至與分同。
(영휴자 월야 소장자 일야 동지여삭동 하지여분동)

崑崙山爲天下之中岳、則天之形與如篛笠浮水之象、三隅六方卽三十六宮之理也。
(곤륜산위천하지중악 즉천지형여여약립부수지상 삼우육방즉삼십육궁지리야)

戊、陽土。己、陰土。辰土、緊剛。戌土、閏實。丑土、濕流。未土、焦燥、
(무 양토 기 음토 진토 긴강 술토 윤실 축토 습류 미토 초조)

六氣之土相合調逢坎水后、以离火熏之成地球。石者戊辰戌土、逢壬水處、丙火成之。砂者、己丑未土、逢癸水處、丁火成之、地陷之理、丑未土之无力也。

육기지토상합조봉감수후 이리화훈지성지구 석자무진술토 봉임수처 병화성지 사자 기축미토 봉계수처 정화성지 지함지리 축미토지무력야

太陽太陰度數圖

태양태음도수도

天開戊子、地闢己丑、后天六度甲午而生太陽、太陽后天六度庚子而生太陰、太陽度成道於三十六度、太陰度成道於三十度、皆己巳宮也。

천개무자 지벽기축 후천육도갑오이생태양 태양후천육도경자이생태음 태양도성도어삼십육도 태음도성도어삼십도 개기사궁야

태양삼십육도
太陽三十六度

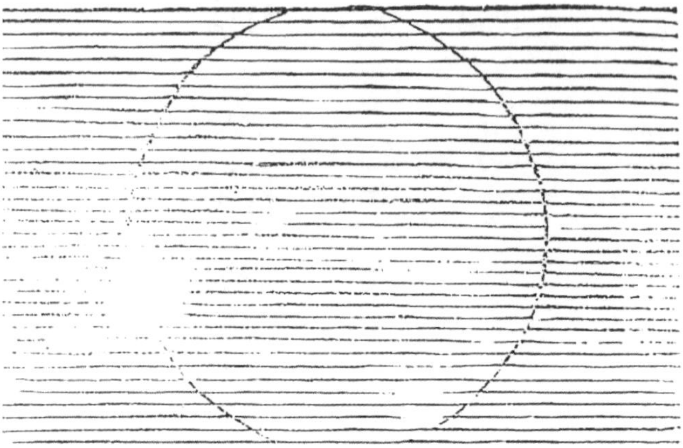

태음삼십도
太陰三十度

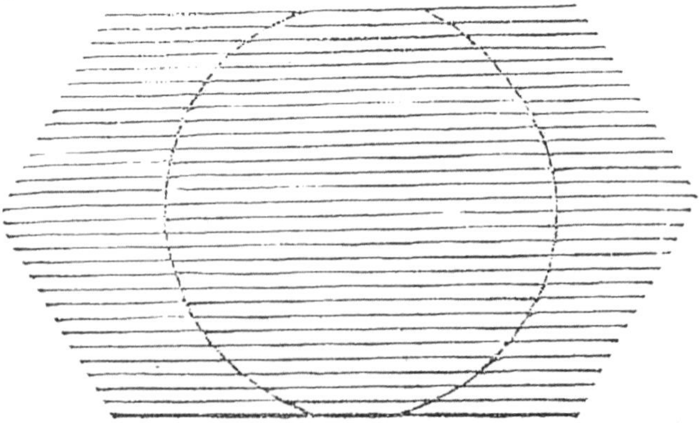

三五以變兮三元五元 (삼오이변혜삼원오원)
錯綜其數兮未濟旣濟 (착종기수혜미제기제)

春王正月兮 (춘왕정월혜)
牛兎爭功 (우토쟁공)

牛雖大而不可王 (우수대이불가왕)
无所據而傳之久 (무소거이전지구)

无虎洞中兎生先 (무호동중토생선)
或之莫知理固然 (혹지막지리고연)

妙兮妙兮金火門兮 (묘혜묘혜금화문혜)
節氣出入正如何 (절기출입정여하)

覽后辭則可知 (남후사즉가지)

龍圖乾卦迸生而順成、坤卦順生而逆成、生成之理、皆未濟也。(용도건괘병생이순성곤괘순생이역성생성지리개미제야)
龍圖用生卦之數、陽逆陰順。龜書用成卦之數、陽順陰逆也。(용도용생괘지수양역음순귀서용성괘지수양순음역야)
无量則自十至一、度順而生、自一至十、道逆而成、以生卦之數、(무량즉자십지일도순이생자일지십도역이성이생괘지수)
順而呼之、則未濟也。以成卦之數、逆而呼之、則既濟也。用(순이호지즉미제야이성괘지수역이호지즉기제야용)
陰陽成度之數、既濟之政、然極于上則既濟、反于下則未濟、雖云(음양성도지수기제지정연극우상즉기제반우하즉미제수운)

旣政未在其中矣。龍圖化龜書裁、无量變而通之。
기정미재기중의 용도화귀서재 무량변이통지

右通論

大哉、乾坤之道。至哉、震巽之德兮。若无震巽之變化、天爲地、地爲天、天地洪濛、人无孑遺矣。先天則一以貫之、后天則十以貫之皆生卦之理也。
대재건곤지도 지재진손지덕혜 약무진손지변화 천위지지위천천지홍몽 인무혈유의 선천즉일이관지 후천즉십이관지개생괘지리야

일포십이생수십관일이성수천
一抱十而生數、十貫一而成數。天
도거우이고지도거좌이저천처
道居右而高、地道居左而低。天處
고이임하고왈순지재저이향상
高而臨下故曰順、地在低而向上
고왈역천거우이향좌전고왈좌
故曰逆。天居右而向左轉故曰左
선지거좌이향우전고왈우선
旋、地居左而向右轉故曰右旋。

廣大配天地
광대배천지

좌저우고이좌수장취신차취저
左低右高、以左手掌取信、此取諸
신자야천지수재태지지수재간
身者也。天之首在兌、地之首在艮、
차취저괘자야곤륜동남지인이
此取諸卦者也。崑崙東南之人、以
좌장용정서북고곤륜서북지인
左掌用政西北高、崑崙西北之人、
이우장용정남서저
以右掌用政南西低。

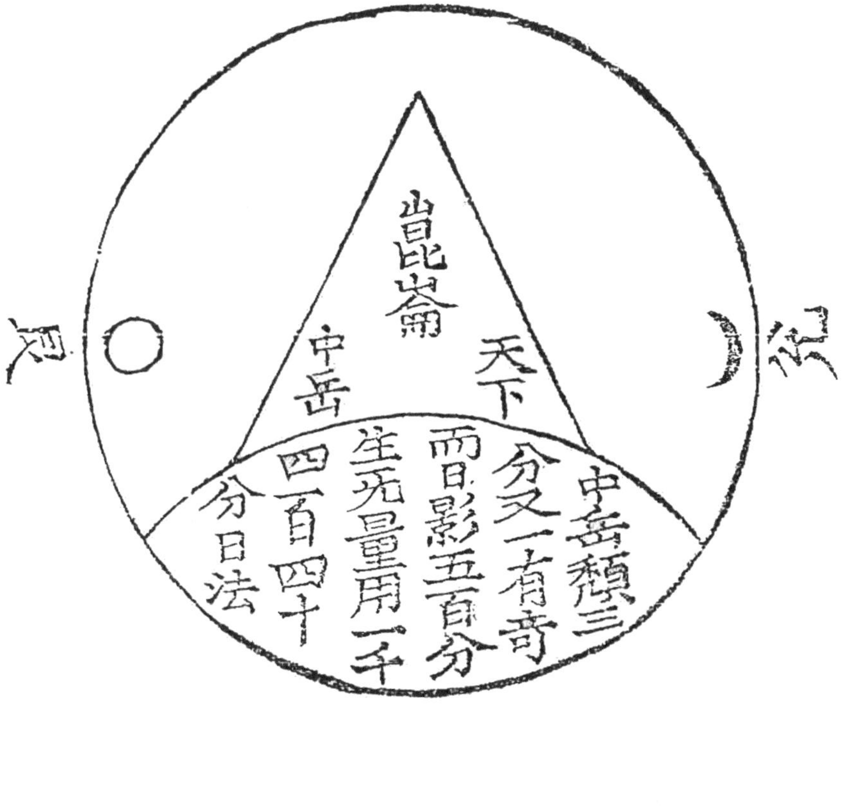

乾坤各率三卦、未濟之理也。乾坤各率四卦、極反之理也。
(건곤각솔삼괘 미제지리야 건곤각솔사괘 극반지리야)

十卦之理具於先天。重乾之卦、七變而生天根。重坤之卦、七變而生月窟、此无量乾卦四變而生震小男、坤卦四變而生巽小女之理也。
(십괘지리구어선천 중건지괘 칠변이생천근 중곤지괘 칠변이생월굴 차무량건괘사변이생진소남 곤괘사변이생손소녀지리야)

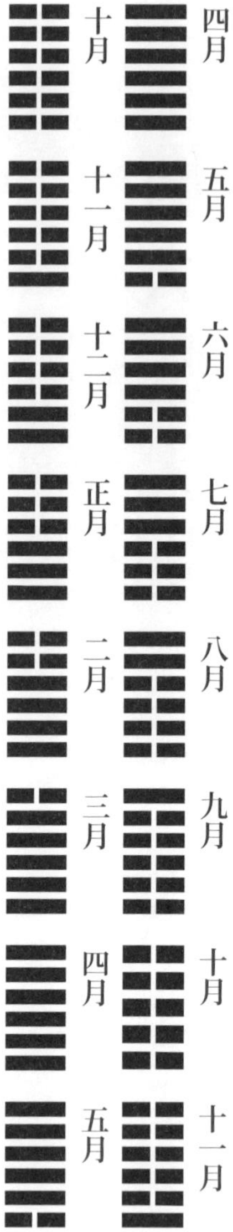

六十日而置閏一日、則每日閏分二十四分式。
(육십일이치윤일일 즉매일윤분이십사분식)

四方、河圖四面也、東西南北也。
(사방하도사면야 동서남북야)

八方、神龜八宮也、乾坎艮辰巽離坤兌也。(팔방 신귀 팔궁야 건감간진손리곤태야)

十方无量、一圓也。五一二三四九八七六十也。(십방무량 일원야 오일이삼사구팔칠육십야)

十一歸體數法 (십일귀체수법)

十十百				
十九九十	九九八十一			
十八八十	八九七十二	八八六十四		
十七七十	七九六十三	七八五十六	七七四十九	
十六六十	六九五十四	六八四十八	六七四十二	六六三十六

十五五十 五九四十五 五八四十 五七三十五 五六三十 五五二十五

十四四十 四九三十六 四八三十二 四七二十八 四六二十四 四五二十

三九二十七 三八二十四 三七二十一 三六十八 三五十五

十三三十 二九十八 二八十六 二七十四 二六十二 二五十

一九九 一八八 一七七 一六六 一五五

十二二十 四四十六

三四十二 三三九

十一一十 二四八 二三六 二二四

一四四 一三三 一三三 一二二 一一一

水火木金土、后天之先天。一二三四五、象也。
(수화목금토 후천지선천 일이삼사오 상야)

宮商角徵羽、后天之后天。十九八七六、數也。无量葬埋者、多取直來直作之穴。

(궁상각치우 후천지후천 십구팔칠육 수야 무량장매자 다취직래직작지혈)

無量三十日正

(무량삼십일정)

萬和三十位圓

(만화삼십위원)

俗語云圓餠、无量世界之謂也。

(속어운원병 무량세계지위야)

无量服周衣而萬國和、盖取諸坤乾。

(무량복주의이만국화 개취저곤건)

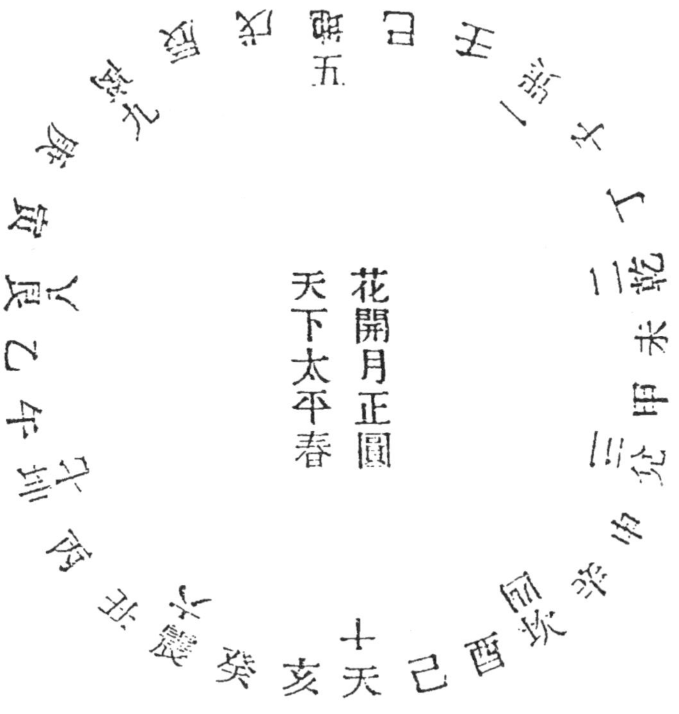

五十五點陰陽 (오십오점음양)

鬼神往來道路 (귀신왕래도로)

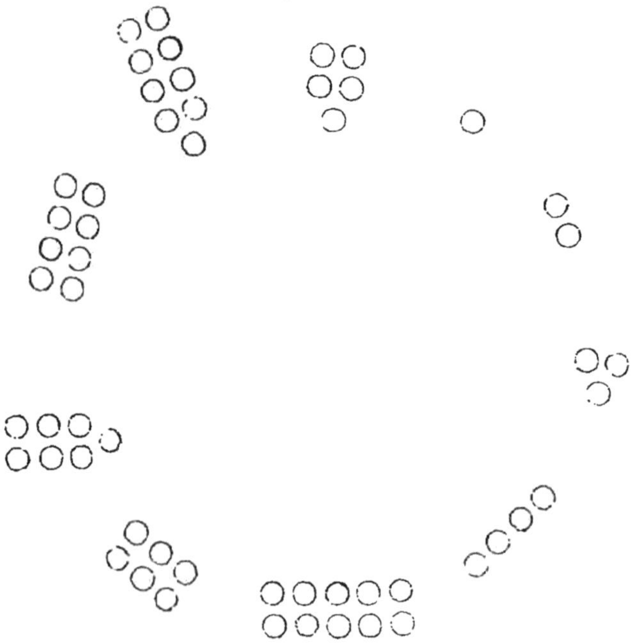

二十八宿配 三十日圖

이십팔수배 삼십일도

천지각오수지도
天地各五數之圖

天一 地二 天三 地四 天五 地六 天七 地八 天九 地十

二始 二中 二終

天數始於一、終於九 一抱十而生數

地數始於二、終於十 十貫一而成數

自一至五、五生數

天數中於五、五得五爲十干

自六至十、五成數

地數中於六、六得六爲十二支

自十至七爲少陽

自十至八爲少陰

二四、陽中之陰

至九爲老陽

七九、陰中之陽

至六爲老陰

太淸太和五化元始戊己日月開闢二年己丑三月三日李中奉書